高等院校**金融学新形态**系列教材

个人理财
基础、案例和方法
微课版 | 第2版

刘亮◎编著

Personal Finance

人民邮电出版社
北京

图书在版编目（CIP）数据

个人理财：基础、案例和方法：微课版 / 刘亮编
著. -- 2版. -- 北京：人民邮电出版社，2022.7
高等院校金融学新形态系列教材
ISBN 978-7-115-58808-1

Ⅰ. ①个… Ⅱ. ①刘… Ⅲ. ①私人投资－高等学校－
教材 Ⅳ. ①F830.59

中国版本图书馆CIP数据核字(2022)第039527号

内 容 提 要

本书全面、系统地讲解了个人理财的相关知识，涵盖了个人（家庭）整个生命周期的投资行为和理财规划等内容。全书共 12 章，具体内容包括个人理财概述、经济金融基础知识、个人财务分析、银行理财、证券投资理财、其他理财产品理财、个人风险管理与保险理财、子女教育金规划、个人房地产理财、个人税收筹划、退休养老规划和遗产规划等。

本书提供 PPT 课件、教学大纲、参考答案、电子教案等资源，用书教师可在人邮教育社区免费下载。

本书既可以作为高等院校个人理财等相关专业课程的教材，也可以作为我国银行业从业人员、理财规划师，以及国际金融理财师等资格认证考试的参考用书。

◆ 编　著　刘　亮
　　责任编辑　孙燕燕
　　责任印制　李　东　胡　南
◆ 人民邮电出版社出版发行　　北京市丰台区成寿寺路 11 号
　　邮编 100164　　电子邮件 315@ptpress.com.cn
　　网址 https://www.ptpress.com.cn
　　固安县铭成印刷有限公司印刷
◆ 开本：787×1092　1/16
　　印张：13.5　　　　　　　2022 年 7 月第 2 版
　　字数：316 千字　　　　　2025 年 7 月河北第 6 次印刷

定价：49.80 元

读者服务热线：(010)81055256　印装质量热线：(010)81055316
反盗版热线：(010)81055315

前 言 Preface

党的二十大报告提出，要完善分配制度，坚持按劳分配为主体、多种分配方式并存，坚持多劳多得，鼓励勤劳致富，促进机会公平，增加低收入者收入，扩大中等收入群体，规范收入分配秩序，规范财富积累机制。改革开放 40 多年来，我国经济高速发展，居民家庭的收入与财富也得到了快速增长。与之相对应的是，个人理财或家庭金融管理，在现代经济社会中扮演着越来越重要的角色。

理财不仅仅是投资，也是一整套完整的规划，理财其实就是理生活。每个人都需要在人生的不同阶段，为实现自己的生活目标，管好现在和未来的现金流，合理配置财务资源。可以说，理财是贯穿了每个人一生的必备技能。但面对日益复杂的经济金融环境，理财并不是一件容易的事情。理财的背后需要有丰富的知识作为支撑。通过学习理财知识，读者可以建立系统化的思路，全方位地分析自己和家庭的情况，更早、更完善地规划自己和家庭的未来。

从职业发展角度来看，理财也成为金融行业从业人员的必备技能。2003 年理财规划师列入《国家职业分类大典》，金融机构一般都会建立理财规划师的职业发展序列，从最初的助理到高级理财经理、资深理财经理等。国际金融理财师（Certified Financial Planner）、特许金融分析师（Chartered Financial Analyst）等国外人才资格认证，以及中国银行业从业人员资格认证都将个人理财作为考试的重要内容之一。

通过学习本书内容，读者可以快速掌握个人理财的相关知识和技巧。本书具体特色如下。

（1）内容全面，逻辑性强

本书旨在帮助读者了解理财规划的整个过程及其背后的基本原理。全书先从理财基础知识出发，介绍理财投资工具；再从人的一生中将面临的风险管理、子女教育金规划、房地产理财、个人税收筹划和退休养老规划五大事件角度，讨论这些事件对个人财务资源的影响以及应对的策略。

（2）案例丰富，强调应用

本书涵盖了个人财务分析技巧，个人税收筹划技巧，以及股票投资、基金投资、黄金理财、外汇投资、信托理财和银行理财等理财技巧，并结合大量实例分析了影响和决定房地产价格的因素，以及人生各类重大事件。

（3）适应不同教学计划需求

本书分为 12 章，教师可以根据不同专业背景选择实施不同的教学计划。对于具备经济管理相关知识背景的学生，第 1~3 章可以安排 5 个学时，后面每章安排 3 个学时。对于全校公选课或者通识课程，教师可以在教学的同时进行案例的讲解和讨论。

（4）配套资源丰富，支持教学

本书提供 PPT 课件、教学大纲、电子教案、参考答案等资源，用书教师可在人邮教育社区免费下载。

在编写本书的过程中，编者获得了大量文献支持，在此对被引用的文献作者表示深深的谢意。本书撰写分工如下：第 1 章、第 2 章、第 4 章、第 5 章、第 6 章、第 7 章、第 8 章、第 9 章、第 12 章由刘亮编写；第 3 章、第 10 章、第 11 章由姜雨编写。因编者水平有限，书中难免存在疏漏之处，敬请各位读者批评指正。

编　者

目录 Contents

个人理财概述 | 第1章

教学目标

（1）了解个人理财的必要性

（2）理解个人理财的概念和内涵。

（3）熟悉个人理财的步骤。

（4）掌握个人理财的基本原则和相关理论。

财务自由是人生自由的基础。

随着经济的发展、社会的进步，人们手里的剩余财富越来越多，日益增长的个人物质需求以及复杂多变的经济环境导致人们缺失安全感。人们开始对自己手中的财富进行管理和规划，而不仅仅是以压箱底、存银行的方式对待它。因而，个人理财这门学科在现代社会越来越受到人们的重视，它包括对财富的认知和运用，这种运用不仅是财富的积累，还囊括了财富的保障和安排，最终目的是抵御风险，使自身的财富保值和增值。

本章介绍了个人理财的基本内涵和相关理论，帮助读者了解个人理财，并为后续做出合理的个人理财规划打下基础。

1.1 个人理财的必要性

在经济学里，稀缺性常被用来描述资源的有限可获得性。人的欲望是无限的，但资源是有限的，相对于无限的欲望，有限的资源总是稀缺的。相对于人们多种多样、不断上升的需求来说，用以满足这些需求的有用资源总是不足的。个人理财就是解决如何用有限的金钱尽可能多地满足人们对各种物质需求的问题，使存量财富增加，以减少稀缺资源给人们带来的约束，增加人们的满足感和安全感。

1.1.1 什么是个人理财

下面分别从个人理财的定义、个人理财与机构理财的对比两个方面阐述个人理财的基本内涵和特点。

微课扫一扫

1. 个人理财的定义

个人理财（Personal Finance）又称个人财务规划（Personal Financial Planning），是指合理利用财务资源，实现个人人生目标的程序；是在对个人收入、资产、负债等状况进行整理分析后，根据个人对风险的偏好和承受能力，结合预定目标，运用诸如储蓄、保险、证券、外汇、收藏、住房投资等手段管理资产和负债，合理安排资金，从而在可接受的个人风险范围内实现资产增值最大化的过程。

狭义的个人理财是指针对终身而非某个阶段的规划，它包括个人生命周期中每个阶段的资产、负债分析，现金流量预算和管理，个人风险管理与保险规划，投资目标确立与实现，职业生涯规划，子女养育及教育规划，居住规划，退休计划，个人税务筹划及遗产规划等诸多内容。

广义的个人理财是指个人在不同的生命周期阶段，从财务的角度审视和安排自己的生活方式。个人收入像一条河，财富是水库，花钱如流水。理财就是管好水库、开源节流，以更少的支出换来更多的回报。可以说，人的一生都离不开理财。从这个角度来说，理财是个人一生的现金流量与风险管理。

从传统意义上来讲，理财规划是指有意识地管理财富的活动，其涵盖的范围包括日常的现金储蓄和消费计划、节俭开支、持有信用卡、办理银行储蓄和信贷、购买保险、准备养老金、准备子女教育金、进行各项投资、购买房产等。现代意义上的个人理财，不再为单纯的储蓄或投资，它不仅包括财富的积累，还囊括了财富的保障和安排。财富保障的核心是对风险的管理和控制，是为了当自己的身体健康出现意外，或个人所处的经济环境发生恶化，如恶性通货膨胀、汇率大幅降低等问题时，自己和家人的生活水平不至于受到严重的影响。

> 📖 **知识链接**
>
> ### 个人理财在国内的发展
>
> 2003年，中华人民共和国劳动和社会保障部（现为中华人民共和国人力资源和社会保障部）正式设立理财规划师职业，颁布了《理财规划师国家职业标准》；2004年，国家职业技能鉴定专家委员会理财规划师专业委员成立；2005年，国家理财规划师正式展开培训工作；2006年，开始实行国家理财规划师资格全国统考制度。

2. 个人理财与机构理财的对比

从理财实施的主体来看，理财可以分为个人（家庭）理财和机构（企业、政府、其他组织）理财两大类。

个人理财和机构理财都是将现有的资金投入相应的理财产品，并且按预期收益率获得资金增长的一种方式，但两者存在较多的不同。从目标来看，个人理财的目标是进行终身的财务安排，提高个人生活质量；而机构理财的目标是实现企业价值最大化。从风险承担能力来看，个人理财通常将安全性放在首位；而机构理财通常优先考虑盈利性，兼顾安全性。从依据的法规来看，个人理财主要依据《中华人民共和国民法典》《中华人民共和国商业银行法》《中华人民共和国证券法》《中华人民共和国证券投资基金法》《中华人民共和国保险法》《中华人民共和国个人所得税法》等；而机构理财主要涉及《中华人民共和国公司法》等。从主要内容来看，个人理财涉及保险规划、税收筹划、遗产规划等；而机构理财主要涉及预算、筹资、投资等方面。个人理财与机构理财的区别如表1-1所示。

表1-1 个人理财与机构理财的区别

项目	个人理财	机构理财
理财目标	提高个人生活质量，规避个人财务风险，保障终身的生活	通过资金的筹措与合理使用，规避公司财务风险，实现公司价值最大化
风险承担能力	相对较弱，在进行风险、收益权衡时，安全性一般要放在收益性的前面来考虑	相对较强，为了追求较高的利润，能够承担较高的风险
依据的法规	个人所得税、金融等方面的法律法规	公司法、证券法以及企业税收、会计等方面的法律法规
主要内容	保险规划、税收筹划、退休规划以及遗产规划等内容	预算、筹资、投资、控制、分析等

课堂讨论
你自己或身边的亲戚朋友是否有个人理财的经历？说说你的理财经验。

1.1.2　个人理财的目标和效果

相对于无限的欲望，有限的资源总是稀缺的，当个人设定的理财目标不同时，其获得的理财效果也是截然不同的。

1. 个人理财的目标

当人们经营手中的财富时，总会带有一定的目的性，即通常所说的理财目标。由于人们个性的不同，人们的理财目标也不尽相同。为了更好地理解和把握理财目标的内涵，本书将介绍多种理财目标的分类方式及其内容。

第一种是按个人人生阶段来分类，理财目标大概可以分为学习成长期、单身期、家庭形成期、家庭成长期、家庭成熟期和退休期 6 个阶段，个人收入在这期间呈现先增后减的趋势，个人人生阶段的不同理财目标如图 1-1 所示。

学习成长期	单身期	家庭形成期	家庭成长期	家庭成熟期	退休期
培养理财观念	积累组建家庭资金和创业基金	合理安排家庭建设的各项开支	实现家庭资产快速增长，积累养老金和教育基金	提供子女教育金并实现家庭资产的保值升值	确保家庭财产安全以及合理安排各项开支

图 1-1　个人人生阶段的不同理财目标

第二种是按理财的时间来分类，理财目标主要分为短期目标、中期目标和长期目标三种，其中短期目标是指 3 年以内的目标，中期目标是指 3～7 年的目标，而长期目标是指 7 年以上的目标。每个个体在特定的时期可以根据自身需要调整自己的理财计划，以实现自己的理财目标，此处的理财目标都比较具体，按时间划分的理财目标如表 1-2 所示。

表 1-2　　　　　　　　　　　　按时间划分的理财目标

阶段	具体内容
短期目标（3 年以内）	一年之后更换新车，预算 3 万元
	两年之后需要支付子女的学费，5 万元/年
	3 年以内购买房子，首付 25 万元
中期目标（3～7 年）	5 年之后全家出境旅游，预算 10 万元
	7 年之后换车，预算 30 万元
长期目标（7 年以上）	20 年之后追求退休生活，1.5 万元/月
	30 年之后资助子孙开支，6 万元/年

2. 个人理财的效果

个人理财的效果主要表现为以下几个方面。

第一，完成财务目标，平衡一生中的收支差距，以达到动态的平衡。人的一生大约有一半的时间在赚取收入。人生收支线包括：①生活支出线，可用一条曲线表示，从出生到身故画出一条生活支出线；②工作收入线，从就业到退休画出一条工作收入线；③理财收入线，通过工作收入，用每个月储蓄的余钱来规划，画出理财收入线。人生收支线如图 1-2 所示。

第二，提高应对可能发生的意外的能力。现代社会中，家庭面对的各种不确定性在不断增加，相应的风险也在加大。意外的发生不能够被完全控制，但家庭可以通过各种理财活动提高对可能发生的意外的应对能力。家庭生命周期各阶段特征及财务状况见表 1-3。

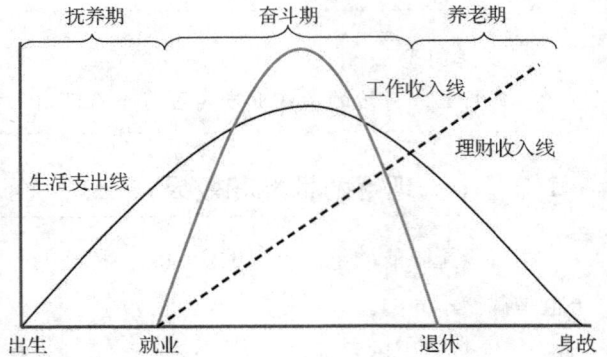

图 1-2　人生收支线

表 1-3　　　　　　　　　　家庭生命周期各阶段特征及财务状况

项目	家庭形成期	家庭成长期	家庭成熟期	家庭衰老期
特征	从结婚到子女出生，家庭成员随子女出生而增加	从子女出生到完成学业，家庭成员数固定	从子女完成学业到夫妻均退休，家庭成员数随子女独立而减少	从夫妻均退休到夫妻一方过世，家庭成员只有夫妻两人（也称为空巢期）
收入及支出	收入以薪酬为主，支出随家庭成员增加而增加	收入以薪酬为主，支出随家庭成员固定而趋于稳定，子女上大学费用负担重	收入以薪酬为主，事业发展和收入达到巅峰。支出随家庭成员减少而降低	以理财收入及转移性收入为主，或变现资产维持生计。支出结构发生变化，医疗费用占比高，其他费用占比降低
储蓄	随家庭成员增加而下降，家庭支出负担重	收入增加而支出稳定，在子女上大学前储蓄逐步增加	收入达到巅峰，支出稳中有降，是募集退休金的黄金时期	大部分情况下支出大于收入，为耗用退休准备金阶段
居住	和父母同住或租住	和父母同住或自行购房	与老年父母同住或夫妻两人居住	夫妻居住或和子女同住
资产	资产有限，可承受较高的投资风险	可积累的资产逐年增加，要适当控制投资风险	资产达到巅峰，要逐步降低投资风险，保障退休金的安全	逐年变现资产来应付退休后生活费开销，投资应以固定收益工具为主
负债	信用卡透支或消费贷款	若已购房，为交付房贷本息、降低负债余额的阶段	在退休前把所有的负债还清	无新增负债

第三，减少不必要的支出，即通常所说的"节流"。善于理财的人能够最大化地利用资金，并且通过合理避税和其他风险管理手段来实现支出的最小化。

第四，不断增加收入，即通常所说的"开源"。通过理财，人们能够使现有的财富在保值的基础上实现增值，投资获利是最典型的方式。

第五，提高家庭的幸福指数。开源节流能够为一个家庭增加财富，但财富的获取是无止境的，一个家庭的幸福程度也不是仅凭财富的数量来衡量的。家庭理财的根本目标是为实现家庭幸福奠定良好的物质基础，提高家庭成员的生活水平，丰富其生活内容，增加生活享受，从而提高幸福感。

此外，科学规划个人的财产，实现社会资金合理流动，将有利于国家经济安全发展，从而给社会创造更多的财富。

课间案例

穷人（普通人）不需要理财吗

理财是对手上的资金做出长期、合理的规划，以此来抵抗通货膨胀，这是一个长期积累的过程。在《贫穷的本质：我们为什么摆脱不了贫穷》[①]中有这样一个例子：穷人在粮食收获时会有一部分收入，但是等到下一次播种的时候，这部分收入就被花费得差不多了，于是就没有多余的钱买化肥，进而导致收成减少。但是有的人会在拿到收入后就先把化肥买好，等到播种的时候再用，这样每一次的收成都会比上一次好，收入也慢慢多起来。这也说明了，普通人应学会用理财思维去思考，有明确目标，做好规划，保持理性以及有足够的耐心，这样也能实现财富的增长。

1.1.3 财富积累途径

普通人积累财富有三个途径：工作、创业以及投资。人的一生可以用三个字母概括：B（Birth，出生）、C（Choice，选择）和 D（Death，死亡），从"摇篮"到"坟墓"，每天都在做选择。

全球大多数人财富的主要来源仍然是劳动所得，因此所有资本中最有价值的是人力资本。在现代社会，人力资本积累的重要来源就是工作。工作选择不仅决定一个人职业生涯的长度和宽度，更决定了其财富水平甚至家庭财富的代际传承。通过做好本职工作来积累财富，是大多数人的选择。很多人都有创业的冲动，但创业的成功率很低。当创业公司业务与上市公司相近时，购买上市公司的股票将比独立开办公司的风险更低。上市公司一般都是相对成熟的公司，具备一定的规模优势，如果有自己看好的上市公司，并且该上市公司团队值得信赖，可以直接投资它们。而适合普通人的投资方式，就是购买生钱资产，如果想获得超额收益，就需要用心学习股票管理、基金管理、房地产管理等技能。

工作、创业与投资密不可分。工作和创业都能增进投资者对投资的理解。创业和投资，会让普通人在工作中更有底气与尊严，遵从自己的意愿做事情。投资能锻炼一个人的长远眼光，有助于个人在工作和创业中进行一些关键的抉择。巴菲特曾说："我是一个好的投资家，因为我是一个好的企业家；我是一个好的企业家，因为我是一个好的投资家。"

大多数人实现财务自由的方式是做好本职工作，再用工资买入生钱资产，获得非工资收入（股息收入、房租净收入、基金分红）。

课堂讨论

说一说你的财富积累途径有哪些。

[①] 班纳吉，迪弗洛，等. 贫穷的本质：我们为什么摆脱不了贫穷[M]. 景芳，译. 北京：中信出版社，2013.

课间案例

穷人陷阱、穷忙族与富闲人

2019年诺贝尔经济学奖授予了阿比吉特·巴纳吉（Abhijit Banerjee）、埃丝特·迪弗洛（Esther Duflo）和迈克尔·克雷默（Michael Kremer）三名学者，他们的主要研究成果并非复杂的经济学理论，而是和我们息息相关的话题——贫穷。经历了十几年对世界各地贫困国家的研究，巴纳吉等人得出了一个惊人结论：即使能够获得援助，穷人依然会越来越穷，因为穷人会陷入"贫穷陷阱"。

穷人为什么把今天的收入全都花掉而不留给未来？

第一，穷人压力普遍较大，而消费成了他们的解压方式。研究发现了一个很有趣的现象：相比富人，穷人更可能买奢侈品。他们有一次去贫困的村子考察，发现许多儿童表现出营养不良的状况，但是他们中大多数人的家里都有电视机。村子里的人说，他们会攒很久的钱，买一台电视机。学者感到奇怪：电视机并不能改善他们的经济情况，但是吃得好、更健康却可以帮他们提高生产力。为什么宁可把钱用来买电视机，也不愿意花钱改善自己的营养状况呢？村子里的人说："因为电视机比食物重要。"巴纳吉等人解释道，穷人在巨大的生活压力中往往分泌更多的皮质醇，并因此做出冲动的决定。他们需要频繁地释放压力，而贫困的生存环境下他们注定没有更多的解压方式，只能在即时满足上寻求高频低效的压力释放，如吃一顿丰盛的晚餐、买一台电视机等。

第二，穷人更容易相信错误的事情。穷人没有储蓄的概念，生活环境往往较为恶劣，缺乏正确的信息来源，往往选择相信错误的事情。在教育问题上，我们一直以来都有一种错觉，认为穷人家的孩子不上学是因为没钱。事实上，在大多数国家，小学甚至初中都是免费的，但还是有很多孩子不愿意上学。很多家长不知道教育的好处，因为教育的回报往往是在十几年之后，这时很多家长看不到投资的价值，同时也不想放弃孩子现在能挣到的钱。所以，在教育问题上，只依赖建立学校、聘用教师是远远不够的。穷人更容易拒绝延时满足，长期投资、延迟回报对穷人的吸引力很小。比如，储蓄、教育和学习，从认知和行动上对于穷人家庭来说都是很难做出选择的，因此穷人容易掉入一个几代贫困的死循环。

学者们最后得出的脱贫方法中最重要的一点是要改变人的信念。

有的人一周工作超过54小时，忙来忙去却依然无力置产，甚至还要担忧养老金从何而来，也就是所谓的"穷忙族"。而有的人被称为"富闲人"，如万科房产的董事长王石，王石酷爱登山，他一年中有近1/3的时间在外登山、跳伞等。

"富闲人"总是把赚来的钱再次投入新的项目，以钱赚钱；而"穷忙族"总是依靠自己的苦力赚钱，他们喜欢把赚到的钱存储起来，结果存来存去还是没存住，最终还是花了出去。因而，"以钱挣钱"胜过"以人挣钱"。这些"富闲人"主要依靠理财来挣钱。

富人钱生钱，穷人债养债。节省钱、尊重钱是很多富人的习惯。我们常常说富人越有钱越节约，因为他们知道钱来之不易，而没有钱的人往往"穷大方"。

1.1.4 　个人理财规划

理财规划的核心是资产和负债相匹配的过程。资产指的是以前的存量资产和收入的能力，即未来的资产。负债指的是家庭责任，如赡养父母、抚养小孩等。通过理财，人们可以实现所有资产的合理配置，达到增强经济实力、提高风险抵御能力、增大资金效用的目的。好的理财方式，能显著地提高资产的质量并让资产持续增值的潜力充分地发挥出来。在不同的生命周期阶段，人们往往有着不同的投资理念和理财目标。随着年龄的增长，投资理念往往由激进型向保守型不断过渡。

要实现既定的理财目标，制定合理的理财规划，需要思考以下问题：第一，已拥有的资产及收入情况；第二，可以实现的理财目标；第三，自己的风险承受能力；第四，实现理财目标所需的时间。

一般而言，个人理财可分为以下五个步骤。

第一，评估理财环境和个人条件。理财环境评估的信息范围较广，包括经济和社会发展状况、个人所处的社会地位等。个人条件的评估包括对个人资产（如住房、车、收藏、股票、存款等）、负债（如信用卡待还款、银行贷款、抵押物等）以及收入（包括预期收入）的评估。只有在对理财环境和个人条件进行评估的基础上，才能制定出合理的理财目标。

第二，制定个人理财目标。在对理财环境和个人条件进行评估的基础上，制定理财目标是理财活动的关键。个人理财目标具有多重性，对个体来说，可以同时制定多个理财目标，包括短期理财目标和长期理财目标、重点理财目标和次要理财目标等。理财目标的可行性和清晰性有助于制定详细的理财规划，从而有利于理财目标的实现。具体而言，理财目标的制定包括以下要点。首先，理财目标要现实且具体。现实是指无论什么样的理财目标，都要从自己现在的财务基础和能力出发。理财目标不宜制定得过高，脱离现实的理财目标只会增加自己的压力，从而不能发挥出它应有的作用。"具体"是指理财目标要有一个可实现的货币价值。例如，创业本身不能作为理财目标，理财目标要具体到诸如什么时候、需要多少钱来创业？在哪里创业？规模有多大？启动资金需要多少？等。其次，理财目标设定要兼顾现在和将来。设定理财目标的初衷在于保证人们在生命的各个阶段都可以过上有品质的生活，设定长远的理财目标固然是正确的，但也不能牺牲现在的生活。这就好比运动员在进行长跑比赛时需要绕着运动场跑很多圈，教练员不仅会告诉运动员最终需要达到什么样的成绩水平，还会为运动员制定不同阶段的成绩目标。理财有时候也类似于长跑，在长期理财目标中加入一些短期的理财目标，可以让你的收获更加具有幸福感，也减少了实现长期理财目标过程中的枯燥感。最后，要找到实现理财目标的方法。确立自己的理财目标很重要，但更重要的是找到实现理财目标的途径，并竭尽全力地付诸行动。因此，如果希望实现理财目标，不妨从目标的细化和分解开始做起，按期完成子理财目标，慢慢达成最终理财目标。

第三，制定个人理财规划。理财规划是指实现个人理财目标的方式以及对理财手段的选择。制定个人理财规划实际上是采取有效的方法来实现个人理财目标，如减少不必要的开支、进行股票投资等。

第四，执行个人理财规划。个人理财规划制定出来以后，必须遵守一定的纪律以保证个人理财规划的执行。个人理财规划的执行需要一定的专业知识，因此在执行过程中，很多人会接受专业人

微课扫一扫

员（如个人理财规划师、投资顾问和律师）的建议和帮助。

第五，监控执行进度和再评估。个人理财规划在执行中会受到一些因素的影响，包括外部环境的变化和个人条件的改变。原规划在执行中会遇到有利或者不利的因素，从而影响个人理财规划的执行进程。因此，个人理财规划在执行中有必要进行监控，以便于进行调整和再评估。

知识拓展

防范违规代客理财

投资者不能盲目相信金融从业人员的违法承诺，应树立理性投资理念，学习专业知识，积累投资经验。

原告黄某在某证券营业部开户后，将账户及密码告知母亲王某。被告翁某为该证券营业部的投资顾问，王某与翁某认识后，将原告账户及交易密码告知翁某并委托其进行两支股票的证券交易，金额约为4万元。翁某在代理操作账户期间频繁操作原告账户，日均交易13次左右，甚至有多日交易笔数达50次以上。法院查明原告账户内损失多为缴纳巨额佣金。原告起诉至法院要求被告承担上述账户的全部损失。最终法院判决翁某赔偿原告黄某的财产损失，营业部应当对翁某赔偿义务在50%范围内承担补充赔偿责任。

风险提示：

投资者一旦将证券交易全权委托给证券公司及其从业人员进行操作，即存在各种风险。对方极有可能会因牟取私利而进行不必要的操作，给投资者造成重大损失。

课间案例

小红的个人理财方案

小红去年大学毕业，学的专业是市场营销。在求职几个月之后，她被一家广告公司录用，年薪38 000元。小红把每月工资的一部分省下来投资，以慢慢积累自己的财富。她知道通过制定理财规划限制当前的支出，可以实现财富的增加，从而使未来有更多的钱可花。现在，她打算全面评估自己当前的财务状况，确立财务目标，制定实现财务目标的方案。详细内容如下。

第一步：评估理财环境和个人条件。

我现在没有多少储蓄。我每年的税后收入大概是30 000元，以后应该会逐年增长。

第二步：制定个人理财目标。

一年内买一辆新车；两年内买房；开展投资使我的财富能够逐渐增长；储蓄一大笔钱使我能在20～40年后退休。

第三步：制定个人理财规划。

由于我当前的财务状况不足以为我实现财务目标提供足额资金，我需要制定一个有效的理财规划。我想存足够多的钱，以支付买房和买车的首付，剩下的部分通过融资解决。这个规划需要我把一部分收入用于投资。

我将决定购买什么样的车和房子，以及需要拿出多少钱来进行投资，从而逐步实现财富的积累。

第四步：执行个人理财规划。

对于我来说，通过融资买房、买车是比较可行的。我要制定一个预算方案，每月攒一笔钱，最终用来支付买车的首付，然后，用同样的方法攒钱支付买房的首付。不管用什么方法融资，我都要确保借的钱能还得上。

第五步：监控执行进度和再评估。

一旦理财规划确定，我要经常监控它的执行，确保每月的存款是充足的。如果存款不足，我将不得不推迟买房和买车的时间，直到存够了支付首付的钱。如果我的存款金额超过预期，就有可能提前买车和买房。

1.2 基本原则和相关理论

理财并不等于投资，它是一种根据自身的财务状况，对资产进行配置以达到理想财务目标的过程。因此，不要谈起理财，就想到投资股票。理财的真正目的是通过对现有和预期将来拥有的各种资源的整合管理，从而实现个人的生命满足感和财富最大化。理财能够保障个人的财富安全、稳健地增长，从而实现生活目标。理财并非单纯地投资赚钱，还需要尽量避免理财过程中的各种陷阱。因此，了解个人理财的基本原则和相关理论对于建设正确的理财心理有所帮助。

1.2.1 个人理财的基本原则

个人理财的基本原则有以下六点。

第一，墨菲定律。事情如果有变坏的可能，不管这种可能性有多小，它总会发生。在理财过程中，人们需要为未来的投资之路做好心理准备：理财有风险，投资需谨慎，任何意外的变化都有可能出现。

第二，二八定律，又称帕累托定律，即重要因素只占20%，不重要因素占80%，但是这20%的重要因素却对全局有着决定性的影响。该定律在 20 世纪初被意大利经济学家帕累托提出，常用于经济学、管理学领域，但是在个人理财中也可以被合理利用。个人理财总目标就是保值增值，但是这个理财总目标又是由近期理财目标和远期理财目标以及其他理财子目标构成的。根据二八定律，20%中的理财关键目标决定了个人理财80%的收益结果。所以，个人理财要分清主次，专注于20%的关键理财目标，并根据时间设置近期理财目标和远期理财目标，将关键理财目标和次关键理财目标分优先级，将20%的关键理财目标放在首位，而其他不重要的理财目标在关键理财目标的带领下自然就容易实现。

第三，"4321定律"。这条定律适用于家庭财产的合理配置，也就是说家庭总收入可以分成 4 份，40%用于供房及其他项目的投资，30%用于家庭生活开支，20%用于银行存款以备不时之需，10%用于保险。按照这种收入分配比例模型可以合理分配财产资源，管理控制风险，让损失降到最低。当然，不同的家庭有不同的理财目标和风险承受能力、生活质量指标，家庭财产可在该定律的基础上按需调整。

第四，"31 定律"。"31 定律"指的是每月的房贷还款数额以不超过家庭月总收入的 1/3 为宜。例如，家庭月收入为 2 万元，月供数额的上限最好为 6 666 元。一旦超过这个标准，家庭资产比例结构将发生变化，面对突发状况的应变能力便有所下降，生活质量也会受到严重影响。如果按照"31 定律"设置承受范围内的房贷还款数额，有助于保持稳定的家庭财产状况。

第五，"72 定律"——复利收益计算。资产翻倍的时间等于 72 除以年收益率乘以 100。掌握了复利中的奥妙，有助于快速计算财富积累的时间与收益率之间的关系，便于在进行不同时期的理财规划时选择不同的投资工具。为了缩短财富增长周期，也可根据复利计算结果合理组合投资，使组合投资的年收益率在可承受风险范围内达到最大化。

第六，"80 定律"。高风险工具（如股票等）的配置百分比＝（人均寿命−投资者年龄）×100%。例如，现在的人均寿命约为 80 岁，若某个人现在是 30 岁，则可用于高风险投资的资金占全部自有资金的比例为 50%＝（80−30）×100%。这种配置比例叫生命周期模型。不同年龄段对风险的承受力是不同的，不考虑其他因素，人的风险承受能力与年龄是成反比的。

知识链接

理财的概念误区

在理财中，常常会有许多自以为正确其实错误的方法，而我们却毫不知情。看到别人的缺点很容易，自己的错误却很难被认识。因而，我们需要避开理财中的概念误区。

（1）机会成本，是由选择产生的——一种经济资源往往有多种用途，选择了一种用途，必然要放弃另一种用途，后者带来的最大收益就成了前者的机会成本。对于投资者来说，有限的以某种形式存在的资金必须放弃另一种形式存在可能获得的收益。

（2）沉没成本，是指已经发生的成本，"沉到水底"的成本。

（3）心理账户，由于消费者心理账户的存在，个体在做出决策时往往会违背一些简单的经济运算法则，从而做出许多非理性的消费行为。

（4）比例偏见。购买商品或服务时，首先衡量该商品或服务带来的效用和价格，也就是性能和性价比，然后再确定是否购买。人们愿意支付的价格和实际价格的差额是交易效用的源泉，在经济学上被称为"消费者剩余"。实际支付价低于参考价越多，人们越觉得占了很大的便宜。但在绝对差额一样的情况下，不同的差额也会影响你的决策，这就是一种"比例偏见"。在消费时，不仅要考虑所能得到的优惠数额以及为获得优惠所付出的成本，也不要过多地注重小处节约而对大处小比例的节约视而不见，要避免比例偏见。

1.2.2　个人理财的相关理论

与理财相关的理论，主要包括以下几种。

1. 生命周期消费理论

生命周期消费理论是由美国经济学家弗朗科·莫迪利安尼提出的。生命周期消费理论认为，人们在较长时间范围内计划他们的生活消费开支，以达到在整个生命周期内消费的最佳配置。如人们第一阶段参加工作，第二阶段纯消费而无收入，用第一阶段的储蓄来弥补第二阶段的消费，这样，个人可支配收入和财富的边际消费倾向便取决于该消费者的年龄。这表明当收入相对于一生平均收入高（低）时，储蓄是高（低）的。该理论同时指出总储蓄取决于经济增长率及人口的年龄分布变量。生命周期消费理论还得出另外一个结论：整个社会不同年龄段人群的比例会影响总消费与总储蓄。例如，社会中的年轻人与老年人所占比例大，则社会的消费倾向较高、储蓄倾向较低；中年人比例大，则社会的储蓄倾向较高、消费倾向较低。生命周期消费理论也分析了其他影响消费与储蓄的因素，如高遗产税率会促使人们减少留给后代的遗产从而增加消费，而低遗产税率则对人们的储蓄产生激励、对消费产生抑制，健全的社会保障体系等会使储蓄减少。

不同生命周期中，个人理财的运用会有不同，个人理财在各生命周期中的运用如表 1-4 所示。

表 1-4　　　　　　　　　　　　　　个人理财在各生命周期中的运用

项目	探索期	建立期	稳定期	维持期	高原期	退休期
对应年龄	15~24 岁	25~34 岁	35~44 岁	45~54 岁	55~60 岁	60 岁以后
家庭形态	以父母家庭为生活重心	择偶结婚，有学龄前子女	子女上小学、中学	子女进入高等教育阶段	子女独立	以夫妻两人为主
理财活动	求学深造，提高收入	银行贷款，购房	偿还房贷，筹集教育金	收入增加，筹集退休金	负担减轻，准备退休	享受生活，规划遗产
投资工具	活期、定期存款，基金定投	活期存款、股票、基金定投	自用房产投资、股票、基金	多元投资组合	降低投资组合风险	固定收益投资为主
保险计划	意外险、寿险	寿险、储蓄险	养老险、定期寿险	养老险、投资型保险	长期看护险、退休年金	领养老金

2. 投资组合理论

投资组合理论有狭义和广义之分。狭义的投资组合理论是指马柯维茨投资组合理论；而广义的投资组合理论除了经典的投资组合理论以及该理论的各种替代投资组合理论，还包括由资本资产定价模型和证券市场有效理论构成的资本市场理论。同时，由于传统的有效市场假说不能解释市场异常现象，所以投资组合理论又受到行为金融理论的挑战。

在投资活动过程中，期望收益和风险之间的关系成为投资者最为关注的问题。所以投资者或者证券投资组合的管理者的主要目的就是组建一个有效的投资组合，也就是从金融市场上众多的证券中进行选择，构建证券投资组合，以达到预期收益与风险的最佳配置，即每一单位风险水平上实现收益最高，且每一单位收益水平上实现风险最小。

资产组合是指由两种或两种以上的资产所构成的集合。一般通过对资产组合内各种资产的预期收益率进行加权平均，来计算资产组合的预期收益率，其中，对权数的定义通常为各种资产占整个投资组合的比例。总体来说，考虑到资产组合中，任意两项资产之间的组合并不完全相关，所以资产组合的风险会随着资产组合中资产个数的增加而逐渐减小。当资产组合中资产的个数逐渐增加到一定程度时，资产组合的整体风险不会持续下降，而将趋于平稳。同时，各资产本身的风险可以用方差来表示，由于其只反映了资产本身的特性，因而在组合中资产个数逐渐增加时，风险会逐渐减小。只要资产组合中资产的个数增加到足够多时，这些风险就可以被消除。通过投资组合中资产数目的增加，最终能够被消除的风险是非系统风险；系统性风险无法被消除，当资产组合中的各项资产均为有价证券时，也可以称该资产组合为证券组合。在证券组合中，一般用证券之间的相关系数来测算证券之间的期望收益做同向运动或者反向运动的程度。

3. 资产配置理论

资产配置是指在理财目标既定的情况下，遵循资产风险最低而报酬最高的原则，将资金合理有效地在不同类型的资产上进行分配，使资产投资组合能够达到提高报酬和控制风险的目标。

由于资产配置利用了各种类型不同的资产，以及它们不同的收益率、风险特征、相互之间价格波动所具有的相关性，因此资产配置能够影响投资组合整体的报酬和风险。利用资产配置来指导投资，一方面可以降低投资组合发生损失的风险；另一方面能够更可靠地增加投资组合的报酬率。

思考与练习

1. 比较个人理财与机构理财的异同点。
2. 如何确立一个符合自身实际情况的理财目标？
3. 获取预期的个人理财效果需要做哪些方面的努力？
4. 简述个人理财在各生命周期中的运用。
5. 试分析家庭生命周期各阶段的特征及财务状况。
6. 请写下你要实现财务自由的理由。至少列举三个。
7. 如果10年后你对自己的生活条件比较满意，你觉得你的家庭年生活支出约为多少元？

案例分析

控制欲望的最高境界

美国船王老哈利曾对儿子小哈利说："等你到了23岁，我就将公司的财政大权交给你。"谁想，儿子23岁生日这天，老哈利却将儿子带进了赌场。老哈利给了小哈利2 000美元，让小哈利熟悉牌桌上的伎俩，并告诉他无论如何不能把钱输光。小哈利连连点头，老哈利还是不放心，反复叮嘱儿子一定要剩下500美元。小哈利拍着胸脯答应下来。然而，年轻的小哈利很快赌红了眼，把父亲的话忘了个一干二净，最终输得一分不剩。走出赌场，小哈利十分沮丧，说他本以为最后那两把能赚回来，那时他手上的牌开始变好，没想到却输得更惨。

老哈利说："你还要再进赌场，不过我不能再给你本钱，你需要自己去挣。"小哈利用一个月时间去打工，挣到了700美元。当他再次走进赌场时，他给自己定下了规矩：只能输掉一半的钱，钱只剩一半时他一定离开牌桌。然而，小哈利又一次失败了。当他输掉一半的钱时，脚下就像被钉了钉子般无法动弹，他没能坚守住自己的原则，再次把钱全都押了进去，最后是输得精光。老哈利在一旁看着一言不发。走出赌场，小哈利对父亲说，他再也不想进赌场了，因为他的性格只会让他把最后一分钱都输光，他注定是个输家。谁知老哈利却不以为然，他坚持要小哈利再进赌场。老哈利说："赌场是世界上博弈最激烈、最无情、最残酷的地方，人生亦如赌场，你怎么能不继续呢？"小哈利只好再去打短工。

小哈利第三次走进赌场已是半年以后了。这一次，他的运气还是不佳。但他吸取了以往的教训，冷静了许多，沉稳了许多，当钱输到一半时，他毅然决然地走出了赌场。虽然他还是输掉了一半，但在心里，他却有了一种赢的感觉，因为这一次他战胜了自己！老哈利看出了儿子的喜悦，他对儿子说："你以为你走进赌场，是为了赢谁？就是要先赢自己。控制住自己，你才能做天下真正的赢家。"从此以后，小哈利每次走进赌场，都给自己设定一条界线，在输掉10%时他一定会退出牌桌。再往后，熟悉了赌场的小哈利竟然开始赢了：他不但保住了本钱，而且还赢了几百美元！这时，站在一旁的父亲警告他，现在应该马上离开赌桌。

可头一次这么顺风顺水，小哈利哪里舍得走？几把下来他果然又赢了一些钱，眼看手上的钱就要翻倍，这可是他从没有遇到过的场面，小哈利无比兴奋！谁知，就在此时形势急转直下，几个对手大大增加了赌注，仅两把，小哈利就又输得精光。从天堂瞬间跌落地狱的小哈利惊出了一身冷汗，他这才想起父亲的忠告，如果当时他能听从父亲的话离开，他将会是一个赢家。可惜，他错过了赢的机会，又一次做了输家。一年以后，小哈利再去赌场时，俨然已经成了一个像模像样的老手，输赢都能控制在10%以内。不管是输10%，还是赢10%，他都会坚决离场，即使在最顺的时候他也不会犹豫！老哈利激动不已，因为他知道，在这个世上，能在赢时退场的人才是真正的赢家。

老哈利毅然决定，将上百亿美元的公司财政大权交给小哈利。听到这突然的任命，小哈利倍感吃惊："我还不懂公司业务呢！"老哈利却一脸轻松地说："业务不过是小事。世上多少人失败，不是因为不懂业务，而是控制不了自己的情绪和欲望！"

老哈利很清楚，能够控制情绪和欲望，往往意味着掌控了成功的主动权。船王老哈利训子秘诀：能在赢时退场的人，才是真正的赢家。

思考：

1．你从小哈利的故事中受到了什么启迪？如何处理金钱与欲望的关系？控制金钱的欲望与追求财富自由矛盾吗？

2．探讨个人理财与快乐的关系。

3．个人理财规划过程中存在哪些情绪陷阱？想要真正实现财务自由，应如何避免掉入情绪陷阱？

4．盖伊有句名言："贪吃蜂蜜的苍蝇准会溺死在蜜浆里。"结合故事谈谈你对这句名言的理解。

第2章 经济金融基础知识

教学目标

（1）了解宏观经济政策目标。

（2）掌握自动稳定器的作用原理。

（3）了解信用的分类。

（4）掌握货币政策、财政政策的工具。

（5）熟悉金融市场的分类及其各自的功能。

（6）了解区域政策与产业政策的关系。

（7）了解经济周期理论。

（8）掌握金融机构的分类及其各自的功能。

在理财的过程中，掌握一些经济金融知识的重要性不言而喻，它不仅能使我们的财富保值增值，还能够降低威胁人们生命健康和财产安全的风险。只有掌握了经济金融基础知识，我们才能在获得可观收益的同时预见潜在的风险。

本章介绍了一些理财时需具备的经济金融基础知识，帮助理财新手更快入门，了解"游戏规则"，并为日后成为一名有独立思考能力的投资者打下知识基础。

2.1 货币与信用

今天的社会主义市场经济是一种货币经济或信用经济，所有社会经济活动和人们的日常生活都与货币有着密切关系，经济活动需要通过货币交易进行。从微观经济活动看，家庭的收支消费、企业的活动、银行的信贷经营，都与货币信用关系直接相关。

2.1.1 货币的基础知识

1. 货币的内涵

在商品与劳务交易及债务清偿中，发挥交易媒介、价值标准、价值贮藏以及支付手段等功能的商品就是货币。交易媒介、价值标准、价值贮藏以及支付手段被称为货币的四项功能。由于各种商品的价值量不同，其表现为货币的数量也不同。要比较货币的不同数量，需要有一个货币计量单位。最初的货币计量单位同衡量货币商品的重量单位是一致的。例如，英国的货币单位英镑，原来是一磅重的银的货币单位；我国秦朝时曾铸造过"半两"铜钱，与货币的含铜量是一致的；20 世纪 30 年代中期，我国流通的货币以"元"为单位，"元"也有确定的白银含量，即通常所说的"七钱二"。随着历史的演变，国家以贱金属代替贵金属做币材，使货币单位名称和金属重量单位名称相脱离。随着这一演变，人们不再把商品的价值说成等于多少重量的金或银，而是直接说值多少"镑"、值多少"元"。于是，"镑""元"等在人们心目中逐渐成为一种价值单位，而货币金属及其重量则完全被抽象了。

2．货币的外延

由于现实生活中大量东西都在发挥货币的功能，为了统计、研究和调控的需要，各国中央银行以金融资产流动性的大小作为标准，划分了货币层次。中国人民银行于 1994 年第三季度开始，正式确定并按季公布货币供应量指标。货币层次的划分具体如下：

$M0$＝流通中的现金；

$M1$＝$M0$＋企业活期存款＋机关、团体、部队存款＋农村存款＋个人持有的信用卡存款；

$M2$＝$M1$＋城乡居民储蓄存款＋企业存款中具有定期性质的存款＋信托类存款＋其他存款；

$M3$＝$M2$＋金融债券＋商业票据＋大额可转让定期存单等。

在我国，$M1$ 是通常所说的狭义货币供应量，$M2$ 是广义货币供应量，$M3$ 是为金融创新而增设的货币供应量指标。

知识拓展

货币的法定性

中华人民共和国的法定货币是人民币，中国人民银行是国家管理人民币的主管机关，负责人民币的设计、印制和发行。法定货币是依靠政府的法令使其成为合法通货的货币。

数字人民币（英文简称：e-CNY）是由中国人民银行发行的数字形式的法定货币，由指定运营机构参与运营并向公众兑换。数字人民币以广义账户体系为基础，作为现金 $M0$ 的补充。它支持银行账户松耦合功能，且与实物人民币（纸币、硬币）等价，支持分级限额、可控匿名，具有价值特征和法偿性。

2.1.2　信用和利率的基础知识

1．信用

信用是指以还本付息为条件的单方面价值让渡，表现为商品买卖中的延期支付与货币的借贷行为。信用按照信用主体划分，可分为商业信用、银行信用、国家信用和消费信用。

微课扫一扫

（1）商业信用。商业信用是指工商企业之间以商品赊销或者预付货款的形式提供的信用。商业信用直接与商品生产和商品流通相联系。在现代市场经济条件下，商业票据是实现商业信用的主要工具。商业信用具有一定的局限性：①商业信用的授信规模有限，因为企业所能提供的商业信用的数量受其准备金数量和资本周转的限制；②商业信用受商品使用价值流转方向的限制，一般是卖方向买方提供信用；③信用链条具有不稳定性，商业信用是由工商企业相互提供的，如果债务人经营不善或到期不履行契约，就可能导致整个债务链的中断，引起债务危机，冲击整个信用体系。

（2）银行信用。银行信用是指银行或者其他金融机构以货币形式向企业和个人提供的信用。银行的商业票据贴现将分散的商业信用统一为银行信用，同时银行在商业票据贴现过程中发行稳定性强、信誉高的银行券，创造了适应全社会经济发展的流通工具。银行信用的主要工具是银行票据，如支票、银行汇票等。

（3）国家信用。国家信用又称公共信用，是指国家及其机构作为债务人或债权人，向社会公众和国外政府举债或向债务国放债的一种信用形式。目前世界各国几乎都采用了发行政府债券的形式来筹措资金。

（4）消费信用。消费信用是指工商企业、银行或者其他金融机构以商品、劳务和货币的形式向消费者提供的信用。消费信用的主要形式有：①赊销，是零售商向销售者提供的一种短期消费信用；②分期付款，消费者购买消费品时先支付一部分货款，然后按合同分期支付剩余货款，它多用于购买高档耐用品或房屋、汽车等；③消费贷款，是银行或其他金融机构利用信用放款或抵押放款方式，对消费者发放贷款，用以购买耐用消费品、住房以及支付旅游等的费用；④信用卡，是银行和其他金融机构对个人提供的信用，客户只需持信用卡在约定单位购买商品或支付劳务，然后分期与银行结账。

> **课堂讨论**
> 说一说日常生活中的商业信用和消费信用。

2. 利率

利率（Interest Rate）是资金的使用价格，是指资金的借入者（债务人）为在一定时期内使用资金而支付给借出者的一种利益补偿。由债权人让渡给债务人使用的初始资金称为本金。债务人为使用本金而付出的代价是利息，利率通常表示为单位时间内（多以年计）利息量与本金的百分比。利率的计算有两种方式：一种为单利计算，另一种为复利计算。

（1）单利计算。

单利计算是指在计算利息时，不论借贷期限长短，仅按本金计算利息，所生利息不再加入本金重复计算利息。其计算公式为

$$I = P \cdot n \cdot r$$

式中：I 为利息，P 为本金，n 为计算周期数，r 为每期利率。我国居民储蓄和国库券都按单利计算。

借贷活动中，往往要求计算本金与利息之和，即借一笔款后，经过若干时间的还款总额。这里的还款总额包括本金和利息，简称本利和。以 S 记为本利和，则单利本利和的计算公式为

$$S = P \cdot (1 + nr)$$

（2）复利计算。

复利计算是指计算利息时，不仅计算本金的利息，而且还按借贷期限把本金所获得的利息加入本金再计算利息，逐期滚算。其计算公式及推导为

$$V = P \cdot (1 + r)^n$$

式中：V 为到期为止的复利值，P 为本金，r 为利率，n 为期数。

对于个人来说，只要抱着长期持有的心态，凭借复利就可以取得很高的收益。一个投资项目首先得是一个产生复利的项目（生钱资产）。这是一个不断重复投资的过程（不断买入优质的生钱资产，将优质的生钱资产生的钱继续买生钱资产），其间产生的每一点利息都变成本金附加进去产生利息。这样利滚利，时间一长，产生的利息会逐渐成为投资项目总收益中的主要组成部分。最终收益取决于两个因素：年平均回报率和时间。正如巴菲特所说："人生就像滚雪球，关键是要找到足够湿的雪和足够长的坡。"

10 万元以每年 30% 的增长率增长，50 年后是 497.929 2 亿元，将近 500 亿元。一个人正常的工作时间为 35 年到 50 年，对于价值投资者职业寿命更长些，基本上等同于自己的寿命。同样，也可以把 r 看作你正在做的事。假设一个人的水平是 1，如果每天毫无进步，那么一年后，这个人的水平还是 1。如果每天进步 1%，如每天看书、锻炼等，一年后，这个人的水平是 $(1+1\%)^{365}=37.78$；反过来，如果这个人每天退步 1%，如每天玩手机、熬夜，身体透支 1%。一年后，这个人的水平是 $(1-1\%)^{365}=0.026$。

利率变化对个人理财产生很多方面的影响，利率变化与个人理财策略如表 2-1 所示。

表 2-1　　　　　　　　　　　　利率变化与个人理财策略

理财产品	预期未来利率水平上升		预期未来利率水平下降	
	理财策略调整建议	理财策略调整理由	理财策略调整建议	理财策略调整理由
储蓄	增加配置	收益将增加	减少配置	收益将减少
债券	减少配置	面临价格下跌风险	增加配置	面临价格上涨机会
股票	减少配置	面临价格下跌风险	增加配置	面临价格上涨机会
基金	减少配置	面临价格下跌风险	增加配置	面临价格上涨机会
房产	减少配置	贷款成本增加	增加配置	贷款成本降低
外汇	减少配置	人民币回报高	增加配置	外汇利率可能高

✎ 课堂讨论

去银行存钱，你是否会关注并计算具体利息？

☀ 课间案例

一束玫瑰花究竟价值多少

洞悉复利者，赢利也；不明复利者，负利也。

拿破仑 1797 年 3 月在卢森堡第一国立小学演讲时说了这样一番话："为了答谢贵校对我，尤其是对我夫人约瑟芬的盛情款待，我不仅今天呈上一束玫瑰花，并且在未来的日子里，只要我们法兰西存在一天，每年的今天我将亲自派人送给贵校一束价值相等的玫瑰花，作为法兰西与卢森堡友谊的象征。"

时过境迁，拿破仑穷于应付连绵的战争和此起彼伏的政治事件，最终惨败而被流放到圣赫勒拿岛（Saint Helena），把对卢森堡的诺言忘得一干二净。可卢森堡将拿破仑这句话载入了他们的史册。1984年年底，卢森堡旧事重提，向法国提出违背"赠送玫瑰花"诺言的索赔：从1797年起，用3路易作为一束玫瑰花的本金，以5厘复利（即利滚利）计息全部清偿这笔玫瑰花债。起初，法国政府准备不惜重金赎回拿破仑的声誉，却被计算出的数字惊呆了：原本3路易的许诺，本息竟高达1 375 596法郎。经过苦思冥想，法国政府斟词酌句地答复："以后，无论在精神上还是在物质上，法国将矢志不渝地对卢森堡中小学教育事业予以支持与赞助，来兑现我们的拿破仑将军那一诺千金的玫瑰花信誉。"这一措辞最终得到了卢森堡的谅解。

2.1.3 外汇和汇率的基础知识

1. 外汇

从形态上说，可从两个方面来理解外汇，即动态含义的外汇和静态含义的外汇。动态含义的外汇是指把一国的货币兑换成另一国的货币，借以清偿国际间债权债务关系的行为或活动。静态含义的外汇是指外币和以外币表示的用于国际结算的支付手段。我国的外汇是指以外币表示的可以用作国际清偿的支付手段和资产，具体包括五项内容：①外国货币，包括纸币、铸币；②外币支付凭证，包括票据、银行存款凭证、邮政储蓄凭证等；③外币有价证券，包括政府债券、公司债券、股票等；④特别提款权、欧洲货币单位；⑤其他外汇资产。

根据是否可自由兑换，外汇可以分为自由外汇和记账外汇。凡在国际经济领域可自由兑换、自由流动、自由转让的外币或外币支付手段，均称为自由外汇。例如，美元、英镑、日元、欧元、瑞士法郎等货币以及以这些货币作为支付手段的支票、汇票、股票、公债等。记账外汇，又称为协定外汇或双边外汇，是指在两国政府间签订的支付协定项目中使用的外汇，不经货币发行国批准，不准自由兑换成他国货币，也不能对第三国进行支付。

一般采用国际标准化组织规定的符号来表示各国货币，并将这些符号用在汇率标价方法中。按照国际标准化组织 ISO 4217 标准（我国的等同标准为 GB/T 12406）的定义，每种货币都用三个字母的代码来表示。例如，美元的代码是 USD（United States Dollar），欧元的代码是 EUR（Euro），瑞士法郎的代码是 CHF（Confederation Helvetica Franc），日元的代码是 JPY（Japanese Yen），英镑的代码是 GBP（Great British Pound）。通常它们是由两个字母的国家代码（国际标准化组织 ISO 3166 标准）加第一个货币字母构成的。

2. 汇率

汇率又称汇价，是指一个国家的货币折算成另一个国家货币的比率或比价，也可以说是用一国货币所表示的另一国货币的价格。

由于比较标准不同，所以国际上产生了两种不同的汇率标价方法——直接标价法和间接标价法。直接标价法也叫应付标价法，是指以一定单位的外国货币作为标准，折算成若干数额的本国货币来表示汇率。间接标价法又叫应收标价法，是指以一定单位的本国货币为标准，折算成若干数额的外国货币来表示汇率。目前，除英国、美国外，国际上绝大多数国家都采用直接标价法。

按汇率制度划分，汇率可以分为固定汇率制和浮动汇率制。固定汇率是指两国货币的汇率基本固定，汇率的波动被限制在较小的幅度之内。实行固定汇率制的国家有义务通过干预外汇市场，保证汇率波动不超过一定的幅度。浮动汇率是指一国货币当局不规定本国货币与另一国货币的官方汇率，以外汇市场的供求决定的汇率。外币供过于求时，外币就贬值，本币就升值，外币的汇率就下降；外币供不应求时，外币就升值，本币就贬值，外币的汇率就上涨。对浮动汇率根据有无干预可分为自由浮动汇率和管理浮动汇率。

任何影响国内外商品市场和金融市场供求状况的因素变动都会反映在汇率的变动上。影响货币供给与需求的因素主要有以下几个方面。

第一，通货膨胀率差异。在纸币流通条件下，两国货币之间的比率，从根本上来说是由各自所代表的价值量决定的。物价是一国货币价值在商品市场的体现，通货膨胀就意味着该国货币代表的价值量在下降。因此，国内外通货膨胀率差异就是决定汇率长期趋势中的主导因素。如果一国通货膨胀率高于他国，该国货币在外汇市场上就会趋于贬值；反之，则会趋于升值。

第二，利率差异。价格水平的变动影响着一国的商品的流入或流出，而利率作为金融市场上的"价格"，其变动则会影响一国的资金的流入或流出。如果一国的利率水平相对于他国提高，就会刺激国外资金流入增加，本国资金流出减少，由此改善资本项目收支，提高本国货币的汇价；反之，如果一国的利率水平相对于他国下降，则会恶化资本项目收支。

第三，经济增长率差异。一般来说，高经济增长率在短期内不利于本国货币在外汇市场的行情，但长期来看，却有力地支持着本国货币的升值。

第四，中央银行对外汇市场的干预。各国货币当局为保持汇率稳定，或有意识地操纵汇率的变动以服务于某种经济政策，都会对外汇市场进行直接干预。这种通过干预直接影响外汇市场供求的情况，虽无法从根本上改变汇率的长期走势，但对汇率的短期走向会有一定的影响。

第五，市场预期。在国际金融市场上，短期性资金，即游资，对世界各国的政治、经济、军事等因素都具有高度的敏感性，一旦出现风吹草动，就四处流动。可以说，市场预期是短期内影响汇率变动的最主要因素。

第六，政治因素。如果全球形势趋于紧张，则会导致外汇市场的不稳定，将发生一些货币的非正常流入或流出，最后可能导致汇率的大幅波动。通常意义上，一国的政治形势越稳定，该国的货币汇率也越稳定。

第七，投机行为。当人们分析了影响汇率变动的因素后得出某种货币汇率将上涨，则竞相抢购，遂把该种货币上涨变为现实。反之，当人们预期某种货币将下跌，就会竞相抛售，从而使该种货币贬值。

以上所谈到的几种因素是在纸币流通条件下影响外汇市场供求及汇率变动的主要因素。在不同时期，各种因素对汇率变动的影响有轻重缓急之分，它们的影响有时相互抵消，有时相互促进。因此，只有对各种因素进行综合全面的考察，对具体情况做具体分析，才能对汇率变动的分析做出较为正确的判断。

课堂讨论

查一查美元兑人民币的比率。如果美元加息，那么人民币的走势将如何？

2.2 金融市场与金融机构

金融市场通过竞争性的价格（利率），将货币资金配置到生产效率高的经济主体或部门，使这些部门能够获得更多生产要素（土地、资本、技术、劳动力……），从而提高全社会的产出，使资源的利用效率得到提高。

金融机构为消费者和商业客户提供广泛的服务和不同类型的银行产品。在市场繁荣和衰退期间，金融机构对整个经济的重要性显而易见。在经济繁荣时期，金融机构为经济增长提供资金；在经济衰退期间，金融机构会减少贷款，这会加剧一个国家的金融问题，并引起人们对一个事实的注意，即各经济体严重依赖金融机构。

微课扫一扫

2.2.1 金融市场概述

金融市场是指盈余单位和赤字单位以金融资产为交易对象，以实现资金融通的各类金融活动的总和。金融市场的主要功能是沟通盈余单位和赤字单位，以实现资金融通。金融市场引导盈余单位将众多分散的小额资金形成资金集合，并将它们投放到需要资金的赤字单位，从而优化资源配置。

资金融通有两种主要方式。一是直接融通，即赤字单位（资金需求方）和盈余单位（资金供给方）直接联系，协商资金融通的契约，并最终达成资金融通的行为，其间不需要经过任何金融中介机构，或是存在中介人，但是契约双方的对立当事人仍是盈余单位和赤字单位。二是间接融通，即盈余单位和赤字单位无直接契约关系，双方各以金融中介机构为对立当事人，即金融中介机构以自己的名义吸收供给方的资金，并将这些资金投放到资金需求方。实际上，统一的金融市场是由资金的直接融通和间接融通两部分构成的，这两种融资形式是相辅相成、相互促进的。图 2-1 所示为直接融通与间接融通。

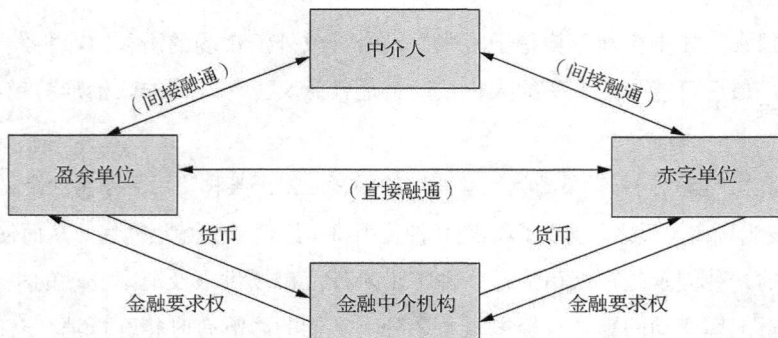

图 2-1 直接融通与间接融通

金融市场按融资期限划分，可以分为货币市场和资本市场。

1. 货币市场

货币市场是指期限在一年期以内的短期金融工具的交易市场。由于货币市场工具期限短，并随时可以在发达的二级市场上出售，具有很强的变现性和流动性，功能近似于货币，故称货币市场。货币市场上的资金供给者主要有中央银行、商业银行、其他金融机构、企业和个人。货币市场上的资金需求者则主要是政府、企业和商业银行。

（1）短期政府债券市场。短期政府债券是指由政府发行的期限在一年以下的短期债券。短期政府债券具体有三种基本类型：一是由财政部门直接发行，一般称为政府债券或国库券；二是由地方政府发行，称为地方政府债券；三是政府所属机关发行而由政府担保的债券。

短期政府债券市场的参与者主要是中央银行、商业银行、地方政府、企业及个人。中央银行买入或卖出国库券的目的是调节市场货币供应量，进行宏观经济管理。商业银行买进或卖出国库券，是为了调节资产的流动性，保持较高的偿付力并尽可能盈利。其他投资者投资国库券，主要是为了更为安全、有效地使用闲置资金。

（2）同业拆借市场。同业拆借是指金融机构之间以货币借贷方式进行短期资金融通的活动。同业拆借的资金主要用于弥补金融机构自身的短期资金不足、票据清算的差额以及解决临时性的资金短缺需要。同业拆借利率每天都不同，其取决于货币市场的情况。其对金融市场最为敏感，能快速、准确地反映市场上资金供求关系和货币政策意图，进而影响货币市场利率。同业拆解市场是央行以外的金融机构进行资金融通的市场。

（3）回购协议市场。回购协议是在出售证券的同时和证券的购买商签订协议，约定在未来的某一日以特定的价格购回证券，从而获取即时可用的资金。从本质上说，回购协议是一种抵押贷款。回购的期限从隔夜到数天不等，大多数回购协议是隔夜的。大型银行和政府证券交易商是回购协议市场的主要资金需求者，在回购协议的资金供给方看来，这样的协议对他们而言就是逆回购协议。回购协议市场指通过回购协议进行短期资金融通交易的场所。

（4）商业票据市场。商业票据主要是资信好的大公司为了筹措资金，以贴现方式出售给投资者的一种短期无担保承诺凭证。由于商业票据没有担保，仅以信用作保证，所以能够发行商业票据的一般都是规模巨大、信誉卓著的大公司。商业票据市场一般是一级市场，但商业票据的流动性并没有受到很大影响，这主要有两个原因：其一，商业票据的期限很短，平均期限为20～45天；其二，大多数出票公司都愿意在持有者头寸有困难时回购票据。商业票据市场是以发行和转让商业票据的形式融通资金的市场。

（5）银行承兑汇票市场。银行承兑汇票是由银行承兑的汇票。该汇票有银行作为付款保证，因此虽然其存在利率风险，但是违约风险较小。此外，如果银行承兑汇票所涉及的是具体的商业贸易，它就还有具体的商品货物作为抵押。银行承兑汇票的面额常常是商业贸易的金额，其期限是由货物运输的时间决定的，常见的期限有30天、60天和90天等。银行承兑汇票市场是专门交易银行承兑汇票的市场。

（6）大额可转让定期存单市场。大额可转让定期存单主要有以下特点：①不记名，可以流通转让；②利率既有固定的，也有浮动的，且一般高于同期限的定期存款利率；③金额较大，发行最小面额为10万美元，二级市场上流通的最小交易单位为100万美元；④不能提前支取，但可在二级市场流通转让；⑤一般是由信誉较高的商业银行发行。

大额可转让定期存单市场可分为发行市场（一级市场）和流通转让市场（二级市场）。大额可转让定期存单的发行方式：直接发行和间接发行。直接发行是发行人自己发行大额可转让存单，并将其直接销售出去；间接发行是发行人委托中介机构发行。大银行分支机构众多，可以采取直接发行方式，节约成本。小银行由于规模小，可以委托承销商代为办理发行，并向其支付一定的费用。发行市场的主要参与人是发行人、投资者和中介机构。发行人一般是商业银行。发行市场上的中介机构一般都是由投资银行承担的，它们负责承销大额可转让定期存单，向发行人收取一定的费用作为承销收益。

2. 资本市场

资本市场是指期限在一年以上的中长期资金融通或中长期金融证券买卖的市场。

（1）股票市场。股票市场是指资金融通极其重要的渠道。股票是公司的所有权凭证。股票投资者即股东的利润为公司对债务还本付息后的剩余收益。

股票可以分为普通股和优先股两大类。普通股是在优先股要求权得到满足之后才参与公司利润和资产分配的股票合同。普通股股东一般拥有出席股东大会的会议权、表决权和选举权、被选举权等。普通股代表着最终的剩余索取权，其股息收益是不确定的。普通股持有人只对所认购的股份负有限责任，并且可以自由转让股票。优先股是指在剩余索取权方面较普通股优先的股票，这种优先性表现在分得固定股息并且在普通股之前收取股息。但是，优先股在控制权方面则劣于普通股，优先股股东通常是没有投票权的。由于优先股股息是固定的，即优先股的风险要小于普通股，所以其预期收益率也低于普通股。

股票市场主要可分为一级市场和二级市场。一级市场也称为发行市场，它是指公司直接或通过中介机构向投资者出售新发行的股票。二级市场也称为流通市场，是投资者之间买卖已发行股票的场所。这一市场为股票创造流动性，同时，投资者将自己获得的有关信息反映在交易价格中，这样新的信息不断融入价格中，形成自然的价格发现过程。二级市场通常可分为证券交易所市场和场外交易市场。证券交易所市场是一个有组织、有固定地点、集中交易的公开二级市场，在该市场交易的所有股票都必须符合一定的严格的上市条件。凡是在证券交易所之外的股票交易活动都可称作场外交易。

（2）债券市场。债券是一种信用凭证，指保证向债券持有人在到期日偿付债券面值和在到期日前定期支付利息的债务合同。债券是有期限的，到期日必须偿还本金，且每半年或一年支付一次利息。债券持有者从公司税前利润中得到固定利息收入。债权人有优先取得公司财产的权利。在公司破产等特殊情况下，债权人有权决定是清算公司还是重组公司。

债券的种类繁多，按发行主体不同可分为政府债券、公司债券和金融债券三大类。政府债券是指中央政府、政府机构和地方政府发行的债券。公司债券是公司为筹措营运资金而发行的债券，其风险小于股票，但比政府债券高。金融债券是由银行和非银行金融机构发行的债券。债券市场是发行和买卖债券的场所。

（3）投资基金市场。投资基金，是指通过发行基金将投资者分散的资金集中起来，由专业管理人员将其分散投资于股票、债券或其他金融资产，并将投资收益分配给基金持有者的一种投资制度。投资基金的主要特点有以下几点：第一，资本规模化，因此投资成本较低；第二，投资基金一般进行的都是分散化投资，因此总风险较低；第三，投资基金一般由专业人士管理，因此能创造更好的收益；第四，服务专业化程度高，对个人投资者而言非常方便。根据投资对象可分为货币型基金、股票型基金、债券型基金、混合型基金、理财型基金、指数型基金、QDII 基金等。投资基金市场是发行和买卖基金。

2.2.2　金融机构概述

凡专门从事各种金融活动的组织，均可称为金融机构。金融市场中的金融机构一般可分为银行金融机构和非银行金融机构两大类。银行金融机构是对经营货币和提供信用业务的金融机构的总称，按其职能划分可以分为中央银行、商业银行、专业银行。非银行金融机构主要有保险公司、信用合作社、信托投资公司、养老或退休基金会、共同投资基金等。

1. 银行金融机构

（1）中央银行。中央银行是一国金融机构体系的中心环节，处于特殊的地位。中央银行是货币的发行银行、银行的银行和政府的银行。第一，货币的发行银行。中央银行垄断了货币的发行权，是全国唯一的货币发行机构。第二，银行的银行。中央银行不直接与工商企业和个人发生业务往来，只同商业银行及其他金融机构有业务关系。中央银行集中吸收商业银行的准备金，当商业银行缺少资金时，它会用吸收来的准备金来帮助这家银行，同时办理银行间的清算。第三，政府的银行。中央银行通过金融业务为政府服务，如代理国库、向政府提供信用、为政府发行债券、为政府管理宏观金融及调节宏观经济等。

（2）商业银行。商业银行又称存款货币银行，是指以自营存款、放款为主要业务的金融机构。由于这类银行最初主要吸收活期存款、发放短期的商业性贷款，故称商业银行。我国商业银行的组织形式大多是分支行制。分支行制是指在各大中心城市设立总行，在本埠、国内、国外普遍设立分支银行的制度。

商业银行在经济社会中发挥四项基本职能。一是信用中介职能，是指商业银行通过负债业务把社会上的各种闲散货币资金集中起来，再通过资产业务把货币资金投向社会各部门。二是支付中介职能。商业银行通过代理客户支付货款、费用、兑付现金等，逐步成为企业、社会团体和个人的货币保管者、出纳和支付代理人。三是信用创造职能。商业银行吸收存款并发放贷款，在非现金结算制度（支票流通和转账结算）的基础上，贷款又转化为存款，在这种存款不提取现金或不完全提现的情况下，新增加了商业银行的资金来源，最后在整个银行体系，形成了数倍于原始存款的派生存款。四是金融服务职能。现代商业银行的业务从最初的存贷款发展到代收代付、咨询、投资顾问等。

（3）专业银行。专业银行是指有特定经营范围和提供专门性金融服务的银行。

① 投资银行。投资银行是指专门经营长期投资业务的银行。投资银行的资金来源主要靠发行自己的股票和债券来实现。投资银行主要是作为证券发行公司和证券投资者的中介，其主要业务有：

承销证券的发行；经纪业务，即以经纪人身份代理客户进行证券交易；自营业务，即以自有资金进行证券交易；并购顾问、证券经济研究和其他形式的金融咨询活动；等等。

② 储蓄银行。储蓄银行是指专门办理居民储蓄并以储蓄存款为主要资金来源的专业银行。储蓄银行的种类很多，如互助储蓄银行、储蓄放款协会、国民储蓄银行、信托储蓄银行、信贷协会等。储蓄存款的金额虽比较零星分散，但存款期限比较长，流动性较小。由于储蓄存款余额较为稳定，所以主要用于长期信贷和长期投资，如发放抵押贷款，投资政府债券、公司债券等。

③ 抵押银行。抵押银行是"不动产抵押银行"的简称，是指专门从事以土地、房屋和其他不动产为抵押办理长期贷款业务的银行。抵押银行的资金来源，主要是发行不动产抵押证券募集。由于不动产抵押品常因处理时不易出售，造成资金占压，所以专门的抵押银行不多。

（4）政策性银行。政策性银行是指国家为实现特定的政策目标而设立的专业银行，一般来说包括 3 种：一是农业银行，该类银行是专门经营农业信贷的专业银行，如美国的联邦土地银行、法国的农业信贷银行、德国的农业抵押银行、日本的农林渔业金融公库、中国的农业发展银行等；二是进出口银行，该类银行是专门经营对外贸易信用的专门银行，如日本的输出入银行、美国的进出口银行、中国的进出口银行等；三是开发银行，该类银行是专门为经济开发提供投资性贷款的专业银行，主要有国际性开发银行、区域性开发银行和本国性开发银行。国际性开发银行由若干国家共同设立，其中最著名的是国际复兴开发银行。区域性开发银行主要由所在地区的成员共同出资设立，如泛美开发银行和亚洲开发银行。本国性开发银行由国家在国内设立，为国内经济的开发和发展服务，如中国国家开发银行。

2．非银行金融机构

（1）保险公司。保险公司是指依法成立的、专门经营各种保险业务的经济组织。保险公司按险种可分为人寿保险公司、财产灾害保险公司、存款保险公司等，其中最为普遍的是人寿保险公司和财产灾害保险公司。保险公司的资金来源主要是保费收入，由于保费收入经常远远超过保费支出，所以形成大量稳定的货币资金。这部分稳定的货币资金是金融市场长期资本的重要来源。

（2）信用合作社。信用合作社是指具有共同利益的人集资联合组成的互助合作性质的金融机构。信用合作社的经营宗旨是为社员提供低息信贷。其经营原则是：社员入社、退社自愿；社员缴纳一定数额的股金并承担相应的责任；实行民主管理，每个社员具有平等权利，并只有一个投票权。信用合作社主要有农民信用合作社、城市手工业者信用合作社、住宅信用合作社、储蓄信用合作社等。

（3）信托投资公司。信托投资公司是指通过发行股票和债券来筹集资本，并投资其他公司的股票和债券，然后再以所持有的证券作担保增发新的投资信托证券的公司。信托投资公司的投资业务主要有两种：一种是以其他公司的股票、债券为投资对象，通过股利、债息和证券买卖价差来获取收益；另一种是直接参与对企业的投资，这种直接投资又可分为信托投资和委托投资。信托投资是信托投资公司运用自己筹集的资金直接对企业进行投资；委托投资是以受托人身份向委托人指定的企业或项目进行投资，并对项目资金使用进行监督检查。

（4）养老或退休基金会。养老或退休基金会是一种向参加养老计划者以年金形式提供退休收入的金融机构，其资金来源为雇主或雇员缴纳的退休基金及投资收益。养老或退休基金是一种长期的每年逐月支付的养老金。养老或退休基金主要可用于以下几个方面：投资有价证券，如政府债券、企业债券、金融债券、股票等；进行委托投资；对交通、能源等方面的专项投资；等等。

（5）共同投资基金。共同投资基金有许多不同的称谓，如美国称为"共同基金""互动基金""互惠基金"，或"投资公司"，英国称为"单位信托基金"，日本称为"证券投资信托基金"等。共同投资基金是指一种利益共享、风险共担的金融投资机构或工具。共同投资基金的运作方式是通过发行基金证券，集中投资者的资金，将其交给专业性投资机构投资于多种有价证券，投资者按投资的比例分享其收益并承担相应的风险。其特点是投资组合、分散风险、专家理财、规模经济。

2.3 宏观经济

现代市场经济虽然仍以单个微观经济主体为基本单位，但随着市场规模不断扩大，商品交换日益发展和生产社会化程度越来越高，经济活动已不再是单纯的个体行为，而日益呈现出相互联系、相互影响的整体特征。个人财富、家庭福利和企业利润的增加，已经不再单纯地取决于自身的努力，还依赖于整体经济状况，整个经济运行表现出明显的总量、综合和全局性特征。

2.3.1 经济增长

经济增长是指一国或地区实际经济产品与劳务总量在时间上的增长或增加。一般采用国内生产总值（Gross Domestic Product，GDP）或国民生产总值（Gross National Product，GNP）作为衡量经济产品与劳务的总量指标。经济增长是指经济产品和劳务的实际产量的增长，而按当年实际价格计算的国内（国民）生产总值的增长受到产品、劳务产量增长与产品、劳务价格变动的双重影响。因此，要将价格变动因素从国内（国民）生产总值变动中剔除，应采用可比价格计算的国内（国民）生产总值作为产量指标，使对比的各期国内（国民）生产总值的变动仅反映其产量变动。

测定经济增长程度的统计指标通常有增长率与平均增长率两种。经济增长率是指不同时期产品和劳务产量对比增长的速度。如果需要反映某一固定时期各期总的增长状况，可以计算定基增长率；如果需要研究各个时期的逐期增长状况，则可计算环比增长率。实际生活中需要根据不同经济增速对个人理财策略进行调整，经济增长与个人理财策略如表 2-2 所示。

表 2-2　　　　　　　　　　　　　　　经济增长与个人理财策略

理财产品	预期未来经济增长比较快，处于景气周期		预期未来经济增长放缓，处于衰退周期	
	理财策略调整建议	理财策略调整理由	理财策略调整建议	理财策略调整理由
储蓄	减少配置	收益偏低	增加配置	收益稳定
债券	减少配置	收益偏低	增加配置	风险较低
股票	增加配置	企业盈利增长可以支撑牛市	减少配置	企业亏损增加可能引发熊市
房产	增加配置	价格上涨	适当减少	市场转淡

股市是经济的晴雨表。截至 2020 年 5 月底，美国市值最大的上市公司有微软、苹果、谷歌、亚马逊、伯克希尔·哈撒韦、摩根大通、美国银行、埃克森美孚等。前 5 名均是高科技公司，它们在各自领域都是世界最强的公司，不仅业务规模巨大、盈利能力极强，而且保持高速增长，这些公司的股价在过去 10 年的上涨幅度都在 10 倍以上。正因为这些蓝筹公司的快速增长带动指数上升并不断刷新纪录。

2.3.2　经济周期

经济周期（Business Cycle），又称商业周期或商业循环，是指国民总产出、总收入和总就业的波动。这种波动以主要的宏观经济变量，如就业率、物价水平、总产量等普遍的扩张或收缩为基本特征，持续时间不等。现代宏观经济学认为，经济周期发生在实际 GDP 相对于潜在 GDP 上升（扩张）或下降（收缩或衰退）的时候，经济周期性波动如图 2-2 所示。

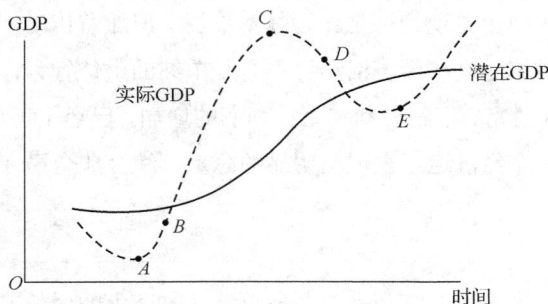

图 2-2　经济周期性波动

经济周期或经济的周期性波动，最突出的表现是经济中的实际 GDP 对潜在 GDP 呈现出来的阶段性的偏离。图 2-2 中的实线表示潜在 GDP 的稳定增长趋势，虚线代表实际 GDP 的变化轨迹。A 点对应着经济萧条，处于经济周期的谷底。B 点表明经济进入了复苏阶段，随着经济复苏进程的发展，实际产出水平到达潜在产出路径的上方，即图 2-2 中的 C 点，表示此时的经济已进入经济繁荣的阶段。然后经济进入衰退阶段 D 点。E 点代表经济萧条，表示新一轮的经济周期又重新开始了。

一个完整的经济周期可以分为萧条、复苏、繁荣、衰退几个阶段。按照经济周期的时间长短可将经济周期划分为长周期、中周期、短周期 3 种类型。长周期，又称康德拉季耶夫周期（Kondratieff Cycle），平均长约 53.3 年；中周期，又称朱格拉周期（Juglar Cycle），一般为 9～10 年；短周期，又称基钦周期（Kitchin Cycle），平均为 40 个月左右。

2.3.3　通货膨胀

通货膨胀是商品和劳务的货币价格总水平持续明显上涨的过程。通货膨胀通常用物价上涨幅度来表示，而物价上涨幅度则是用物价指数来表达的。物价指数是本期物价水平对基期物价水平的比率，通常人们将基期的物价指数设为 100，显然如果本期物价指数大于 100，则表示本期相对于基期的物价水平上涨了。经济生活中较为通行的物价指数可以分为三类。一是消费者价格指数（Consumer Price Index，CPI），又称作零售物价指数或生活费用指数。它反映的是消费者为购买消费品而支付的价格的变化。该指数是由各国统计局根据本国的消费水平和结构而选出若干种食品、衣物及其他日用消费品的零售价格，以及水、电、住房、交通、医疗、娱乐等服务费用而编制计算出来的。二是生产者价格指数（Producer Price Index，PPI），又称批发物价指数。它是根据制成品、中间品及进口商品的批发价格加权编制的。该指数对商业周期反应敏感，不足之处在于它没有包括劳务价格的变化。三是国民生产总值平减指数（GNP Deflator）或者国内生产总值平减指数（GDP Deflator），反映了一国生产的各种最终产品（包括消费品、资本品及劳务）的价格变化情况。

✎ **课堂讨论**

　　查一查通货膨胀目标责任制，并说一说你的理解。

　　个人理财规划中需要预测未来的物价走势，如果预期将发生通货膨胀，应增加股票和基金的配置，而缩小债券和储蓄的规模。反之，如预测未来出现物价下跌，则应该维持储蓄、基金的配置，而减少债券和股票的配置。通货膨胀与个人理财策略如表 2-3 所示。

表 2-3　　　　　　　　　　　　　　　　通货膨胀与个人理财策略

理财产品	预期未来温和通货膨胀		预期未来通货紧缩	
	理财策略调整建议	理财策略调整理由	理财策略调整建议	理财策略调整理由
储蓄	减少配置	净收益走低	维持配置	收益稳定
债券	减少配置	净收益走低	减少配置	价格下跌
股票	适当增加配置	资金涌入，价格上升	减少配置	价格下跌
基金	增加配置	规避通货膨胀	维持配置	价格稳定

📖 **知识链接**

通货膨胀与货币的时间价值

　　想象一下，一年内工人以人民币衡量的名义工资上涨 5%，所以实际工资——购买力发生变化的工资——也就保持不变。这样一来，许多工人都觉得被通货膨胀给欺骗了，他们可能认为，既然名义工资一年之内上涨了 5%，那么如果没有通货膨胀，他们的实际工资就会真正得到提高。很不幸，他们错了，这被经济学家称为货币幻觉，即实际数量与名义数量相混淆。他们的名义工资在一年内上涨 5% 的唯一原因是有 5% 的通货膨胀率。如果没有通货膨胀，他们的名义工资根本不会提高。

　　经济学家斯蒂格利茨强调，通货膨胀反映了经济中更深层次的问题，如政策失误或石油冲击等，所以通货膨胀率是重要的宏观经济指标。通货膨胀是宏观经济研究的重要问题之一，消除通货膨胀、实现物价稳定是各国宏观经济政策调控的重要目标。

2.4 | 宏观经济政策

宏观经济政策是指国家或政府为了增进整个社会经济福利，改进国民经济的运行状况，达到一定的政策目标而有意识和有计划地运用一定的政策工具而制定的解决经济问题的指导原则和措施。宏观经济政策的目标主要包括充分就业、物价稳定、经济增长和国际收支平衡。充分就业并非百分之百的就业，充分就业时仍有摩擦性失业和自愿失业存在。物价稳定也并不意味着每种商品和劳务的价格固定不变。经济增长是指一个经济社会在一定时期内（通常为一年）所生产的商品和劳务的产量或收入的增加。国际收支平衡是指既无国际收支赤字又无国际收支盈余。从长期来看，这四个宏观经济目标之间是相互促进的。经济增长是充分就业、物价稳定和国际收支平衡的物质基础；物价稳定又是经济稳定增长的前提；国际收支平衡有利于国内物价的稳定，有利于利用国际资源扩大本国的生产能力，加速本国经济的增长；充分就业本身就意味着资源的充分利用，这当然会促进本国经济的增长。但是，短期中，这几个目标之间并不总是一致的，它们相互之间存在着矛盾。这样，就需要考虑各种因素来对各种政策目标进行协调。

2.4.1 财政政策

财政政策是指一个国家的政府为了达到预期的经济目标而对政府收入、政府支出和公债水平所做出的决策。政府对经济生活的干预是通过政府的财政支出政策和财政收入政策进行的。财政支出包括政府购买和转移支付。政府购买是政府对商品和劳务的购买，包括购买军需品、政府机关办公用品、付给政府雇员的酬金、各种公共工程项目的支出等。在财政收入中，税收是最主要的部分。税收是个人和企业不能等价交换商品和服务而给政府的非自愿的支付。根据课税对象的不同，税收可以分为财产税、所得税和流转税三类。公债是政府向公众举借的债务。

1. 自动稳定器的财政政策

自动稳定器也称为内在稳定器，是指经济中一种自动的作用机制，它可以自动减少由于自发总需求变动而引起的国民收入的波动，使经济发展较为平稳。自动稳定器的财政政策主要有以下两类。

第一，政府税收。个人所得税和公司所得税是稳定器的重要组成部分。在经济萧条时期，国民收入水平下降，个人收入减少，在税率不变的条件下，政府税收会自动减少，而人们的可支配收入也会因此自动减少，虽然经济萧条时期的消费和需求有一些下降，但会下降得少一些。在实行累进税制的情况下，经济的繁荣使人们收入增加，更多的人由于收入的上升自动进入较高的纳税等级。政府税收上升的幅度会超过收入上升的幅度，从而使得通货膨胀有所收敛。另外，公司所得税也具有同样的作用。

第二，政府转移支付。政府转移支付主要包括政府的失业救济金和其他的社会福利支出。在经济出现衰退和萧条时期，由于失业人数增加，符合领取失业救济金的人数相应增加，政府转移支付会自动增加，使得人们的可支配收入增加，这就可以抑制人们收入的下降以及个人消费和总需求的下降，起到抑制经济萧条的作用。反之，当发生通货膨胀时，由于失业率降低，符合领取失业救济金和各种补贴的人数减少，政府的这笔支出会自动减少，从而自动抑制可支配收入的增加，使消费和总支出减少。自动稳定器在一定程度上可以起到遏制通货膨胀的作用。

政府税收和政府转移支付的自动变动在一定程度上对宏观经济运行起到了稳定的作用，成为财政制度的自动稳定器和防止经济大幅度波动的第一道防线。

2. 相机抉择的财政政策

功能财政思想是凯恩斯主义的财政思想，其主张预算的目标是实现无通货膨胀的充分就业，而不仅是追求政府的收支平衡。许多西方国家先后实行了政府干预经济的积极财政政策，这种政策就是逆经济风向行事的"相机抉择"。

经济萧条时，政府要实行扩张性财政政策，即增加政府支出、减少政府税收，或两者双管齐下，以刺激总需求，解决经济衰退和失业问题；相反，当总需求过旺，价格水平持续上涨时，政府要实行紧缩性财政政策，如减少政府支出、增加政府税收，或两者双管齐下，以抑制总需求，解决通货膨胀问题。这种根据不同的经济形势而交替使用的扩张性或紧缩性财政政策被称为补偿性财政政策或相机抉择的财政政策。但政府出于政治上的考虑，多数情况下是实行消除失业的扩张性财政政策，结果造成了财政赤字的上升和国家债务的累积。

2.4.2 货币政策

一国的中央银行运用货币政策工具来控制货币供给量，再通过货币供给量来调节利率进而影响消费与投资和整个宏观经济活动，以达到一定的经济目标。

中央银行实施货币政策的工具主要有 3 个：①法定准备金率，在经济处于需求不足和经济衰退的情况下，如果中央银行认为需要增加货币供给量，就可以降低法定准备金率，使所有的存款机构对客户的存款只要求保留较少的准备金，在货币创造乘数的作用下，整个货币市场上的货币供给量会成倍地增加；②再贴现率，当中央银行提高再贴现率时，意味着商业银行向中央银行贷款的成本增加，这将减少商业银行向中央银行贷款的需求，造成货币市场信贷规模收缩。在货币创造乘数的作用下，货币供给量会成倍地减少；③公开市场业务，如在发生通货膨胀时售出政府债券，使货币供给量减少，紧缩信用，抑制通货膨胀。一般来说，公开市场业务是最常使用的货币政策工具。

货币主义与凯恩斯主义货币政策在传导机制和调控目标上有着截然不同的观点。凯恩斯主义者认为：实行扩张性货币政策在降低利率的同时可以刺激投资，增加就业；而实行紧缩性货币政策在提高利率的同时可以抑制投资，减少就业。但货币主义的代表人物弗里德曼则认为货币增长率具有"即时效应"和"长期效应"。他指出，任何一个时点的劳动市场上都存在着与均衡的实际工资水平相一致的"自然失业率"，即劳动市场在没有货币变动干扰、供求力量自发调节时存在的失业率。货币供给量增加导致利率降低，刺激投资的增加而使就业增加是最初产生的效果，即"即时效应"。之所以会产生"即时效应"，是因为工人存在货币幻觉，当物价上升引起的实际工资水平下降时，工人并没有意识到这一变化，或无法变动工资合同，这会使企业增加对劳动的需求，失业率暂时低于自然失业率。当工人意识到实际工资水平下降或能够重新签订工资合同，要求增加实际工资水平时，企业将减少雇用工人的数量，使失业率又回到原来自然失业率的水平，这就是货币政策的"长期效应"。因此，货币政策影响失业率在短期内是有效的，而在长期则是无效的。

2.4.3 产业政策

产业政策是政府为了实现一定的经济和社会目标而对产业的形成和发展进行干预的各种政策的总和。产业政策功能主要是弥补市场缺陷，有效配置资源；保护幼小民族产业的成长；熨平经济震荡；发挥后发优势，增强适应能力。

1. 产业结构政策

产业结构政策是指以产业间资源配置为对象，进而影响产业结构变化的政策，其基本目标是实现产业结构的合理化和现代化。产业结构政策包括产业协调发展的政策、基础产业和基础设施政策、支持有市场前景的主导产业超前发展的政策、保护和扶持国内幼稚产业的政策等。通过对产业结构的调整而调整供给结构，从而协调需求结构与供给结构的矛盾。

2. 产业组织政策

产业组织政策是指以产业内部企业之间资源最优配置为目标的政策，其核心问题是处理规模经济与垄断的关系问题。产业组织政策包括促进规模经济和生产集中度提高的政策、企业集团政策、中小企业政策、反过度竞争和反垄断政策、企业兼并和合并的政策等。实施这一政策可以实现产业组织合理化，为形成有效、公平的市场竞争创造条件。这一政策是产业结构政策必不可少的配套政策。

3. 产业布局政策

产业布局政策是指国家根据产业的经济技术特性、国情国力状况和各类地区的综合建设条件，对若干重要产业的空间分布进行科学引导和合理调整的意图及其相关措施。这一政策主要解决如何利用生产的相对集中所引起的"集聚效益"，尽可能缩小由于各区域间经济活动的密度和产业结构不同所引起的各区域间经济发展水平的差距。从本质上讲，产业布局合理化的过程也就是建立合理的地区分工关系的过程，两者分别从纵向和横向角度考察同一事物（产业空间分布）的两个具体方面。需要特别指出的是，产业布局政策既是产业政策体系中不可或缺的重要内容，又是区域政策体系中非常重要的组成部分，而且后者更侧重于建立和完善地区间的产业分工关系。

思考与练习

1. 财政政策与货币政策的组合方式有哪些？这些组合的政策调控对个人理财方式的选择有何影响？

2. 试述经济周期对个人理财决策的影响。

3. 举例说明经济增长与生活水平和就业之间的关系，并说明为什么各国政府重视经济增长。

4. 试分析"新常态"下我国的宏观经济状况。

5. 试述在通货膨胀和通货紧缩的情况下，如何进行合理的个人理财规划。

6．试述 $M0$、$M1$、$M2$ 变化的意义和影响。

7．什么是金融市场，其功能是什么？

8．比较外汇与本币的异同。一国居民持有的外汇在本国境内是否具有货币的各种职能？

9．汇率的波动对一国经济和金融会产生什么样的影响？

10．货币市场与资本市场有什么区别？请列出其主要工具。

11．案例分析：巴菲特 11 岁之前读完了奥马哈市图书馆中所有关于投资的书籍，11 岁开始了他人生的第一次股票投资。他用全部的身家 114 美元买了 3 股股票，在被套很久之后解套出局，获利 5 美元。11～18 岁，他通过技术分析、小道消息进行股票投资，投资成绩普通，没赚到钱。大学跟着格雷厄姆学习价值投资，从此走上了价值投资之路。他 21 岁时净资产为 2 万美元，26 岁时净资产为 14 万美元，30 岁时净资产为 100 万美元，39 岁时净资产为 2 500 万美元，43 岁时净资产为 3 400 万美元，47 岁时净资产为 6 700 万美元，52 岁时净资产为 3.76 亿美元，60 岁时净资产为 38 亿美元，66 岁时净资产为 165 亿美元，72 岁时净资产为 357 亿美元，84 岁时净资产为 670 亿美元，87 岁（2018 年 1 月）时净资产为 919 亿美元。通过巴菲特的例子，分析一下复利、时间、技能与财务自由的关系。没有钱的年轻人该怎么做才能实现财务自由？

案例分析

换钱游戏和理财方案选择

换钱游戏：A 每天给 B 10 万元，B 第一天给 A 1 分钱，第二天给 A 2 分钱，B 给 A 的钱数是前一天的 2 倍。A 和 B 的换钱游戏持续 30 天。

思考：

你会选择做 A 还是做 B，为什么？

理财方案：方案 1：从 20 岁开始，每年存款 1 万元，一直存到 30 岁，年收益率 7%，在 60 岁时取出作为养老金。

方案 2：从 30 岁开始，每年存款 1 万元，一直存到 60 岁，然后在 60 岁时取出作为养老金。

思考：

至 60 岁退休时养老金分别为多少？

方案 1 和方案 2，你认为哪种方案更优，为什么？

第3章 个人财务分析

教学目标

（1）了解财务分析的步骤。

（2）掌握财务分析的方法。

（3）熟悉个人财务报表的编制。

（4）掌握个人财务预算的方法。

钱到哪儿去了？你觉得自己也没有过得很奢侈，好像每次发的工资都支撑不到下一个发工资的日子。你有哪些支出？对于很多人来说，理财的首要问题就是搞清楚个人的实际开支。那么如何才能控制个人财务呢？本章介绍了个人财务分析的方法和步骤，包括个人财务报表的制作，帮助读者了解并控制自己的开支。

3.1 了解个人财务分析

个人财务并不需要对股东负责，所以无须像企业会计记账系统那样严谨，个人财务报表只要记录支出的流水即可。通过搜集整理自己的理财记录，了解自身的资产和负债的分布情况以及资产的期限结构，有助于我们了解自身的财务状况，清楚地看到未来理财的重点，为个人理财规划的制定提供依据。

微课扫一扫

3.1.1 个人财务分析的相关概念

个人财务分析是指通过记录和保存个人的财务记录和文件，采用专业的财务分析方法对过去或者现在的财务记录进行整理和分析，从而针对个人的理财目标制订出具体的计划和实施细则。个人财务分析与企业财务分析有一定的区别，因为个人财务分析并不一定以个人收益最大化为目标，可能需要考虑各种社会环境和道德伦理等方面的因素。个人财务分析与企业财务分析的区别主要体现在以下几个方面。

1. 对象不同

个人财务报表的使用者主要是个人或者家庭。个人财务报表具有一定的私密性，通常不会公开。企业财务报表的使用者主要有：经营者、投资者、债权人、政府有关部门。企业财务报表根据企业性质的不同，其公开的对象也会有所区别。如果是一家未上市的企业，那么其仅需要向政府的管理机构、经营者、投资者、债权人等公开其财务报表。如果是一家上市的企业，该企业就有责任向社会公开其财务报表——不仅要向政府的管理机构、经营者、投资者、债权人等公开，而且要向社会公众公开。

2. 作用不同

首先，个人财务分析有助于个人正确评估自身的财务情况，发现其财务结构中存在的问题和所具有的优势，这是提高个人理财业绩的重要依据；企业财务分析有助于经营者正确评估企业的财务状况和经营成果，把握企业现金流量情况，这是企业改善管理、提高企业理财水平的重要依据。其次，个人财务分析有助于个人掌握自身的偿债能力，而企业财务分析有助于经营者、债权人等掌握企业的偿债能力、营运能力等情况，从而做出正确的信贷决策。最后，企业财务报表有助于政府及有关部门及时了解企业财务状况和经营成果等动向，为适时调整政策和宏观调控服务提供依据，而个人财务报表则没有这样的功能。

3. 报表标准不同

个人财务报表仅仅是给个人（或者家庭）参考的，没有强制要求符合哪些法律或者规章，不必像企业财务报表要包括资产负债表、利润表、现金流量表、所有者权益变动表、表会计报表附注和财务情况说明书等，而且借贷项目也不要求严格的平衡。企业的财务报表要求符合国家的法律、相关的会计准则以及财税方面的规定，而且报表的借贷项目必须平衡。具体而言，在会计原则方面，企业财务报表一般采用权责发生制，而个人财务报表一般采用收付实现制。前者可能会在交付货物或者劳务时记"应收账款"，收到货物或者劳务时记"应付账款"，原因在于企业会计应符合收入与支出的配合原则。在开具发票的时候，如果还没有收到现金，就列入损益表的收入，资产负债表记入"应收账款"，收到现金后再做资产调整，将"应收账款"转为"现金"。为方便起见，个人财务报表将会采用收付实现制，也就是说，只需要在现金流入或者流出时记账。

知识拓展

企业会计操纵的防范

2007年，我国的上市公司已开始实施新的会计准则，新会计准则针对有关企业的会计操纵采取了一系列的防范措施，下面是这些措施的部分内容。

（1）对减值准备的冲回作出规定。存货跌价准备、固定资产跌价准备、在建工程跌价准备和无形资产跌价准备在计提后不能冲回，只能在处置相关资产后，再进行会计处理。

（2）对存货的计价作出规定。存货发出的计价一律采用"先进先出法"，所有企业的当期存货成本反映的都是实际的历史成本。

（3）对同一控制下企业合并的会计处理作出规定。要求以账面价值作为会计处理的基础，放弃使用公允价值，以避免利润操纵。

（4）对合并报表范围的确定更关注实质性控制。母公司对所有能控制的子公司均需纳入合并范围，而不一定考虑股权比例。所有者权益为负数的子公司，只要是持续经营的，也应纳入合并范围。

（5）对企业内部研究开发项目的支出，区分研究阶段支出与开发阶段支出，分别进行费用化和资本化。企业内部研究开发项目研究阶段的支出，应当于发生时计入当期损益。企业内部研究开发项目开发阶段的支出在能够证明5项条件时，应当资本化，确认为无形资产。

（6）取消了原资产类"待摊费用"和负债类"预提费用"科目。待摊费用是企业已经发生，应由当期及以后各期负担的费用；预提费用是企业按照规定从成本费用中预先提取但尚未支付的费用。取消这两个跨期摊提类科目，能够限制企业调节各期利润的操纵空间。

（7）为了更真实地反映本期损益，改变了过去把本期发现前期会计差错通过"以前年度损益调整"科目调整，再将其余额转入"本年利润"科目的做法，而是把"以前年度损益调整"科目从利润表中去除，其余额转入"利润分配——未分配利润"科目，作为企业的期初未分配利润，并对该科目的核算范围和对会计差错的处理作了严格规定。

3.1.2　个人财务分析的步骤

有效的财务分析必须包括以下5个步骤。

1. 明确财务分析目标

财务分析目标的确定关系着财务分析方案的决定，不同的财务分析目标有不同的分析方案。从分析者来说，财务分析目标可分为财务状况分析、信用分析、投资分析、税务分析、风险偏好分析等。财务状况分析，主要是分析个人的资产、负债等结构是否合理，期限结构是否合理等。信用分析，主要是分析个人的偿债能力和支付能力，是否存在信用风险等。投资分析，主要是分析投资资金的安全性和获利性。税务分析的目标主要在于分析个人的收入与支出，尤其是能否通过税收筹划，来合理合法避免或者减轻税收负担等。风险偏好分析，主要是分析个人属于风险偏好型、风险厌恶型还是风险中立型。

2. 搜集个人财务信息

个人财务信息记录了过去的各种财务活动以及在这些活动中产生的财务信息，这些信息是了解现在和预测未来的基础。个人财务信息主要包括两个方面：一是原始财务信息；二是非原始财务信息。个人原始财务信息主要是记录个人财务信息的文件，包括身份证、银行开户资料，以及记录理财行为过程的文件，如购物发票、纳税证明、银行存取款凭条等。个人非原始财务信息是在对原始财务信息进行简单的提炼和综合后的信息，通过记流水账的方式记录每笔收入和支出。在搜集财务信息的过程中，既要保存重要的财务信息，又要对不需要的财务信息进行及时处理，以防个人信息被他人恶意使用。

3. 编制个人财务报表

个人财务信息是零散的，必须经过总结归纳才能为理财活动提供有效的信息。个人财务报表是反映个人或家庭财务状况和财务增减变动的会计报表，主要有资产负债表和现金流量表两种。

4. 选择财务分析方法

在选择财务分析方法时，应从个人财务分析的目的和对象出发，选择恰当的财务分析方法。合适的财务分析方法，对财务分析的结果和质量有重要的影响。一方面应该结合财务分析的目标和对象，计算财务数据，进行客观的评价；另一方面，应联系实际情况，解释现状的成因，揭示目前个人财务状况存在的问题。

5. 编写财务分析报告

编写财务分析报告是财务分析的最后一步，它将财务分析的问题、结论和解决措施以书面的形式表达出来，为个人和家庭的理财规划提供依据。财务分析报告，首先要说明分析评价的依据，然后要进行必要的分析，对分析的内容、方法做简要的阐述，以便运用分析报告的相关人员了解整个分析过程。

📖 **知识链接**

记账手机 App

市场上主要有随手记、口袋记账等记账手机App（见图3-1）。这些记账手机App不仅能在云端保存数据，而且可以展示清晰的账目。

图 3-1 记账手机 App

记账手机App可以自动生成财务分析所需要的一些图表，如随手记App可以导出账目清单等（见图3-2）。

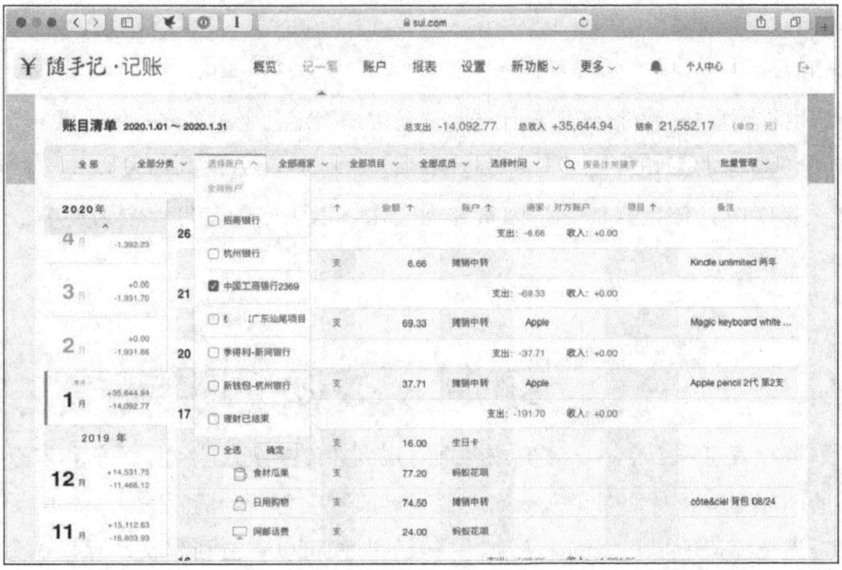

图 3-2 账目清单

3.1.3 个人财务分析的方法

个人财务分析的方法主要包括趋势分析法、比率分析法、因素分析法。

1. 趋势分析法

趋势分析法又称水平分析法，是将两期或连续数期财务报表中相同的指标进行对比，确定其增减变动的方向、数额和幅度，以说明个人财务状况和经营成果的变动趋势的一种方法。趋势分析法的具体运用主要有以下两种方式。

（1）重要财务指标的比较。重要财务指标的比较是将不同时期个人财务报表中的相同指标或比率进行比较，直接观察其增减变动情况及变动幅度，考察其发展趋势，预测其发展前景。

（2）财务报表的比较。财务报表的比较是将连续数期的会计报表的金额并列起来，比较其相同指标的增减变动金额和幅度，据以判断个人财务状况和收支变化的一种方法。以财务报表中的某个总体指标作为100%，再计算出其各组成项目占该总体指标的百分比，从而比较各个项目百分比的增减变动情况，以此判断有关财务活动的变化趋势。

2. 比率分析法

比率分析法是指利用财务报表中两项相关数值的比率揭示个人财务状况和收支变化的一种分析方法。比率主要有以下三种。

（1）构成比率。构成比率也称结构比率，是某个经济指标的各个组成部分与总体的比率，反映部分与总体的关系，其计算公式为：构成比率＝某个组成部分数额÷总体数额。

（2）效率比率。效率比率是某项经济活动中所费与所得的比率，反映投入与产出的关系。利用效率比率指标，可以进行得失比较，考察盈亏情况，评价理财效果。

（3）相关比率。相关比率是根据经济活动客观存在的相互依存、相互联系的关系，以某个项目和与其有关但又不同的项目加以对比所得的比率，反映有关经济活动的相互关系，如流动比率。

3. 因素分析法

因素分析法也称因素替换法、连环替代法，它是用来确定几个相互联系的因素对分析对象——综合财务指标或经济指标的影响程度的一种分析方法。采用这种方法的出发点在于，当有若干因素对分析对象产生影响时，假定其他各个因素都无变化，以顺序确定每一个因素单独变化所产生的影响。

3.2 | 编制个人财务报表

编制个人财务报表有利于个人、家庭或者理财规划师诊断个人或家庭目前和未来的财务资源与财务目标之间的匹配程度，从而对个人或家庭财务健康状况有一个清晰的认识。由于个人或家庭的财务活动主要是现金流，所以在编制个人财务报表的时候可以省略利润表、所有者权益变动表，只编制资产负债表和现金流量表。

3.2.1　个人资产负债表

个人资产负债表可以反映个人或者家庭在某一个特定日期所拥有的经济资源及其分布状况，反映个人或者家庭在某一个特定日期所要承担的经济义务及其分布状况，反映个人或者家庭总体财务结构状况及其变化趋势。个人资产负债表一般一年编制一次，反映的是每年年末个人拥有的资产和未偿还的债务情况。个人资产负债表如表 3-1 所示。

表 3-1　　　　　　　　　　　　　　个人资产负债表

单位：元

制表日期：

资产		金额	负债		金额
项目		金额	项目		金额
现金资产	现金		流动负债	信用卡贷款	
	活期储蓄			应付账款	
	定期储蓄			租金	
	货币市场基金			应付税金	
	应收账款			保险金	
	其他现金资产			应付水电费	
合计				其他流动负债	
金融资产	股票			合计	
	基金		长期负债	住房贷款	
	债券			消费贷款	
	期货			投资贷款	
	保险			助学贷款	
	黄金			留学贷款	
	外汇			保单质押贷款	
	银行理财产品			创业贷款	
	其他金融资产			抵押品	
合计				其他长期负债	
退休计划	社会养老保险			合计	
	企业年金		负债总计		
	商业养老保险				
合计					
实物资产	自住房产		净资产		
	投资性房产				
	交通工具				
	收藏品				
	珠宝				
	其他实物资产				
合计					

（续表）

资产			负债	
项目		金额	项目	金额
无形资产	专利			
	商标			
	著作权			
合计				
其他资产	遗产			
	捐赠			
	赡养费			
合计				
资产总计			负债与净资产总计	

1. 个人资产负债表的结构

个人资产负债表包括三个部分：资产、负债和净资产，且"资产（个人的所有资产）－负债（个人的债务）＝净资产（个人的财富）"。对于资产负债表，以上的会计等式是永远成立的，可以根据这一会计等式得出的数据确定个人目前的财务状况。

（1）资产类。

资产类是指能用货币计量的经济资源，包括拥有的和能控制的经济资源。

按流动性的大小进行排列，依次为现金资产、金融资产、退休计划、实物资产、无形资产和其他资产等。

在生活中碰见打折促销，有理财思维的人首先会考虑，这个东西是否能产生价值。比如，考虑买一件打折衣服，自己是因为"需要"，还是仅仅因为"想要"或者"低价"而买，款式是否适合自己，是否已经有类似的衣服被闲置，能穿的机会有多少，是否有成本更低的可替代产品，是否对自己的形象提升有帮助等。如果都没有，这件衣服就不能产生价值。

资产按照是否产生收益，分为三类：生钱资产、耗钱资产和其他资产。

生钱资产能带来正向收益，即净现金流大于0的资产为"生钱资产"，这类资产有助于家庭实现财务自由。常见的生钱资产的类型如表3-2所示。

表3-2 常见的生钱资产的类型

单位：元

资产分类	资产名称		年现金流净额	首付	原值	现值
生钱资产	1. 定期存款	（1）				
		（2）				
	2. 债券	（1）				
		（2）				
	3. 基金	（1）				
		（2）				
	4. 股票	（1）				
		（2）				

（续表）

资产分类	资产名称		年现金流净额	首付	原值	现值
生钱资产	5. REITs	（1）				
		（2）				
	6. 房地产	（1）				
		（2）				
	7. 股权	（1）				
		（2）				
	8. 其他投资工具	（1）				
		（2）				
	该类资产总计：				–	–

耗钱资产不但不能带来收益，反而还会继续消耗人们的资产，即净现金流小于 0 的资产为"耗钱资产"，这类资产是家庭实现财务自由的阻碍。上文中不能产生价值的衣服就是一件耗钱资产。常见的耗钱资产的类型如表 3-3 所示。

表 3-3　　　　　　　　　　　　常见的耗钱资产的类型

单位：元

资产分类	资产名称		年现金流净额	首付	原值	现值
耗钱资产	1. 房地产	（1）				
		（2）				
	2. 汽车	（1）				
		（2）				
	3. 其他	（1）				
		（2）				
	该类资产总计：				–	–

其他资产就是既不会带来正向收益，也不需要额外投入，即净现金流等于 0 的资产，这类资产同样不利于家庭实现财务自由。常见的其他资产的类型如表 3-4 所示。

表 3-4　　　　　　　　　　　　常见的其他资产的类型

单位：元

资产分类	资产名称		年现金流净额	首付	原值	现值
其他资产	1. 活期存款	（1）				
		（2）				
	2. 基金	（1）				
		（2）				
	3. 股票	（1）				
		（2）				
	4. 房地产	（1）				
		（2）				

（续表）

资产分类	资产名称		年现金流净额	首付	原值	现值
其他资产	5. 股权	（1）				
		（2）				
	6. 其他	（1）				
		（2）				
	该类资产总计：				−	−

资产的分类与投资工具本身没有关系，而与投资工具产生的净现金流有关系。比如房子，可能是生钱资产，可能是耗钱资产，也可能是其他资产。我们要根据这个房子产生的净现金流的情况把这个房子放进对应的资产科目。

资产名称下列出了常用的投资工具名称，如果家庭有相应的投资工具，在资产名称相应投资工具科目后面写出来。如果有常用投资工具之外的其他投资工具，就在"其他投资工具"科目里写出来。

"年现金流净额"反映家庭持有的投资工具的年现金流净额，就是投资工具在一年内产生的收入减去所有支出后剩余的金额。生钱资产里的投资工具"年现金流净额"一定是大于 0 的。耗钱资产里的投资工具"年现金流净额"一定是小于 0 的。其他资产里的投资工具"年现金流净额"是等于 0 的或是约等于 0 的。比如，活期存款，严格来说应该也是生钱资产，但是由于活期利率极低，活期存款带来的利息收入可以忽略不计，所以我们把活期存款放在"其他资产"里而不放在"生钱资产"里。

有房贷的房地产需要填"首付"。其他的投资工具不用填写。

"原值"是投资工具购买时的市场价值。市场价格会波动的投资工具需要填写"原值"，活期存款、定期存款不用填写。

"现值"是填表时投资工具的市场价值。

每类资产后面都有一个"该类资产总计"，用来反映该类资产的总金额。

该类资产总计除以总资产，可以知道该类资产占总资产的比重。家庭资产结构对于实现财务自由非常重要，好的家庭资产结构应该是生钱资产与总资产的比率大于 80%。

（2）负债类。

负债类科目包括流动负债和长期负债两个部分。流动负债包括信用卡贷款、应付账款、租金、应付税金和保险金等，其主要用于日常生活的各类支付活动。长期负债包括各类住房贷款、消费贷款、投资贷款、助学贷款等。对于多数个人或者家庭来说，长期负债中主要的负债是住房贷款。该部分贷款金额大、期限长、利率风险大。良性负债能在不影响个人现在生活水准情况下，带来未来的增值，如房产的增值、个人价值的增值等。恶性负债是超出自己承受能力的负债。

负债分为四类：日常生活形成的负债、生钱资产形成的负债、耗钱资产形成的负债、其他资产形成的负债。负债是需要在未来偿还的。

因购买"生钱资产"而形成的负债，可以理解为良性负债。良性负债对于家庭实现财务自由有帮助。日常生活形成的负债、耗钱资产形成的负债、其他资产形成的负债可以理解为恶性负债。恶性负债是家庭实现财务自由的障碍。

负债的名称、年利息、期限、原值和现值，和资产项有些类似，根据实际情况填写。

各类负债后面有"该类负债总计"，用来反映该类负债的总金额。"该类负债总计"相加就得到了"总负债"。负债结构对于家庭财务风险有重大影响。

好的负债结构应该是生钱资产形成的负债与总负债的比率大于 80%。

在衡量家庭的财务风险时，要看家庭资产负债率：当生钱资产形成的负债与总负债的比率大于 80%时，家庭的资产负债率小于 70%即可看作安全的。当生钱资产形成的负债与总负债的比率小于 80%时，家庭的资产负债率要小于 50%才是安全的。当生钱资产形成的负债与总负债的比率小于 20%时，家庭的资产负债率要小于 30%才是安全的。总资产减去总负债就是净资产，这是真正属于家庭的财富。

（3）所有者权益。

所有者权益就是个人净资产，是总资产扣除总负债后的剩余权益。

2. 资产与负债的价值计量

按照一般的会计准则，通常用历史成本法、重置成本法以及公允价值法等方法进行会计计量。其中历史成本法，又称原始成本法，是以取得资产时实际发生的成本作为资产的入账价值。重置成本，就是在现实条件下重新购置或建造一个全新状态的评估对象所需的全部成本。公允价值，是资产和负债按照在公平交易中，熟悉情况的交易双方自愿进行资产交换或者债务清偿的金额计量。

（1）资产类的价值计量。

按照上面的资产分类，首先是现金、储蓄存款这类现金资产。其中现金的价值是最容易计量的，直接统计家庭所有的现金额即可。活期存款的资产价值，通常为账户余额或存款额。因为此类存款的利率比较低，其利息金额可以不计。此外，信用卡中预存的一部分现金也应计入活期存款中；如果信用卡出现透支金额，那就作为流动负债考虑。应收账款可以按照历史成本法来估值。定期存款包括整存整取存款、存本取息存款等。这部分资产的价值，主要计量其存单面值。是否将定期存款的利息作为估值范围，应综合考虑存单面值的大小和利率的波动幅度。若存单面值大，利率波动幅度大，则应将利息计入定期存款的估值中。

金融资产可以按照其不同的特性，采用不同的方法分别处理。债券投资可以采用历史成本法确定其价值。一般理财产品的收益是固定的，可类比债券投资采用历史成本法确定其价值。对于股票、基金等，价格将会出现比较大的波动，所以，在对这部分资产进行估值的时候，可以采用公允价值法，即以市场价格入账。保险类资产价值的评估需分两类保险产品分别处理。①保费作为支出是消费性的，到期没有任何收益的保险产品，如财产险、责任险等险种的保险产品，人身险中的意外伤害险等保险产品。保险公司推出这些产品，主要是为了给客户提供避险的工具，没有投资功能，因此可将这些保险产品的价值确定为零。因为这些保险产品在保险事件出现以前，无法体现其价值；只有当保险事件出现，保险公司开始办理理赔的时候，这些保险产品才体现出具体的价值。②所缴保费可到期返还，具有一定的储蓄、投资功能的保险产品，如人身保险中的人寿险等。对于这种保险产品，将以其已缴保费的现金价值，即寿险保单退保时能够领取的退保金价值，作为此保险的价值。

实物资产，如房产，其价值可能能有上升空间，因此需要注意其价值的变化。如果购入的时间比较短，可以采用历史成本来估值。如果购入的时间比较长，则采用公允价值来估值。对于自备汽车、自用物品，其折旧将会随着使用年限的增加而增加，因此可以采用重置成本法进行估值。至于珠宝玉器、各类藏品的估值比较困难，在这类资产持有时间较短的情况下，可以采用历史成本来估值；持有时间比较长，则可以采用公允价值来估值，如以国家文物古玩市场的相关价格作为估值的参考。

无形资产的估值比较复杂，但是针对个人的专利、商标和版权著作等一般采用市场价值法确定其价值，即根据市场交易来确定无形资产的价值；还可以采用收益法，即根据无形资产的经济利益或未来现金流量的现值计算无形资产的价值；或者采用成本法，即计算替代或重建某类无形资产所需的成本。

（2）负债类价值的计量。

流动负债，通常按照账单的面值来评估价值，如应付账款、租金、保险金、信用卡贷款等。需要注意的是，如果信用卡贷款在50～60天的免息期限内，则无须支付利息。由于我国的个人所得税采用的是代扣代缴的方式，个人在拿到薪金的时候单位已经代为扣缴了，所以个人所得税不应纳入应缴税金。应缴税金主要是面向一些自由职业者、个体户等征收的税金，需要按照收入或者利润计算出的应纳税所得额缴纳并计入应缴税金。

✎ **课堂讨论**

资产负债表的用途是什么？

🕊 **课间案例**

个人资产负债表的编制

张先生35岁，张太太33岁，育有一女8岁。两人经过几年的奋斗，家庭已经步入成长期，职业生涯也进入黄金时期，收入不断提高，并在前两年以旧房换购了一套新房，目前价值为1 100 000元。2010年买入一辆200 000元的新车。张先生目前的银行存款总额为118 700元，其中98 700元是活期存款，20 000元是定期存款。张先生2013年购买了10 000元的国库券，2014年用25 000元投资了一只基金，截至2015年年底该基金的市值达到31 200元。不过，张先生用20 000元投资的股票则亏损，只剩下17 800元。张先生在银行购买了10 000元的理财产品，还买了一些黄金，2015年年底黄金价值为10 000元。家用电器等家私的价值大约为50 000元。在换新房的时候，张先生向银行贷了款，该笔贷款目前还有786 000元的本金未偿还；并且向亲戚朋友借了100 000元，目前还有20 000元未还清。张先生刚买的新车也有50 000元贷款尚未偿还。

张先生家庭的资产负债表如表3-5所示。

表 3-5　　　　　　　　　　　张先生家庭的资产负债表

单位：元

制表日期：

资产			负债		
项目		金额	项目		金额
现金资产	现金		流动负债	信用卡贷款	
	活期储蓄	98 700		应付账款	
	定期储蓄	20 000		租金	
	货币市场基金			应付税金	
	应收账款			保险金	
	其他现金资产			应付水电费	
	合计	118 700		其他流动负债	
金融资产	股票	178 00		合计	
	基金	31 200	长期负债	住房贷款	786 000
	债券	10 000		消费贷款	50 000
	期货			投资贷款	
	保险			助学贷款	
	黄金	10 000		留学贷款	
	外汇			保单质押贷款	
	银行理财产品	10 000		创业贷款	
	其他金融资产			抵押品	
	合计	79 000		其他长期负债	20 000
退休计划	社会养老保险			合计	
	企业年金		负债总计		856 000
	商业养老保险				
	合计				
实物资产	自主房产	1 100 000			
	投资性房产				
	交通工具	200 000	净资产		691 700
	收藏品				
	珠宝				
	其他实物资产	50 000			
	合计	1 350 000			
无形资产	专利				
	商标				
	著作权				
	合计				
其他资产	遗产				
	捐赠				
	赡养费				
	合计				
资产总计		1 547 700	负债与净资产总计		1 547 700

3.2.2 个人现金流量表

个人现金流量表是反映个人或家庭在某段时间内现金收入和支出的财务报表。与资产负债表不同的是，个人现金流量表需要每个月编制一次，反映现金流动的动态情况。编制个人现金流量表，便于揭示个人或家庭生成现金的数量和时间，有利于正确进行消费和投资决策。个人现金流量表如表3-6所示。

表3-6 个人现金流量表

项目	本期金额	上期金额
一、经营活动产生的现金净流量		
销售商品、提供劳务的现金流入		
其他经营活动现金流入		
经营活动现金流入合计		
日常开支		
教育费用		
奢侈消费		
支付各种经营管理费用的现金流出		
其他经营活动现金流出		
经营活动现金流出合计		
二、投资活动产生的现金净流量		
利息收入		
投资收益		
偶然所得		
投资活动现金流入合计		
投资支出		
其他投资活动现金流出		
投资活动现金流出合计		
三、筹资活动产生的现金净流量		
吸收投资		
取得借款		
其他筹资活动现金流入		
筹资活动现金流入合计		
偿还债务		
偿付利息		
其他筹资活动现金流出		
筹资活动现金流出合计		
四、期末现金及现金等价物余额		
期末现金流入		
期末现金流出		

1. 个人现金流量表的结构

家庭经济活动通常表现为经营、投资、筹资三大活动，期间会发生现金的流入或者流出。因此，从这三大经济活动出发编制个人现金流量表，将现金流量表分为 5 个部分：经营活动、投资活动、筹资活动、汇率折算差额和期末现金及现金等价物的余额。

（1）经营活动产生的现金净流量。经营活动产生的现金净流量主要有以下几个方面。

① 销售商品、提供劳务的现金流入，如工资、奖金、补助、福利、红利等。当一个人取得第一份工作时，他就获得了一个相对稳定的现金流。所以对于个人而言，工作的意义在于不管工作成绩如何，每个月固定的时候，你就可以领到一笔钱。

② 其他经营活动现金流入，如赡养费、退休金、赠予、遗产继承、租金收入等。

③ 日常开支，日常生活中重复的必要开支，如衣食住行、医疗、通信、水电、维修等费用。

④ 教育费用，如自我培训费、子女教育费用、书本费、学习用品费、组织学习活动费等。

⑤ 奢侈消费。奢侈消费是指休闲享受类型的消费，如旅游、保健养生、休闲娱乐、高档消费等。

（2）投资活动产生的现金净流量。投资活动产生的现金净流量主要包括以下几个方面。

① 利息收入。利息收入包括存款利息、放贷利息、债券利息以及其他利息收入。

② 投资收益。投资收益指投资于股票、基金、期货、黄金、房地产等产生的收益，包括分红、资本利得等。

③ 偶然所得。偶然所得包括中奖、礼金等。

④ 投资支出。投资支出指投资于股票、债券、基金、期货、保险、黄金、房地产等的资金支出。

（3）筹资活动产生的现金净流量。筹资活动产生的现金净流量主要包括以下几个方面。

① 吸收投资。吸收投资即从他人或者机构取得的资金。投资与借款不同，需要承担投资项目的经营风险，且在项目结束之前不可撤资。投资的出资方式有货币、实物、知识产权、工业产权、专有技术、土地使用权、其他依法可以转让的非货币财产等。

② 取得借款。取得借款即从他人、金融机构等取得的资金。借款是债务，要借入人承担还本付息的义务，借出人不承担投资失败的责任。

③ 偿还债务。偿还债务即偿还各种借款的支出。

④ 偿付利息。偿付利息即偿还各种借款所产生的利息。

（4）期末现金及现金等价物的余额。

期末现金及现金等价物的余额，即将经营活动产生的现金净流量、投资活动产生的现金净流量、筹资活动产生的现金净流量和汇率变动对现金及现金等价物的影响这四个项目相加得出的总额。

2. 现金流量表的编制案例

课间案例

李先生的个人资产负债表

李先生是一家电子公司的工程师，每月可获得薪金收入8 200元，年底公司发放奖金20 000元；李太太在一家集团公司做财务经理，每月可获得薪金收入5 300元，年底有年终奖金8 000元。李先生和李太太除了自住房外，还投资了一套房子。目前该房出租给他人，每月可获得2 000元的租金。自住房没有贷款，但投资性房产每月需还贷1 500元。为打理自住房和投资性房产，每年约需要花费2 000元。在自住房中生活，每月需要的水、电、煤气费用约400元，电话和手机费用约200元，网络费200元，有线电视费26.5元。李先生和李太太平时在家做饭或订外卖一个月需花费2 000元，请朋友吃饭和应酬每个月需花费1 000元。上班以及平时外出的交通费每月平均300元左右。每月从工资中扣缴的保险费用两人合计1 600元，去医院看门诊等小病的费用一年约2 000元。由于是做财务出身，李太太做事有计划性，所以每年都计划好拿出2 000元添置衣物。李太太为两人各购买了100 000元保额的保险，保费每年共交5 000元，两人合计缴纳的个人所得税约1 700元。每年李先生会花2 000元添置一些家具，李太太还办理了年费2 000元的美容健身卡。两人每年还计划花8 000元旅游度假。

李先生当月的家庭现金流量表如表3-7所示。

表3-7 　　　　　　　　　　李先生当月的家庭现金流量表

单位：元

项目	本期金额	上期金额
一、经营活动产生的现金净流量	8 906.8	
销售商品、提供劳务的现金流入	15 833.3	
其他经营活动现金流入	2 000	
经营活动现金流入合计	17 833.3	
日常开支	6 393.2	
教育费用		
奢侈消费	833.3	
支付各种经营管理费用的现金流出	1 700	
其他经营活动现金流出		
经营活动现金流出合计	8 926.5	
二、投资活动产生的现金净流量	-1 916.7	
利息收入		
投资收益		
偶然所得		
投资活动现金流入合计		

（续表）

项目	本期金额	上期金额
投资支出	1 916.7	
其他投资活动现金流出		
投资活动现金流出合计	1 916.7	
三、筹资活动产生的现金净流量		
吸收投资		
取得借款		
其他筹资活动现金流入		
筹资活动现金流入合计		
偿还债务		
偿付利息		
其他筹资活动现金流出		
筹资活动现金流出合计		
四、期末现金及现金等价物余额	6 990.1	
期末现金流入	17 833.3	
期末现金流出	10 843.2	

课堂讨论

编制现金流量表的作用是什么？

3.3 财务预算与报表分析

财务预算可以使有限的个人财富得到有效利用，个人财务报表可以帮助个人做出有关开支的决策，会影响个人的理财规划，进而帮助其判断自身的财务状况是否满足安全性、流动性和盈利性的需求。

3.3.1 个人财务预算

个人财务预算就是对个人的开支、投资的目标进行统筹安排，从而有效地利用财务资源。由于个人的收入基本固定不变，所以个人财务预算主要就是做好支出预算。个人支出分为可变支出与固定支出。可变支出主要是一些高档消费，如高档家具、出国旅行、高档服饰消费等，这些开支受收入的影响程度较大；固定支出主要是维持日常生活水平的开支以及债务的偿还等。

1. 制定个人财务预算的步骤

（1）确定理财目标。未来的规划对理财方向起着重要的作用。理财目标是对未来活动的规划，它要求对消费、储蓄和投资进行计划。第 1 章中我们已经详细阐述了理财目标应如何设定，资产负债表和现金流量表能帮助个人了解目前的财务状况，确定切实可行的理财目标。

（2）预测收入。通常的预算收入时间是一个月，因为许多支出都是每月结清的。在确定可支配收入时，只需计算确定的收入，各种分红、礼品或意料之外的收入在实际收到之前不应考虑在内。如果每月取得一次收入，那么计算比较容易，如果每月取得多次收入，则必须规划每次收入应该支付哪些费用。如果收入根据季节不同而有变化，那么可以按照过去一年的状况来对未来一年的情况进行预测。在预测时采取相对保守的方式要更稳妥一些，这样可以避免对财务资源做出过于乐观的估计，导致因支出过度而陷入财务困境。

（3）规划紧急准备金和储蓄。为了应付未预测到的支出和保证未来的财务安全，在预算中要准备储蓄和投资项目，同时手中应该保留一部分备用金，一般保留的备用金能够应付 3~6 个月的生活费用支出。备用金应根据个人的生活状况和就业稳定程度而有所变化。3 个月的备用金对拥有稳定工作和收入的人是适用的，但对于只拥有临时性工作的人，则应该有足够应付 6 个月生活支出的备用金。

（4）估算固定支出。对固定支出的估算是个人财务预算的重要组成部分，通常个人的固定支出包括租金、税金、借款偿付、保险费、水电费、煤气费等。

（5）估算可变支出。对可变支出的估算较为困难，其主要随家庭状况、时间、健康、经济条件及其他因素的变化而变化。通常，个人应预留 50%以上的可变支出用于平时生活的休闲放松。

（6）记录消费金额。明确消费计划之后，要对实际的收支情况进行记录，将实际发生的数据填到预算表相应的位置。通过对实际消费与预算金额的比较，个人能直观地了解自己理财的效果。收入差异为支出差异的相反数。收入小于预期收入会发生赤字，收入大于预期收入会出现盈余。某个项目的超支可以用减少另一个项目的消费或减少储蓄来平衡。如果出现了赤字，就表明该月的收入不足以全数缴付所有支出。但不必对此大为惊恐，因为预算的目的正是要找出这些理财的关口，预防入不敷出时的窘困。如果某个月出现入不敷出的情况，可以考虑削减其他的支出，或利用已经有的投资套现，或利用借贷的方式来弥补有关的赤字。如果全年的预算是一个平衡预算或盈余预算，一时的赤字可视为暂时的现象，待日后的支出恢复正常，财务将再度平衡或出现盈余。

（7）定期检查并修订预算计划。个人财务预算是持续的、循环往复的过程，必须定期检查并根据实际情况修改消费计划。预算的结果很简单，可能是账户里有多余的现金，也可能是没能及时支付账单，或者是其他情况。不过简单的结果有时并不是显而易见的，有时必须对那些实际消费与预期存在差异的部分进行检查和总结。检查对成功的短期资金管理和长期理财安全都至关重要，总结能帮助个人了解可能需要改变预算的地方。

2．个人财务预算表的编制

经过以上 7 个步骤后，可以通过编制个人月度财务预算表来辅助分析。个人月度财务预算表如表 3-8 所示。

表 3-8 　　　　　　　　　　　　　　　个人月度财务预算表

单位：元

理财目标	预算金额	实际金额	完成比例	差异
预期收入				
工资				
其他收入				
总收入				
预期流出				
定期存款				
投资储蓄				
紧急备用储蓄				
其他储蓄				
总储蓄				
固定支出				
租金				
抵押贷款				
保险支出				
食物				
服装				
交通费				
其他固定支出				
固定支出总额				
可变支出				
休闲娱乐				
教育				
其他可变支出				
可变支出总额				
总流出				

3. 个人财务预算的要求

制定个人财务预算虽然不能解决个人所面临的财务问题，但是能够使自己对自身的财务状况做到心中有数。成功的个人财务预算应该具备以下特征。

① 充分沟通，设计合理。好的个人财务预算需要花时间和精力准备，个人财务预算规划必须覆盖所有相关人士。在与所有人充分沟通并且获得大家认同的基础上执行该个人财务预算。

② 切合实际，量入而出。个人财务预算是建立在现实的基础上的，个人财务预算不是为了阻止享受生活，而是为了在现有资源条件下最大限度地利用财务资源。如果收入中等，就不要期望立刻能积存足够的钱来购买昂贵的轿车或享受豪华假期。

③ 灵活机动，及时调整。由于个人财务预算是对未来的财务规划，所以存在着一定的不确定性。在进行个人财务预算的时候要留有一定的余地，以便出现意料外开支和生活成本变化时进行修订。

当发生某些特殊情况时，如子女未曾预料的到来等，相关费用会长期大幅度增加。

3.3.2 个人财务报表分析

在编制了个人财务报表后，最关键的是对个人的财务状况进行分析。个人财务报表分析，即通过对个人资产负债表、个人现金流量表的分析，判断个人财务状况是否满足安全性、流动性和盈利性的要求。在人生的经营中，需要把握好这三张表。首先，你既需要"现金流量"来实现"活下来"，还需要向周围的人证明你活得稳定、财务可靠，是一个值得信任的好丈夫、好妻子、好父亲、好儿女、好朋友、好老板……其次，你需要"资产负债"来尽可能地扩大你的人生边界，合理地使用杠杆加速发展，集中资源，并在安全可控的范围内，尝试人生的更多可能。最后，你需要"利润表"告诉你，你所拥有的东西不是最重要，重要的是你"代替这个世界保管"的东西，以及你为这个世界付出的东西，它们才是组成你人生价值的主要部分。

1. 资产负债结构分析

（1）资产项目分析。企业持有资产主要是为了获利，如东方航空公司的资产大部分是飞机等。资产越多，获得的报酬也应该越多。企业的财务报表分析中资产报酬率及股东权益报酬率是重点。而家庭持有资产并非用于获利，而是应家庭生活所需，如住宅及汽车资产等，且家庭的收入并非来自这些资产的营运，而是家庭成员努力工作的工资收入，所以谈资产报酬率没有意义，更不用说权益报酬率。当金融资产的比重增加时，投资收入就会大于工资收入，这时候资产报酬率及权益报酬率是重点。因而资产组合不同，财务管理的重点就不一样。

（2）负债项目分析。一般家庭的流动负债只有信用卡的债务，而非流动负债几乎都是房屋贷款，借来的钱并不是用来营运，而是购买生活必需的住宅，所以偿债能力还是取决于工资收入。因而，全年度的收支越平衡，长、短期的偿债能力就越强。如果将短期或长期负债的金额用于购买金融资产，这时候的负债比以及投资报酬率就会变成重点，除非有把握投资报酬率超过贷款利率，否则财务杠杆就可以放大投资报酬率，同时也会放大损失。

（3）净资产项目分析。个人财务分析中同样满足资产减去负债等于净资产这样的规律。假定某人收入处于中上水平，并已工作多年，那么净资产能够很好地说明其财务状况：①净资产为负，说明财务状况糟糕，应尽快偿还近期债务，同时尽快增加收入；②净资产低于年收入的一半，说明有必要控制开支，更多地进行储蓄和投资，并注意增加收入；③净资产相当于半年到 3 年的收入，如果年轻则其财务状况良好，如果即将退休，则仍要采取措施增加净资产；④净资产相当于 3 年以上的收入，说明财务状况良好，如果年轻则还可以进行一些投资。

2. 现金流量结构分析

（1）现金流入分析。现金流入主要包括三个部分：①工作收入，主要包括工资、薪金、奖金、津贴、补贴等人力资本创造的收入，其特点在于较为稳定，但有失业和丧失劳动能力的风险；②理财收入，包括利息、股利、资本利得、房租等以金钱或已有资产衍生出来的收入，一般随经济、金融环境的变化而变化，存在投资风险；③其他收入，主要指借入款、资产变现款及债权回收款等款项。

（2）现金流出分析。现金流出主要包括两个部分：①衣食住行、文化娱乐、医疗健身等日常生活方面的支出；②借款利息、投资手续费、保险费等费用，或资产负债调整支出、偿还债务和投资置产方面的现金流出。

3. 财务比率分析

微课扫一扫

（1）资产负债比率。资产负债比率=总负债÷总资产。资产负债比率是家庭总负债与家庭总资产的比值，也就是负债总额与资产总额的比例关系。资产负债比率反映的是在总资产中有多大比例是通过借贷筹集的，也是用于衡量家庭财务状况是否良好的一项重要指标。该项数值在 0.5 以下，才能预防因流动资产不足而可能出现的财务危机。若资产负债比率过高，则家庭的财务状况可能会出现一定的困难。

（2）负债收入比率。负债收入比率=每年偿债额÷税前年收入。负债收入比率是指家庭到期需支付的债务本息与同期收入的比值，它是衡量家庭一定时期财务状况是否良好的重要指标。该项数值保持在 0.4 以下比较合适，该比率越小说明财务状况越好；反之，负债收入比率过高，则家庭在进行借贷融资时会出现一定的困难。

（3）流动资产保障率。流动资产保障率=流动资产÷每月支出。流动资产是指未发生价值损失条件下能迅速变现的资产，主要由现金、银行存款、货币市场基金以及现金等价物构成，反映资产在不发生价值损失的条件下迅速变现以应付基本支出需要的能力。一般来说，家庭流动资产应满足 3～6 个月的日常开支。该数值也不宜过大，因为流动资产的收益一般不高，该数值若过大会影响家庭资产进一步的升值能力。

（4）净资产保障率。净资产保障率=净资产÷月固定支出。净资产是扣除负债后的家庭自有资产，包括自用资产。当可变现资产仍不能满足家庭发生变故后的基本支出需要时，就有可能需要变卖部分自用资产。这一保障比率的经验值为 12，该比率较大时表示资产的保障程度好；相反，该比率较小时则表示资产的保障程度需要进一步提高。

（5）变现资产保障率。变现资产保障率=可变现资产÷月固定支出。可变现资产包括流动资产、基金、股票、定期存款及中长期债券等。当流动资产不能满足基本支出需求时，就要动用需要付出一定成本的可变现资产。这一比率的经验值为 6，该比率较大时表示资产的保障程度好；相反，比率较小时则表示资产的保障程度有待提高。

（6）灾变保障率。灾变保障率=（可变现资产+保险理赔金-现有负债）÷（5～10 年生活费+房屋重建装修成本）。这一比率是考虑到已参加各类保险的情况下，一旦发生意外和灾变，利用现有资产和保险理赔可以维持一定时期家庭正常生活的程度。灾变保障率大于 1，表明灾变承受能力较高；灾变保障率小于 1，则需要尽快提高灾变承受能力，而最快的改善方式是增加保险。

（7）净资产投资比率。净资产投资比率=投资资产÷净资产。净资产投资比率是指家庭投资资产与净资产的比值，它反映了家庭通过投资提高净资产的能力。该项比率在 0.5 左右为宜，在 0.5 的水平，既可保持适当的投资收益，又不会面临太高的风险。投资资产是能带来投资收益的资产，包括金融资产和不动产，自己居住的房产只能算是资产，不能算作投资资产。

（8）支出比率与收支平衡点收入。

$$\frac{收支平衡点收入}{总收入}=\frac{费用支出+理财支出}{总收入}=消费率+财务负担率。$$ 该公式可用于分析家庭支出结构

的合理性。收支平衡点收入=固定支出÷工作收入净结余率，可用于计算保证现在及以后的生活水准。

（9）理财成就率。理财成就率=目前的净资产÷（目前的年储蓄×已工作年数）。理财成就率是目前的净资产与目前的年储蓄和已工作年数之积的比值，它反映了一定时期内的个人理财成绩。该指标的标准值为 1，比率越大表示过去的个人理财成绩越好；相反，比率越小时表示过去的个人理财成绩有待提高。如已工作 5 年，当前年储蓄 5 万元，假设投资增长率和储蓄增长率相当，则过去储蓄本金加投资收益的累积基准值=5×5=25（万元）。如果现在资产只有 20 万元，理财成就率=0.8，则理财成绩欠佳。

（10）资产增长率。资产增长率能够反映个人财富增加的速度。其规律在于：年纪越大，资产积累越多，资产增长率越低；年轻人的资产基准低，资产增长率比年长者高；储蓄较高或积极投资的人，其资产增长率也会比同龄人高，所以应该尽可能多储蓄，并将储蓄所积累的净资产做积极的投资。

思考与练习

1．简述财务分析的步骤。
2．试比较财务分析方法各自的优点。
3．在编制个人资产负债表时，如何合理使用历史成本、重置成本以及公允价值等标准？
4．简述如何进行成功的个人财务预算。
5．根据财务指标，可以从哪些方面来分析个人财务状况是否良好？
6．个人财务报表和企业财务报表的编制目标有什么不同？
7．个人资产负债表包括哪些项目？
8．个人现金流量表包括哪些项目？

案例分析

小明一家

小明和小红夫妻现在的收入加起来大约是税后4 000元。等到小红生孩子之后，他们开始有孩子的各种课外培训方面的支出，比如参加足球队和网球课程。他们决定每月节省800元用于买车和孩子的教育。

小明和小红检查了他们上个月的账户，发现每个月家庭的开支包括以下内容：

① 900元住房开支（700元贷款月供，含住房保险和财产税）；

② 60元上网费；

③ 80元水电费；

④ 70元电话费；

⑤ 500元视频费；

⑥ 买衣服约180元；

⑦ 汽车相关开支约300元；

⑧ 学费约100元；

⑨ 享乐和课外培训约1 000元；

⑩ 支付最低信用卡还款金额约20元。

为了解他们的净值，小明一家还评估了他们的资产和负债，包括：

① 300元现金；

② 1 700元银行存款；

③ 房屋价值100 000元；

④ 家具价值3 000元；

⑤ 小红的汽车马上就要换新的了，现在大约值1 000元，小明的汽车大约值8 000元；

⑥ 他们的房贷还欠90 000元，信用卡欠款2 000元。

思考：

1．为小明一家编制现金流量表。

2．为小明一家编制资产负债表。

第4章 | 银行理财

教学目标

（1）熟悉人民币储蓄和外币储蓄的种类和适用情况。

（2）掌握储蓄期限的计算。

（3）了解银行理财产品的种类及适宜的投资者。

（4）了解人民币理财产品的特点及分类。

（5）熟悉银行储蓄产品和银行理财产品的各种策略。

银行理财是大部分理财手段的基础。它来源于"计划"和"节俭"，是对个人自立能力、理财能力基本的检验。本章介绍了各类银行理财产品，为读者合理规划银行理财提供参考。

4.1 | 储蓄类银行理财产品

在理财形式多样的今天，储蓄仍然是最大众、最保险的理财方式之一。作为最传统的投资理财方式之一，储蓄是一项高流动性、低风险、低收益的资产持有手段，可以缓解流动性不足，满足日常的现金所需，还能为实现未来的理财目标积累资金。

4.1.1 储蓄的品种

储蓄品种多种多样，按币种大致可以分为人民币储蓄和外币储蓄。

1. 人民币储蓄

人民币储蓄按存款期限不同，通常又分为活期储蓄、定期储蓄、大额存单等。

（1）活期储蓄。

活期储蓄是一种不限存期，凭银行卡或存折及预留密码可在银行营业时间内通过柜面或通过银行自助设备随时存取现金的服务。人民币活期存款 1 元起存，外币活期存款起存金额为不低于人民币 20 元的等值外汇。活期储蓄的特点是可通存通兑，随用随取（取款金额超过 5 万元，需要提前一天与取款网点预约。若持银行卡在 ATM 机上取款，当天取款最高限额为 2 万元）。

（2）定期储蓄。

定期储蓄是储户在存款时约定存期，一次或按期分次存入本金，整笔或分期、分次支取本金或利息的一种储蓄方式。定期储蓄按照存取方式的不同可以分为 6 种类型：整存整取、零存整取、整存零取、存本取息、定活两便和通知存款。

（3）大额存单。

大额存单是商业银行面向个人和企业、机构客户发行的记账式大额存款电子化凭证，是具有标准化期限、最低投资金额要求、市场化定价的存款产品。最初的个人认购大额存单起点金额为 30 万元，机构认购大额存单起点金额不低于 1 000 万元，期限包括一个月、三个月、六个月、九个月、一年、一年半、两年、三年和五年共 9 个品种。并且按照中国人民银行相关规定，大额存单纳入存款保险范围。自 2016 年 6 月 6 日起，为推进大额存单业务发展，拓宽个人金融资产投资渠道，增强商业银行主动负债能力，中国人民银行决定将《大额存单管理暂行办法》第六条"个人投资人认购大额存单起点金额不低于 30 万元"的内容，修改为"个人投资人认购大额存单起点金额不低于 20 万元"。与一般存单不同的是，大额存单在到期之前可以转让，也可以抵押。换句话说，它不仅比定期存款利率高，而且还具有流动性，变现能力强。大额存单比同期限定期存款利率更高，大多在基准利率基础上上浮 40%左右，而定期存款一般最高上浮 30%。

> **课堂讨论**
> 家庭的储蓄比例是不是越高越好？

> **知识拓展**
>
> ### 个人存款账户实名制
>
> 2000年3月20日，国务院颁布的《个人存款账户实名制规定》自2000年4月1日起施行。个人存款账户实名制，是指个人在金融机构开立存款账户、办理储蓄存款时，应当出示本人法定身份证件，使用身份证件上的姓名；金融机构要按照规定进行核对，并登记身份证件上的姓名和号码，以确定储户对开立账户上的存款享有所有权的一项制度。
>
> 个人存款账户实名制的实行，是对我国公民参与金融活动的一项制度改革，是规范金融机构的经营行为，完善金融监管的基础性措施。它有利于保证个人存款账户的真实性，维护存款人的合法权益；有利于配合现金管理，防范经济、金融犯罪。长期以来，我国施行的储蓄制度是存款记名制，其记名可以是真名、假名等，这为评估个人信用等带来诸多不便。

2. 外币储蓄

外币储蓄按照存取方式的不同可分为现钞活期储蓄、现钞定期储蓄、现汇定期储蓄。

现钞活期储蓄：不确定存期，可随时存取款、存取金额不限。存入期间按结息日挂牌公告的相应币种的活期储蓄存款利率结算一次。

现钞定期储蓄：约定存期，整笔存入，到期一次支取本息。起存金额一般为不低于人民币 100 元的等值外汇。存款利率按存单开户日挂牌公告的相应币种、相应存期的储蓄存款利率计付利息。

现汇定期储蓄：现汇是指可自由兑换的汇票、支票等外币票据，凡从境外汇入、携入和境内居民持有的外币票据均可存入现汇账户；不能立即付款的外币票据，需经银行办理托收后手续方可存入。计息方法与现钞户外汇定期储蓄相同。

📖 知识链接

存款保险

由于银行存款保险条例的规定，储户只要是存款金额低于50万元，在任何一家参与存款保险的银行机构办理存款的效果都是一样的，仅仅需要比较不同银行间的存款利率。

📖 知识链接

关于个人金融信息的保护

个人金融信息是金融机构日常业务工作中积累的一项重要基础数据，也是金融机构客户个人隐私的重要内容。如何收集、使用、对外提供客户的个人金融信息，既涉及银行业金融机构业务的正常开展，也涉及客户信息、个人隐私的保护。如果出现与个人金融信息有关的不当行为，不但会直接侵害客户的合法权益，也会增加银行业金融机构的诉讼风险，加大运营成本。近年来，个人金融信息侵权行为时有发生，并引起社会的广泛关注。

《中国人民银行关于银行业金融机构做好个人金融信息保护工作的通知》中明确规定，银行业金融机构在收集、保存、使用、对外提供个人金融信息时，应当严格遵守法律规定，采取有效措施加强对个人金融信息保护，确保信息安全，防止信息泄露和滥用。特别是在收集个人金融信息时，应当遵循合法、合理原则，不得收集与业务无关的信息或采取不正当方式收集信息。另外，银行业金融机构要完善信息安全技术防范措施，确保个人金融信息在收集、传输、加工、保存、使用等环节中不被泄露。同时，银行业金融机构要加强对从业人员的培训，强化从业人员个人金融信息安全意识，防止从业人员非法使用、泄露、出售个人金融信息。接触个人金融信息岗位的从业人员在上岗前，应当书面做出保密承诺。

🕊 课间案例

某银行与用户纠纷

2020年5月6日，上海某传媒有限公司（以下简称某传媒公司）旗下脱口秀演员王××在社交媒体发布长文，称某银行上海虹口支行在未经其本人授权的情况下，将个人账户明细提供给与其有经济纠纷的上海某传媒有限公司，诉其涉嫌"侵犯公民个人信息罪。"

2020年5月7日凌晨，该银行针对该声明发布致歉信称，王××所反映一事属实，该员工确向与王××存在经济纠纷的某传媒公司提供个人收款记录，属于未按规定办理。目前已按制度规定对相关员工予以处分，并对支行行长予以撤职。同日下午，据多家媒体报道，上海银保监局已关注到脱口秀演员王××指责中信银行泄露其个人账户交易信息一事，并正式介入调查。

　　2020年5月9日，银保监会官网发布《中国银保监会消费者权益保护局发布关于中信银行侵害消费者合法权益的通报》。通报称，2020年3月，该银行在未经客户本人授权的情况下，向第三方提供个人银行账户交易明细，违背为存款人保密的原则，涉嫌违反《中华人民共和国商业银行法》和银保监会关于个人信息保护的监管规定，严重侵害消费者信息安全权，损害了消费者合法权益。

　　2021年3月19日，银保监会消费者权益保护局发布的罚单显示，该银行因此事被处罚450万元。

4.1.2　储蓄产品的期限

　　1．储蓄期限的计算

　　（1）支取当日不算利息，即"算头不算尾"。如4月2日存入，5月5日支取，存期从4月2日算起，支取日5月5日不算，存期为33天。

　　（2）若存期为整年或整月，如7月31日存入，存期4个月，应该在11月31日到期，由于11月没有31日，所以到期日为11月30日。

　　（3）天数计算：所有情况均按照每月30天，每年360天计算。

　　（4）到期日逢银行休息日，可在休假日前一天取款，仍然按到期日计息。

　　2．利息税的计算

　　利息税（Interest Tax）是"储蓄存款利息所得个人所得税"的简称，主要指对个人在中国境内存储人民币、外币而取得的利息所得征收的个人所得税。利息税始于1950年，当年颁布的《利息所得税暂行条例》规定，对存款利息征收10%的所得税，1959年利息税停征，1999年再次恢复征收。利息税的开征税率为20%。

　　根据第十届全国人民代表大会常务委员会第二十八次会议修改后的《中华人民共和国个人所得税法》（以下简称《个人所得税法》）第十二条的规定，国务院决定自2007年8月15日起，将储蓄存款利息所得的个人所得税（利息税）的适用税率由现行的20%调减为5%。2008年10月9日，国务院决定对储蓄存款利息所得暂停征收个人所得税。

4.1.3　储蓄理财的规划

　　银行储蓄产品的理财策略主要是要考虑个人的流动性和收益性的需要。这里介绍的银行储蓄产品的理财策略，主要是通过合理组合不同产品来实现的。

　　1．在整个家庭的资产组合中考虑储蓄

　　储蓄是家庭资产组合的重要产品，可以根据不同的风险偏好，确定其在资产组合中的比例。第一，应将家庭除去日常开支后的现金尽可能多地存入银行，避免因持有过多现金而损失利息收入的情况。第二，储蓄作为一种收益固定、流动性相对较高的理财产品，是家庭的应急备用金或者实现其他现金需求的重要投资途径。

　　2．组合不同期限种类的储蓄产品

　　储蓄产品组合的前提是要满足家庭的日常开支需要，而后进行活期储蓄和定期储蓄的组合，合理安排定期存款的期限及其结构。安排定期存款的期限及其结构，分别要从个人的资金需求情况和利率的走势角度出发进行合理规划。

① 根据个人的资金需求情况，合理安排定期储蓄的期限结构。如果为了近期购买汽车而积累资金，可以考虑一年的定期存款；如果为了筹措远期资金，如孩子在上小学，为其筹措未来出国深造的资金，就可以考虑三年的定期存款。即使作为长期储蓄投资的资金，也可以考虑依照自己的意愿，按一年、三年等不同期限进行搭配，来满足流动性和盈利性的需求。

② 根据利率走势，合理调整定期存款的期限。由于宏观经济波动频繁，中央银行会根据经济情况的变化来实时地调整基准利率。在进行定期存款的期限搭配时，需要充分考虑利率的走势。如果中央银行开始不断加息，则应选取期限较短的定期存款，以防因央行提高利率而无法享受新的利率或者承担转存的利息损失。反之，当中央银行不断降息，利率下行时，期限相对长一些的定期存款比较好。

课堂讨论

为什么要进行存款组合？

3. 储蓄产品的使用技巧

（1）合理设置储蓄金额。为避免因为临时小额急用而提现影响利息收入，应将大额资金适当地分为几张存单进行储蓄。根据银行规定，整存整取的定期存单，每张可以有一次的部分提前支取的机会。提前支取的部分按支取日挂牌公告的活期存款利率计付利息，剩余部分到期时按开户日挂牌公告的定期储蓄存款利率计付利息。

（2）巧用通知存款。当个人手头有大笔资金，频繁调动于银行、证券公司之间，或者准备用于近期（三个月以内）开支时，会存在几天或者一周的资金间歇。在这种情况下，可以通过办理个人通知存款，利用短暂的时间获得比银行利息略高的收益。

（3）养成及时储蓄的习惯。储蓄是积累资金的良好途径，可以将平时不用的资金、日常生活中的临时性收入及时存入银行。例如，将增加的薪金、得到的一次性奖金、亲友馈赠以及其他临时性收入存入银行。

4.2 | 其他银行理财产品

银行理财产品是商业银行以客户需求为导向，以客户资产保值增值为目标，为客户提供的资产管理等专业化服务活动。购买不同的理财产品，风险和收益是不同的，银行只是接受客户的授权管理资金，投资收益与风险由客户承担或由客户与银行按照约定方式共同承担。因此，在购买银行理财产品之前，要对其有大致的了解，根据自身的风险认知和承受能力合理选择适合自身的产品。

4.2.1　银行理财产品的基础知识

　　银行理财产品是银行在对潜在目标客户群分析研究的基础上，针对特定目标客户群开发设计并销售的资金投资和管理计划。在理财产品这种投资方式中，银行只是接受客户的授权管理资金，投资收益与风险由客户承担或由客户与银行按照约定方式共同承担。

　　根据币种，银行理财产品可以分为两类。第一，人民币理财产品。银行以高信用等级人民币债券（含国债、金融债、央行票据、其他债券等）的投资收益为保障，面向个人客户发行的，到期向个人客户支付本金和收益的低风险理财产品。人民币理财产品又可分为两类：①传统型产品，主要有基金、债券、金融证券等，此类产品风险低，收益确定；②人民币结构性存款，该类产品与汇率挂钩，与外币同类产品从本质上来说没有多少差异，风险略高于传统型产品。第二，外币理财产品。外币理财产品首先要求投资者将人民币兑换成外币，一般是欧元、美元、澳大利亚元、港币、加拿大元等国际货币。个人购买理财产品时的货币只针对可自由兑换的外国货币，收益获取也以外币币值计算。

　　根据收益不同，银行理财产品可以分为两类。第一，保证收益理财产品，即银行按照约定条件向客户承诺支付固定收益，银行承担由此产生的投资风险或者银行按照约定条件向客户承诺支付最低收益并承担相关风险，其他投资收益由银行和客户按照合同约定分配，并共同承担相关投资风险的理财产品。第二，非保证收益理财产品，可以分为保本浮动收益理财产品和非保本浮动收益理财产品：①保本浮动收益理财产品，是指商业银行按照约定条件向客户保证本金支付，本金以外的投资风险由客户承担，并依据实际投资收益情况确定客户实际收益的理财产品；②非保本浮动收益理财产品，是指商业银行根据约定条件和实际投资收益情况向客户支付收益，并不保证客户本金安全的理财产品。

　　根据投资领域不同，银行理财产品可分为四类。第一，债券型理财产品，即银行将资金主要投资于短期国债、金融债、央行票据以及协议存款等期限短、风险低的金融工具。在付息日，银行将收益返还给客户；在本金偿还日，银行足额偿付客户的本金。第二，信托型理财产品，即信托公司通过与银行合作，由银行发行人民币理财产品，募集资金后由信托公司负责投资，主要投资于商业银行或其他信用等级较高的金融机构担保或回购的信托产品，也有投资于商业银行优良信贷资产受益权信托的产品。第三，挂钩型理财产品，也称结构性理财产品，其本金用于传统债券投资，而产品最终收益与相关市场及产品的表现挂钩。有的产品与利率区间挂钩，有的产品与美元或者其他可自由兑换货币汇率挂钩，有的产品与商品价格主要是国际商品价格挂钩，还有的产品与股票指数挂钩。第四，QDII 型理财产品，即客户将手中的人民币资金委托给银行，由银行将人民币资金兑换成美元，直接在境外投资，到期后将美元收益及本金结汇成人民币后分配给客户的理财产品。

　　根据产品风险特性，一般银行将理财产品风险由低到高分为 R1（谨慎型）、R2（稳健型）、R3（平衡型）、R4（进取型）、R5（激进型）五个级别，银行理财产品风险等级说明如表 4-1 所示。

表 4-1　　　　　　　　　　　　　　　银行理财产品风险等级说明

类别	风险等级	风险水平	评级说明
谨慎型	R1	很低	产品保障本金，且预期收益受风险因素影响很小；或产品不保障本金但本金和预期收益受风险因素影响较小，且具有较高流动性
稳健型	R2	较低	产品不保障本金但本金和预期收益受风险因素影响较小；或承诺本金保障但产品收益具有较大不确定性的结构性存款理财产品
平衡型	R3	适中	产品不保障本金，风险因素可能对本金和预期收益产生一定的影响
进取型	R4	较高	产品不保障本金，风险因素可能对本金产生较大的影响，产品结构存在一定的复杂性
激进型	R5	高	产品不保障本金，风险因素可能对本金造成重大影响，产品结构较为复杂，可使用杠杆运作

（1）R1 级（谨慎型）理财产品。R1 级理财产品一般由银行保证本金的完全偿付，产品收益随投资表现变动，且较少受到市场波动和政策法规变化等风险因素的影响。产品主要投资于高信用等级债券、货币市场基金等低风险金融产品。

（2）R2 级（稳健型）理财产品。R2 级理财产品不保证本金的偿付，但本金风险相对较小，收益浮动相对可控。在信用风险维度上，产品主要承担高信用等级的信用主体的风险，如 AA 级（含）以上评级债券的风险；在市场风险维度上，产品主要投资于债券、同业存放等低波动性金融产品，严格控制股票、商品和外汇等高波动性金融产品的投资比例。此级别的理财产品还包括通过衍生交易、分层结构、外部担保等方式来保障本金相对安全的理财产品。

（3）R3 级（平衡型）理财产品。R3 级理财产品不保证本金的偿付，有一定的本金风险，且收益有一定的波动。在信用风险维度上，主要承担中等以上信用主体的风险，如 A 级（含）以上评级债券的风险；在市场风险维度上，产品除可投资于债券、同业存放等低波动性金融产品外，投资于股票、商品、外汇等高波动性金融产品的比例原则上不超过 30%，结构性产品的本金保障比例在 90%以上。

（4）R4 级（进取型）理财产品。R4 级理财产品不保证本金的偿付，本金风险较大，收益浮动且波动较大，投资较易受到市场波动和政策法规变化等风险因素的影响。在信用风险维度上，产品可承担较低等级信用主体的风险，包括 BBB 级及以下债券的风险；在市场风险维度上，投资于股票、商品、外汇等高波动性金融产品的比例可超过 30%。

（5）R5 级（激进型）理财产品。R5 级理财产品不保证本金的偿付，本金风险极大，收益波动极大，投资较易受到市场波动和政策法规变化等风险因素的影响。在信用风险维度上，产品可承担各等级信用主体的风险；在市场风险维度上，产品可完全投资于股票、外汇、商品等各类高波动性的金融产品，并可采用衍生交易、分层等杠杆放大的方式进行投资运作。

不同风险等级的产品预期收益不同、销售起点金额不同，面向的投资者也不同。

课堂讨论

你比较倾向于哪种银行理财产品？为什么？

4.2.2　合理规划银行理财的要求

购买不同的理财产品，其风险和收益是不同的，银行只是接受客户的授权管理资金，投资收益与风险由客户承担或客户与由银行按照约定方式共同承担。因此，在购买理财产品前，要合理规划，具体有以下几点建议。

1. 关注宏观经济走势和政策导向

银行理财资金投向领域涉及货币市场、证券市场和外汇市场，而宏观经济走势和宏观政策导向决定金融市场的走向，影响理财资产价格的波动，进而影响银行理财产品的投资收益和风险。

（1）宏观经济走势。如果宏观经济持续稳定健康发展，社会投资需求增加，微观主体效益相应得到提高，证券市场将走强，引领理财资产价格上升。反之，如果宏观经济情况堪忧，社会投资需求减少，微观主体效益下降，证券市场将走弱，理财资产价格也将下跌。

（2）宏观政策导向。宏观政策导向对理财资产价格的影响重大。一般来说，国家实施扩张性宏观政策时，将刺激经济发展，预示未来经济将加速增长或走向繁荣时期，证券市场将走强，理财资产价格将上升。相反，国家实施紧缩性宏观政策时，将控制过热的经济，预示未来经济将减速增长或走向衰退时期，证券市场将走弱，理财资产价格将下跌。

2. 把握银行理财产品的特点

银行理财产品的内在特征是影响投资收益和风险的关键因素。投资银行理财产品主要关注以下四个方面。

（1）产品预期收益和风险状况。理财产品按是否保本可分为保本产品、局部保本产品和非保本产品；按客户获取收益方式不同可分为固定收益产品、浮动收益产品，其中浮动收益产品又分挂钩型、信托融资型等产品。银行理财产品的预期收益率只是一个估计值，不是最终收益率。银行的口头宣传不代表合同内容，合同才是对理财产品最规范的约定。投资者购买银行理财产品需要认真阅读产品说明书。

（2）投资方向。关注银行会把资金投向哪些方面，因为资金投入方向与理财产品收益率直接相关。另外，银行并非专业的资产管理机构，许多银行理财产品特别是股票类理财产品实际上是由银行聘请的投资顾问负责管理。投资顾问一般由基金公司、证券公司担任，其投资研究能力的高低在很大程度上决定了理财产品的收益和风险控制能力。因此投资者在购买银行理财产品时应了解投资顾问的投资研究能力。

（3）理财期限。理财期限有长有短，有三个月、六个月、一年、两年等。市场上以一年期理财产品居多。

（4）管理费。管理费会降低投资者的净收益，因此需要评估不同银行收取的管理费。

3. 注重银行理财产品的流动性

目前市场上的银行理财产品都有固定期限，投资者不可提前支取本利，流动性差，一旦遇上突发事件急需资金支持，只能束手无策。即使能提前赎回，投资者因没持有到期，就无法获得相关的收益，连本金也有可能损失。

4. 分析自身的风险承受能力

和储蓄相比，投资人民币理财产品既有获取高收益的机会，也有本金损失风险或收益变动风险。

因而在选择人民币理财产品前，应认真衡量自身的风险偏好和风险承受能力，结合资金的用途，实现产品和自己的投资风格相契合。资金用来养老、子女教育的投资者或风险承受能力较低的稳健型投资者，适宜选择保本固定收益型产品或打新股产品，既能相对保证本金安全，又能获取比较好的收益。风险承受能力较强的进取型投资者，适宜选择浮动收益型产品，如各类挂钩型理财产品、证券投资型理财产品等，在承担高风险的同时，具有获取高收益的机会。另外，投资者可运用组合投资原理，根据自己的风险承受能力，将固定收益型产品和风险型产品以一定的比例进行组合，这既能提高产品的组合收益率，又能降低产品的组合投资风险。

思考与练习

1．试比较银行各种储蓄产品的特点。

2．储户王先生于 2021 年 9 月 22 日开立个人活期储蓄存折户，开户时他存入现金 100 000 元，2021 年 11 月 7 日又存入 20 000 元，2021 年 12 月 8 日支取 50 000 元，他于 2022 年 3 月 10 日销户。计算 2021 年 12 月 20 日和销户日的利息（活期利率按 0.35% 计算）。

3．试比较银行理财产品的特点和适用的投资条件。

4．你同意"银行理财产品不会亏本"的说法吗？请举例说明原因。

5．试比较各类人民币理财产品的特点。

6．银行理财与保险理财、证券理财、基金理财等其他金融理财形式相比有哪些特点？

7．如何防范银行理财产品的风险？

8．活期存款与货币市场基金有什么区别？

案例分析

储蓄的"奥秘"

假设你手中有1万元，计划5年内不动用，请看以下两种存法。

1．存入整存整取5年期，5年后可得利息720元。1万元就变成了10 720元。

2．存本取息与零存整取相结合的"利滚利"储蓄方式。具体方法是：将本金10 000元按存本取息存入5年，每月可取利息18.75元。在第一个月取利息时，同时开设一个零存整取5年期户头，专门将每月的18.75元利息逐月存入。5年后，零存整取户头上的本利和为1 251.56元。加上存本取息户头上的本金，就可取回11 251.56元。

思考：

同样的资金、同样的存期，能得到不同的利息，这对你以后进行储蓄理财有什么启示？

证券投资理财 | 第5章

教学目标

（1）了解证券的种类。

（2）了解证券投资的分类。

（3）了解各类证券投资工具的品种。

（4）熟悉各类证券投资工具的特点和适用情况。

（5）掌握证券投资的原则和决策方法。

（6）掌握证券投资的分析方法。

除了银行理财产品，证券投资理财是个人理财的另一种重要方式。证券市场是市场经济发展到一定阶段的产物，可以有效地化解资本的供求矛盾和解决资本结构调整的难题。个人资产的保值、增值，在很大程度上是通过投资实现的，所以，证券投资理财规划位于个人理财的核心位置。

本章首先讲述了证券投资的基本知识，然后重点介绍了证券投资理财的工具，最后就如何确定科学的个人证券投资规划进行阐述，为投资者利用证券产品进行资产的保值、增值提供参考。

5.1 证券投资理财概述

证券投资是狭义的投资，是指投资者（法人或自然人）买卖股票、债券、基金等有价证券以及有价证券的衍生品，以获取差价、利息及资本利得的投资行为和投资过程，是间接投资的重要形式。证券投资的分析方法主要有两种：一是基本分析法，该方法以企业价值作为主要研究对象，通过对决定企业内在价值和影响股票价格的宏观经济形势、行业发展前景、企业经营状况等进行详尽分析，大概测算上市公司的长期投资价值和安全边际，并与当前的股票价格进行比较，形成相应的投资建议；二是技术分析法，该方法是以股票价格作为主要研究对象，以预测股价波动趋势为主要目的，从股价变化的历史图表入手，对股票市场波动规律进行分析的方法总和。

5.2 证券投资理财工具

如果我们在生活中唯一的成功就是通过买卖股票发财，那么这是一种失败的生活。

——[美]查理·芒格

证券投资产品多样，可为理财主体提供不同选择，还可以起到分散风险的作用。下面介绍几种常见的证券投资理财工具。

5.2.1 债券投资

债券投资具有安全性高、收益高于银行存款利息、流动性强的特点，是理财的基本方式之一。

1. 债券的定义

债券是一种有价证券，是社会各类经济主体，如政府、企业等为筹措资金而向债券购买者出具的、承诺按一定利率定期支付利息并到期偿还本金的债权债务凭证，是一种重要的信用工具。债券的基本要素有票面价值、价格、偿还期限和利率。

2. 债券的特征

① 偿还性。在历史上只有无期公债或永久性公债不规定到期时间，这种公债的持有者不能要求清偿，只能按期取得利息。而其他债券都对债券的偿还期限有严格的规定，且债务人必须如期向债权人支付利息。

② 流动性。流动性是指债券能迅速和方便地变现的能力。目前，几乎所有的证券营业部或银行部门都开设有债券买卖业务，且收取的各种费用都较低。

③ 安全性。债券可能遭受信用风险及市场风险。信用风险是指债券的发行人不能充分和按时支付利息或偿付本金的风险。市场风险是指债券的市场价格随利率上涨而下跌的风险。

④ 收益性。债券的收益性是指获取债券利息的能力。因债券的风险比银行存款要大，所以债券的利率也比银行存款的利率高。如果债券到期能按时偿付，购买债券就可以获得固定的、一般是高于同期银行存款利率的利息收入。

3. 债券的种类

（1）按发行主体分类。根据发行主体的不同，债券可分为政府债券、金融债券和公司（企业）债券三大类。由政府发行的债券称为政府债券，其中由中央政府发行的债券也称公债或国库券；而由各级地方政府机构，如市、县、镇等发行的债券就称为地方政府债券。由银行或其他金融机构发行的债券，称为金融债券。公司（企业）债券，是由非金融性质的企业发行的债券，其发行目的是筹集长期建设资金。

（2）按发行区域分类。按发行的区域划分，债券可分为国内债券和国际债券。国内债券，就是由本国的发行主体以本国货币为单位在国内金融市场上发行的债券；国际债券，则是本国的发行主体到别国或国际金融组织等以外国货币为单位在国际金融市场上发行的债券。

（3）按偿还期限分类。根据偿还期限的长短，债券可分为短期债券、中期债券和长期债券。一般的划分标准是期限在1年以下的债券为短期债券，期限在10年以上的债券为长期债券，而期限在1年到10年的债券为中期债券。

（4）按利息支付方式分类。根据利息的不同支付方式，债券一般分为附息债券、贴现债券和普通债券。附息债券是指在券面上附有各期息票的中长期债券，又称息票。息票的持有者可按其标明的时间期限到指定的地点按标明的利息额领取利息。息票通常以6个月为一期，由于它在到期时可获取利息收入，属于有价证券，因此也可以流通、转让。贴现债券是在发行时按规定的折扣率将债券以低于面值的价格出售，在到期时持有者仍按面额领回本息，其票面价格与发行价格之差即为利息。除此之外的就是普通债券，它按不低于面值的价格发行，持有者可按规定分期分批领取利息或到期后一次领回本息。

（5）按是否可转换分类。根据是否可转换，债券又可分为可转换债券与不可转换债券。可转换债券是能按一定条件转换为其他金融工具的债券，而不可转换债券就是不能转化为其他金融工具的债券。可转换债券一般指的是可转换公司债券，这种债券的持有者可按一定的条件根据自己的意愿将持有的债券转换成股票。

4. 债券投资的技巧

（1）国债的投资技巧。国债即国家债券，是中央政府为筹集财政资金而发行的一种政府债券，是中央政府向投资者出具的、承诺在一定时期支付利息和到期偿还本金的债权债务凭证。国债具有安全性高、收益较好的特点。进行国债投资需要重视以下几点。①购买国债并非只赚不赔。如果投资者期望得到更高的收益，而且又愿意承担一定的风险，就应选取股票、外汇等投资方式；如果投资者希望持有流动性较高的投资品种，就不应选择凭证式国债，因为凭证式国债不能流通转让。②消极的投资策略。在合适的价位买入国债后，一直持有至到期，其间不做买卖操作。③积极的投资策略。根据市场利率及其他因素的变化判断国债价格走势，低价买进，高价卖出，赚取买卖差价。

（2）企业债券的投资技巧。企业债券，是企业依照法定程序发行的、约定在一定期限还本付息的有价证券，通常泛指企业发行的债券。进行企业债券投资时可运用以下策略。①选择投资方法的策略。按长、中、短期结算，分散风险。投资者都希望能躲避债券投资风险，追求收益，而如果将所有的投资都集中于某一种企业债券，则会带来这样的问题：要么风险过于集中，要么收益不理想。因此，有必要采取分散投资于中、长、短期企业债券的方法，以期相对减少风险，提高收益。②趋势投资计划策略。投资者将每天债券市场上各种企业债券价格变动的情形以及债市公告进行记录、整理，从中分析企业债券市场的变化趋势。通过长期观察，就可以发现某种企业债券交易价格将来变动的趋势，做出买进或卖出企业债券的决策。一般逢高出，逢低进。③采用技术分析和基本分析相结合的分析方法。

（3）可转换债券的投资技巧。可转换债券兼具债券和股票的双重特征。进行可转换债券投资时可以考虑以下几个方面。①在面值附近购买可转换债券。如果可转换债券的价格高于债券面值太多，那么债性弱、股性强，风险大。②买入成长性好的可转换债券。公司成长性好，股票就可能出现长期上升的走势，可转换债券就会随股价基本保持同步上涨。③买入条款设计优厚的可转换债券。不同的可转换债券，利率有高有低，条款设计也各不相同：有的可转换债券设计了利息补偿条款；有的可转换债券利率则随着存款利率的上调而调整，这样的可转换债券更能够避免利率风险，比固定利率的可转换债券要好；有的可转换债券条款规定，公司股票现金分红将向下修正转股价，这样的可转换债券相当于变相享受了现金分红。

5.2.2 股票投资

股票投资是理财的另一重要方式，为不同风险偏好的投资者提供了更加多样化的产品。

1. 股票的定义

股票是股份公司发行的所有权凭证，是股份公司为筹集资金而发行给各个股东的持股凭证，股东可以享受公司的分红。每股股票都代表股东对公司拥有一个基本单位的所有权。

持有股票登记在册的人就是股东，股东就是公司资产的所有者。随着现代计算机信息技术的广泛应用，股票已不再通过有形的凭证被投资者持有，而逐步向无纸化过渡，即持有股票不再表现为手上有实物凭证，而是在上市公司、中央登记结算公司等系统中登记注册即可。目前，我国上市流通股票均采用无纸化发行、流通。

股份是股东拥有的对某家公司的所有权。股票是股东所拥有的公司股份的凭证。股权是股东因为拥有某家公司的所有权，而具备的权利（比如可以参与决策投票、分红等）。股市是一个平台，股市相当于一个公开的"菜市场"。A股市场有三大交易所，分别是上交所和深交所、北京交易所，相当于三个"菜市场"。这三个"菜市场"的作用就是让大家更方便地买进或者卖出股票。比如你手上有100股某家公司的股票，现在需要用钱，想要卖出股票，但你并不知道谁想要买你手中的股票！股市这个平台就很好地解决了这个问题，买方和卖方都把自己想要买进或卖出的价格以及数量申报到系统里，系统自动撮合成交，让买卖股票变得非常方便。

2. 股票的特征

股票具有以下四个基本特征。

第一，无期性。股票是一种没有偿还期限的有价证券。投资者一旦认购了股票，就不能向股份公司要求退股，只能在股票市场上进行转让。

第二，责权性。股票持有者具有参与股份公司盈利分配和承担有限责任的权利和义务。股票的持有者有权或通过其代理人出席股东大会、选举董事会并参与公司的经营决策。股东权力的大小，取决于占有股票的多少。持有股票的股东一般有参加公司股东大会的权利，具有投票权，在某种意义上也可看作参与经营权。股东也有参与公司盈利分配的权利，可称之为利益分配权。股东可凭其持有的股份向股份公司领取股息，并具有索偿权、责任权。在公司解散或破产时，股东需要对公司承担有限责任，股东要按其所持有的股份比例对债权人承担清偿债务的有限责任。一般投资者（散户）投资股票的核心目的是获得股息和红利，以期通过股票投资实现财务自由。

第三，流通性。股票可以在股票市场上随时转让，进行买卖，也可以继承、赠予、抵押。

第四，风险性。股票价格受到诸如公司经营状况、宏观经济政策、市场供求关系、大众心理等多种因素的影响，其交易转让的周转率高，市场价格变动幅度大。

3. 股票的分类

股票可以分为普通股和优先股。普通股是构成股份公司股东的基础。普通股的收益不能在购买时约定，只能根据股票发行公司的经营业绩来确定。优先股是指股份有限公司在筹集资本时给予认购者某些优先条件的股票。优先股具有以下几个特征。①约定股息率。优先股股东的收益先于普通股股东支付，事先确定固定的股息率，其收益与公司经营状况无关。②优先清偿剩余资产。股份公司破产清算时，优先股股东的利润分配先于普通股股东。③表决权受限制。优先股股东无经营参与权和选举权。④一般不能上市交易，即优先股的流通性受到一定的限制。

4. 股票收益

股票的收益主要包括两个部分。第一是股息和红利：股息是股东定期按一定的比率从上市公司分取的盈利；红利则是在上市公司分派股息之后按持股比例向股东分配的剩余利润。获取股息和红利，是投资者投资上市公司的基本目的。如果股票是"母鸡"，那么股息和红利就是"鸡蛋"。在上市公司盈利以后，其税后利润有两大用途：一是派息与分红；二是补充资本金以扩大再生产。如果公司的股息政策倾向于公司的长远发展，则就有可能少分红、派息或不分红、派息而将利润转为资本公积金。第二是价差收益，也称为资本利得，即投资者低买高卖赚取的差价。

靠公司的发展带来内在价值的提升，表现形式为净利润的不断提高（分红是利润的一部分）。投资这些公司的股票是正确的投资方式。

课间案例

腾讯控股

腾讯在刚成立的时候，只是一家做寻呼机的小公司。今天，它凭借微信、QQ两大社交软件，成为我国最大的互联网公司之一。我们来看一下腾讯2004—2018年的净利润（见图5-1）。

图 5-1　腾讯 2004—2018 年的净利润（单位：元）

腾讯2004年的净利润是4.2亿元，2018年全年净利润是896.29亿元！这样的一家公司，经营业绩不断提高，股价自然上涨。我们来看下股价的表现（见图5-2）。

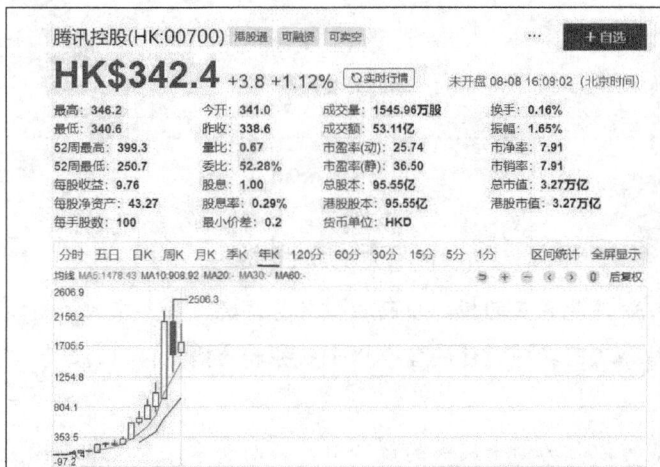

图 5-2　腾讯控股的情况

我们看到腾讯后复权的价格最高达到2 506.3元（后复权是把这只股票过去的分红转加回去，是股票的真实价格）。腾讯上市价为3.7元/股，如果你当时花370元买100股腾讯股票，这些年一直持有，那么到2019年大概有17万元，在最高点大概有25万元。

5. 股票投资策略

微课扫一扫

股票投资的策略有以下几种。①长期持有法。例如，某投资者有 100 元，其中 60 元储蓄起来，其余用来买股票。不管股价起还是落，都不会买入更多的股票或卖掉股票把钱存起来。如果采用这个策略，财富贬值的可能性不高，因为始终有 60 元的储蓄，而 40 元的股票投资又有增值的潜能。长远来说，股票能比储蓄带来更高的回报。②固定投入法。投资者不介意股票价格，而在一定时期固定投入相同数量的资金，使股票的购买成本维持在市场的平均水平。③结构法。投资者把投资于股票的资金维持在固定百分比。举例来说，投资者原本把 60 元用于储蓄，40 元用于买股票。如果股价跌了两成，原来的投资贬值到 32 元，总财富也减到 92 元，储蓄和股票投资的比例因此变成 65%和 35%。为了维持原来的比例，投资者会用一部分储蓄买更多的股票。④可变比例法。可变比例法是指投资者采用的投资组合的比例随股票价格涨跌而变化的一种投资策略。它的基础是股票的预期价格走势线。投资者可根据股票价格在预期价格走势上的变化，确定股票的买卖，从而使投资组合的比例发生变化。当股票价格高于预期价格时，就卖出股票，买进债券；反之，则买入股票并卖出债券。一般来讲，股票预期价格走势看涨时，投资组合中的风险性部分比例增大；股票预期价格走势看跌时，投资组合中的保护性部分比例就增大。无论哪一种情况，两部分的比例都是不断变化着的。因此，在使用可变比例法时，预期价格走势至关重要。对走势方向和走势幅度的预期直接决定了投资组合中两部分的比例，以及比例的变动幅度。此外，还有分段买高法、分段买低法、相对有利法等方法。分段买高法是指投资者随着某种股票价格的上涨，分段逐步买进某种股票的投资策略。分段买低法是指投资者随着某种股票价格的下跌，分段逐步买进该种股票的投资策略。相对有利法是指在股市投资中，只要投资者的收益达到预期的获利目标时，就立即出手的投资策略。

课堂讨论

试分析自己现阶段适合投资哪个行业的股票。

知识链接

同花顺模拟炒股

同花顺免费炒股软件是真实的模拟炒股软件交易系统，具备实时的行情数据以及专业的仿真交易平台，并且结合了同花顺软件的各个增值服务和功能，可以进行真实的炒股操作，免去两个平台之间相互切换。

同花顺模拟炒股可以作为新老股民的试验田，帮助新手探索股市奥秘。同学们可以借助模拟炒股软件，对股票投资的相关理论进行真实感受。

5.2.3 基金投资

基金投资具有专业管理、分散风险、风险共担等特点，为投资者选择分散化的投资产品、获得可观的收益、降低投资风险提供可能。

1. 基金的定义

目前，我国的证券投资基金均为契约型基金。这种类型的证券投资基金（以下简称"基金"）是通过发售基金份额，将众多投资者的资金集中起来，形成独立财产，由基金托管人托管、基金管理人管理，以投资组合的方法进行证券投资的一种利益共享、风险共担的集合投资方式。基金的当事人包括基金投资者、基金管理人与基金托管人。基金投资者即基金份额持有人，是基金的出资人、基金资产的所有者和基金投资收益的受益人。证券从业人员及国家机关处级以上干部、现役军人等不得参与股票交易，但可以开立基金账户，买卖基金和债券。基金管理人是基金产品的募集者和基金的管理者，其主要的职责就是按照基金合同的约定，负责基金资产的投资运作，在控制风险的基础上为基金投资者争取最大的投资收益。基金管理人在基金运作中具有核心作用，基金产品的设计、基金份额的销售与注册登记、基金资产的管理等重要职能多半都由基金管理人或基金管理人选定的其他服务机构承担。在我国，基金管理人只能由依法设立的基金管理公司担任。基金托管人是根据基金合同的规定直接控制和管理基金财产并按照基金管理人的指示进行具体资金运作的基金当事人。他是投资者权益的代表，是基金资产的名义持有人或管理机构。

2. 基金的特点

证券投资基金有以下四个特点。第一，组合投资，分散风险。基金通常会购买几十种甚至上百种股票，投资者购买基金就相当于用很少的资金购买了一揽子股票。第二，集中理财，专业理财。基金将众多投资者的资金集中起来，委托基金管理人进行共同投资，表现出一种集合理财的特点，通过汇集众多投资者的资金，积少成多，有利于发挥资金的规模优势，降低投资成本。第三，严格监管，信息透明。中国证监会对基金业实行比较严格的监管，强制基金进行较为充分的信息披露。第四，独立托管，保障安全。基金管理人负责基金的投资操作，本身并不经手基金财产。基金财产的保管由独立于基金管理人的基金托管人负责。

3. 基金的分类

（1）按投资对象分类。依据投资对象的不同，证券投资基金可分为股票基金、债券基金、货币市场基金和混合基金。根据中国证监会对基金类别的分类标准，60%以上的基金资产投资于股票的为股票基金；80%以上的基金资产投资于债券的为债券基金；仅投资于货币市场工具的为货币市场基金；投资于股票、债券和货币市场工具，但股票投资和债券投资的比例不符合股票基金、债券基金规定的为混合基金。

（2）按募集方式分类。根据是否向公众公开募集，证券投资基金分为公募基金和私募基金。公募基金是向社会公众，即普通投资者公开募集的基金。与之对应的私募基金是私下或直接向特定群体募集的基金。私募基金的运作方式是股权投资，即通过增资扩股或股份转让的方式，获得非上市公司股份，并通过股份增值转让获利。相对于公募基金而言，私募基金的投资门槛较高。

（3）按运作方式分类。依据运作方式的不同，证券投资基金可分为封闭式基金和开放式基金。封闭式基金是指基金份额在基金合同期限内固定不变，基金份额可以在依法设立的证券交易所交易，但基金份额持有人不得申请赎回的一种基金。开放式基金是指基金份额不固定，基金份额可以在基金合同约定的时间和场所进行申购或赎回的一种基金。

（4）按获利目标分类。根据获利目标的不同，证券投资基金可分为成长型基金、收益型基金和平衡型基金。成长型基金以追求长期资本利润为主要目标。为达到增值的目的，这类基金通常以经营业绩、盈利市场前景较好且表现活跃的股票为主要投资目标。成长型基金的股利收入通常比其他类型的基金少，主要追求资本的最大增值。收益型基金强调的是追求稳定的收入，因此投资目标自然以能带来固定收入的有价证券为主，如主要以大盘蓝筹股、公司债券、政府债券等稳定收益的证券作为投资对象。这类基金的收益率虽然较高，但长期资本增值的潜力较小。若收益主要来自债券，利率变动时对基金净值会产生较大的影响；若收益主要来自股票，则基金净值受市场波动的影响则会更大。平衡型基金介于成长型基金和收益型基金之间，把资金分散投资于股票及债券，希望在资本成长与固定收益间求取平衡。

（5）按投资理念分类。根据投资理念的不同，证券投资基金可分为主动型基金和被动（指数）型基金。主动型基金就是基金条款中对其投资的具体个股以及每只个股的投资比例没有明确的规定，基金经理可以根据自己对市场热点的判断，主动进行个股和仓位的调整，以获得最大收益的基金。被动型基金是不主动寻求取得超越市场的表现，而是试图复制指数的表现，并且一般选取特定的指数作为跟踪的对象的基金，因此被动型基金又被称为指数型基金。

主动型基金比被动型基金的风险更大，交易手续费更高。相较而言，被动型基金的特点如下。①完全复制指数。完全复制指数意味着不用费任何力气就可以胜过70%的投资者。②"长生不老"。公司会破产、消失，但是指数不会。通过定期调整成分股，引入新公司、剔除老公司的方式实现了真正意义上的"长生不老"。其中有一个最著名的例子就是道琼斯指数，最初的20个成分股如今只剩通用电气一家，其他19家都换成了别的公司。而道琼斯指数虽然经历了多次大跌，但是最终还是从最初的100点涨到了现在的30 000多点。③长期上涨。因为指数的背后是上市公司，指数会定期调仓，把赚钱能力强的公司选入指数，淘汰赚钱能力弱的公司。所以随着国家经济发展，指数必然是长期上涨的。

此外，我国证券市场上还有一些特殊类型的基金。例如，交易型开放式指数基金，通常又被称为交易所交易基金（Exchange Traded Fund，ETF），是一种在交易所上市交易的、基金份额可变的一种开放式基金。上市型开放式基金（Listed Open-end Fund，LOF）是一种既可以在场外市场进行基金份额申购、赎回，又可以在交易所（场内市场）进行基金份额交易、申购或赎回的开放式基金。系列基金又被称为伞形基金，是指多个基金共用一个基金合同，子基金独立运作，子基金之间可以进行相互转换的一种基金结构形式。保本基金是指在一定期间内，对所投资的本金提供一定比例的保证保本基金，基金利用利息或是极小比例的资产从事高风险投资，而将大部分资产从事固定收益投资。

4. 基金投资的策略

基金理财有两项原则。第一，长期投资。基金投资如能长期坚持，能持续分享收益、规避风险。定期定额投资是指与银行等销售机构事先签好协议，每月某一时间自动扣款，以固定金额投资基金，类似于零存整取。这种投资方式可以平均成本、均摊风险。第二，组合投资。组合投资能让不同类型的基金取长补短，让基金组合更好地满足投资者多样化的财务需求。

利用基金理财，一般应遵循以下步骤：①根据年龄、收支、家庭负担、性格等，估计自己的风险承受能力和流动性需求；②根据风险承受能力和流动性需求，挑选适当基金类型，确定各类型基金的投资比例；③在各类型基金中，精选长期业绩稳定良好的基金。在挑选基金时要注意：一是优选品牌基金公司，因为一般来说，这类基金投研团队人员充足、经过长期磨合、经验丰富并有严谨的流程保证，有利于创造稳定良好的业绩；二是优选品牌基金经理，因为基金过往的长期良好业绩记录，常能体现出基金经理稳定优良的投资运作能力；三是选择适当的细分产品，如选择股票基金时，可适当搭配指数型股票基金，如果利用定期定额长期投资指数型股票基金，均摊成本的效果则更明显。

如果看好某家上市公司，我们可以通过以下三种渠道查找持有这家上市公司较大仓位的基金，以爱美客（300896）为例。第一，天天基金网，搜索爱美客，可以看到持仓含有爱美客的基金。第二，同花顺选股，搜索爱美客基金，就可以搜索到。第三，东方财富炒股软件，直接搜索爱美客，在资料部分，机构持仓明细中，可以看到基金持仓明细。

5.2.4 券商集合理财

券商集合理财是指券商集合理财计划，是证券公司为投资者提供的一种增值理财服务，由证券公司募集资金并投资运作，实行第三方托管。集合理财产品是证券公司针对高端客户开发的理财服务创新产品，在产品运作上与证券投资基金相近，但起点比证券投资基金高，一般 5 万～10 万元起，期限一般为 2～5 年。

券商集合理财一般具有以下特点。

1. 投资范围灵活

按投资范围划分，券商集合理财产品可以分为限定性集合理财和非限定性集合理财。限定性集合理财主要投资于新股、国债、国家重点建设债券、债券型投资基金等信用度高的固定收益类金融产品，投资于股票、股票型基金等风险类产品的比例一般不超过 20%。非限定性集合理财的投资范围由管理方和投资者约定，一般为投资于二级市场的股票等风险高、收益高的金融工具。

2. 券商自有资金参与投资

券商的自有资金参与券商集合理财，能发挥两大作用。①弥补投资者损失。如果产品亏损了，投资者还能获得券商以自有资金部分做出的补偿，这样券商的自有资金就起到了一定的"防护垫"作用。②调动券商的积极性。产品的投资运作结果也关乎券商自有资金的安全与收益，这样就无形中调动了券商在投资运作过程中的积极性。除了隐性保本的功能外，一些券商集合理财产品还引入了第三方托管银行，在操作制度上保证资金安全。

3. 投资门槛高，流动性差

券商集合理财产品投资门槛高，限定性券商集合理财产品的单份金额最低 5 万元，非限定性集合理财产品的单份金额最低 10 万元，大大高于基金最低 1 000 元就可申购的门槛。券商集合理财类似于"半封闭式基金"。封闭期过后，会周期性地开放。另外，券商集合理财赎回后，资金到账时间较长，通常需要 5～7 天。此外，券商集合理财产品中途退出要缴纳手续费，这就要求投资者必须对所购买集合理财产品的灵活性做必要的了解，一般应做好两年以上的投资准备。

课堂讨论

查询并讨论商业银行的基金定投产品。

知识拓展

警惕非法证券投资咨询

非法证券投资咨询，是指未经中国证监会批准，机构或个人擅自通过互联网、微信、QQ等任何方式为投资者或客户提供证券投资分析、预测或者建议等直接或者间接有偿咨询服务的活动或者销售荐股软件的活动。

案例介绍：以销售炒股软件为名，从事非法证券投资咨询。

李某是一名投资者，在某网站看到宣传一款炒股软件，能准确揭示股票买卖点。李某便拨打网站上的热线电话，电话那头的小姐非常热情地介绍了该软件的炒股业绩，信誓旦旦地说，只要购买软件成为会员还会有股票信息提供，保证稳赚不赔。李某的股票因近期市场震荡被套牢，李某便心急如焚地花5 000元购买了该软件，使用期为3个月。但不久，李某发现该软件的实际效果与宣称内容大相径庭，遂向公司提出退款。公司则称可以免费给李某展期服务3个月，并推荐有内幕信息的股票。随后，李某每次都是高买低卖，不仅没有赚到钱，反而陷入重度亏损的境地。经查，该公司无证券投资咨询资格，实际是以销售荐股软件的方式从事非法投资咨询活动。

作案手法剖析：不法分子在销售炒股软件的过程中，往往会夸大宣传软件的荐股能力，骗取高额的服务费。

监管部门提醒：向投资者销售或者提供"荐股软件"，并直接或者间接获取经济利益的，属于从事证券投资咨询业务，应当经中国证监会许可，取得证券投资咨询业务资格。未取得证券投资咨询业务资格，任何机构和个人不得利用"荐股软件"从事证券投资咨询业务。

5.3 证券投资理财规划

证券投资理财规划应主要考虑以下两个因素。

1. 个人投资者的年龄段

不同年龄段的个人投资者，应该采取不同的证券理财策略。

（1）青年段。

40 岁以下的青年段个人投资者具有的特点主要表现为：从生理上看，身体健康，精力充沛；从职业上看，具有工作，并且随着年龄的增长而逐渐稳定；从生活上看，从单身到恋爱到建立家庭，再到孩子出生成长，一切都在有条不紊地正常发展着，长辈也都处于事业的巅峰状态；从经济上看，资金实力相对有限，且未来的前景充满变数；从负担情况看，从上到下都比较轻。因此，在这个年龄段的个人投资者，其证券理财行为不妨选择一种由保守向激进发展，并逐渐偏向激进的方式。还可以把 40 岁以下的个人投资者再细分为以下三类，每一类型的投资者可以有不同的理财产品配置策略。

第一类是刚刚走上工作岗位的人。这类人主要的理财目标是积累经验。以货币市场基金或其他低风险证券理财产品作为他们的投资对象较为合适。之所以选择货币市场基金，理由有以下四个。①货币市场基金本身就是基金管理公司的专业证券理财产品。个人投资者在初涉证券市场的时候，选择这种具有专业理财背景的产品，是一种合理借助外力、扬长避短的个人证券理财策略。②货币市场基金本身是一种低风险的理财产品，比较适合刚刚接触证券理财产品的个人投资者购买。③货币市场基金的收益较高，通常可以超过商业银行定期一年期存款的税后收益。④货币市场基金的流动性很好。

第二类是已经有了一定的积蓄并计划结婚成家的人。这类个人投资者在经历了入门阶段的证券理财实践后，就可以进入第二个阶段。进入这个阶段的标志如下：①个人投资者已经积累了一定量的资金，有了可以做分散投资理财的资金基础；②个人投资者通过货币市场基金的理财，对证券理财活动和证券理财对象有了一定的认识和了解。在这种情况下，个人投资者应该在一定的投资理念的指导下，逐步了解和投资其他类型的基金，如股票型基金、偏股型基金和债券类产品。买入风险较高的股票型基金，还有另外一个目的，就是个人投资者可以逐渐了解股票，也可以体会基金管理人在股票理财方面的理念和方法，从而为自己进行股票理财奠定基础。

第三类是已经结婚成家的人。这类投资者通过之前阶段的理财活动，资金实力进一步增强，风险承受能力进一步提高。具有一定理财分析能力、掌握一定理财分析方法的个人投资者，可以由浅入深地开始自己选择股票理财，在较有把握之后，可以逐渐扩大股票的投资规模。

（2）中年段。

40～60 岁的中年段的个人投资者具有的特点主要表现为以下几点：从生理上看，体魄依然健壮，精力依然充沛；从心理上看，生活的历练已经使人成熟，做人做事都趋于稳重；从职业上看，基本已经定型，并已经取得相应的成就；从生活上看，家庭稳定，子女正在成长，或已经成人，而长辈已经年迈，需要多多关心照顾；从经济上看，资金实力充裕，人生中的黄金收入期在此阶段；从负担情况看，负担虽然不重，但未来的生活计划是必须要考虑的事情。因此，这个年龄段上的个人投资者，其证券理财行为不妨选择一种偏向于稳健的方式。按照个人投资者的年龄跨度及家庭生活情况和个人工作情况，可以把 40～60 岁中年段的投资者分为以下两类。

第一类是子女尚未工作的个人投资者。这种情况的个人投资者的主要特征有三点：一是家庭虽已建立了一段时间，但经济实力还比较有限；二是子女教育的费用快速提高，已经成为家庭支出的重要项目；三是个人的投资风险承受能力进一步提高。这个阶段的个人投资者，其理财策略应该是在坐守货币市场基金收益的同时，伺机动用部分资金投资于股票和股票型基金理财产品。不过，股票和股票型基金的投资理财应该是阶段性的，通常情况下不长期持有。

第二类是子女长大成人后的个人投资者。这种情况的个人投资者的主要特征是既保守又激进。即子女已经长大成人，走上社会，开始工作，有收入，个人的收入也基本到了最高点，个人的积蓄迅速增长。这个阶段的个人投资者在具体的理财过程中，应投资一定数量的国债，同时继续投资于货币市场基金。因为货币市场基金是一个以不变应万变的理财品种。当然，有了以前的股票理财经验，再加上股票市场有博取高收益的机会，对于股票和股票型基金的投资还是少不了的。

（3）老年段。

60 岁以上的老年段的个人投资者具有的特点主要表现为以下几点：从生理上看，衰老已是不争的事实；从心理上看，虽然已经退休在家但还有找点事情做的心态；从生活上看，子女已经长大成人，并都建立了自己的家庭；从经济上看，收入较之退休前有所下降甚至有明显下降；从负担情况看，在收入减少但用于看病等方面的支出增加的情况下，家庭负担也有可能呈现出相对加重的趋势。因此，这个年龄段的个人投资者，其证券理财行为可以选择一种偏向保守的方式。60 岁以上的老年段的个人投资者的证券理财的资产配置策略应为：国债 40%左右，基金 40%左右，股票 20%左右。

处于老年段的个人投资者，一切行事都应该遵循保守的原则，包括个人证券理财。因为到了这个年龄段，收入只有退休金，健康状况也呈下降趋势，精力大不如前。因此，在个人证券理财的资产配置策略方面，也应遵循健康原则，投资对象以货币市场基金和固定收益类债券等低风险产品为主，甚至可以全部投资于货币市场基金、中短期债券等低风险产品上。至于股票投资，20%的资产配置比例为上限。个人投资者可以选择股票型基金或股票投资，但如果精力有限，则干脆既不投资股票，也不投资股票型基金。总之，这个时候要做一个"守财奴"，守住钱财，尽量减少不必要的投资损失，以保证有充裕的资产安度晚年。

2. 投资组合

投资组合，通常是指个人或机构投资者所拥有的各种资产的总称。如果个人投资者投资规模很大，就需要根据自己的投资收益预期目标、风险承受能力以及对流动性的要求，把投资资金分别配置到不同的金融理财产品上。如果是分散配置到银行、外汇、保险、证券等理财产品上，那么，就是一种范围很大、投资品种较多的大组合概念；如果是分散配置到债券、股票、基金等证券理财产品方面，那么，投资范围仅限于证券市场，就是一种小组合概念。这里讨论的是证券理财产品的投资组合。

个人投资者的证券投资组合策略，即证券资产配置策略，是证券理财策略的重要内容。之所以要构建证券投资组合，原因主要有两点。一是尽可能地降低投

在校大学生如何让钱袋子鼓起来

资风险。单一品种的证券，特别是某一上市公司股票的投资风险，是显而易见的。二是建立证券投资组合，实行分散投资。"不把所有的鸡蛋都放在一个篮子里"，这样可以有效地分散风险，特别是降低非系统性风险。资产投资组合理论表明：第一，证券投资组合的风险随着组合所包含的证券数量的增加而降低，不同证券资产之间关联性很低的多元化证券投资组合可以有效地降低非系统风险；第二，为了避免系统性风险，尽可能地增加投资收益，实现投资收益最大化。投资者的证券投资过程，就是在投资收益和投资风险之间寻求最佳平衡的过程。如果个人投资者仅投资于单个证券资产，则寻求这种平衡的空间相当狭小。而当投资者将各种不同的证券资产按不同比例进行组合时，其选择最佳平衡的空间就相当大，从而使其可以在投资风险水平既定的条件下，实现投资收益的最大化。

证券投资组合一般以投资者的投资目标为标准来划分。具体来说，证券投资组合通常可以分为收入型证券投资组合、增长型证券投资组合和混合型证券投资组合三种。收入型证券投资组合看中当期收益，以追求当期收益的最大化为目标；增长型证券投资组合看重长期增长，以追求未来的资本利得（证券价格上升所带来的价差收益）为目标；混合型证券投资组合则试图兼顾两者，使两者达到某种均衡。个人投资者应根据自己的投资收益目标和风险偏好程度，在对未来证券市场走势进行理性判断的基础上，确定自己应选择哪一类证券投资组合。

IT 小伙月入
1.8 万元如何理财
"谈婚论嫁"

课间案例

30 万元年薪建筑师如何用一年理财获得的收益买新车

徐先生40岁，是一家设计院的建筑师，毕业于上海的一所大学，毕业后直接进入大学附近的设计院工作，现在年薪30万元并有若干年终奖（5万元左右）。徐先生原来家里有房，因此结婚后徐先生也不需要还房贷，总体家庭条件较好，也因此积攒了一些资金，大约150万元。在投资上，徐先生投资股票，暂时不赚不赔。如今他想2017年年底前再买一辆18万元左右的中档车，他想了解如何通过投资赚到买车的钱。

徐先生在分配好可投资资金后，首先徐先生先进行风险较低的稳健型投资，此类投资收益最高能赚到购置新车资金的60%～80%，即10万～15万元。这部分资金，他计划通过配置稳健的固定收益类产品来获得。然后，徐先生又进行了一些高收益投资。高收益投资的收益并不能完全保证。不过，徐先生将这类有一定风险的投资的比例控制在20%以下，以免发生整体的风险。对于高收益的投资途径，之前徐先生试过投资股票，可以继续投资（并非一定是保留原来的股票）。另外，也可以尝试投资一些跟踪大盘走势的指数型基金。

思考与练习

1. 简述证券投资的理财规划程序。

2. 简述如何做出正确的证券投资的决策及证券投资的方法。

3. 试比较不同类型证券投资的风险和收益的特点。

4. 比较上市公司以现金股利和股票股利方式回报投资者的不同点。

5. 试述证券投资基金与股票、债券的区别。

6. 基金理财有哪些特点？

7. 基金托管人有什么作用？

8. 试述开放式基金和封闭式基金的主要区别。

9. 试述券商集合理财产品与证券投资基金的主要区别。

案例分析

傻瓜理论

卡默勒用加州理工学院的实验经济学和政治经济学实验室设计出了超简化的股票市场。该实验室是经济学家查尔斯·普洛特（Charles Plott）创办的（他重复过偏好逆转实验）。实验室由若干小格子间组成，每格子间配备了计算机。参与者每一次敲击键盘、点击鼠标，其操作都会被记录并存档。实验结束的时候，研究者可以回放格子间里发生的一切，就好像点播视频电影一样。

卡默勒做过这样一个实验：参与者得到一种虚拟股票，又得到一些真正的钱。75分钟之内，他们可以相互购买或出售股票。他们只需输入买入或卖出的命令就行了。软件把买卖双方匹配起来，执行交易。参与者被告知，倘若在实验中赚了钱是可以带走的。

由于证券是虚构的，参与者没法翻查价格。他们只能自己出价、询价。卡默勒把这一切弄得尽量简单。在实验的整个过程中，每一股股票每隔5分钟派发24美分的股息。因此，在实验中一直持有股票的人，能得到总计15次股息分红，即3.6美元。根据严格的价值投资者的标准，每股股票一开始时值3.6美元，每分一次红就少24美分。随着时间的推移，股票价值图会像下降的台阶一样。

实验开始后，每股股票的初始交易价格是3美元左右。10分钟后，它已上升到3.5美元附近。之后的绝大部分时间，它都在3.5美元上下徘徊。一直到最后10分钟，局面才稳定。随着结束的时刻临近，股价暴跌。

卡默勒向参与者询问情况。他们会说，当然了，我知道价格太高，可我看其他人都在高价买进卖出，就觉得我应该买进，收取一两次股息，最后以同样的价格卖给其他某个傻瓜。没错，有些说法是对的，只要他们能在崩盘前脱身，就会挣到钱，因为另外有些可怜的家伙没能及时脱手，被迫买了单。

这就是所谓的"傻瓜理论"。人们在20世纪90年代末买了科技股，并不一定是因为他们以为价格合理，而是因为他们相信自己能把手里的东西卖给更大的傻瓜，获取利润。

思考：

如何避免在投资活动中成为"傻瓜"？

其他理财产品理财 | 第6章

教学目标

（1）了解期货的品种和交割方式。

（2）掌握期货的投资策略。

（3）了解黄金理财的品种。

（4）掌握黄金的投资策略。

（5）了解外汇理财产品的品种。

（6）掌握外汇理财产品的投资策略。

（7）了解信托理财产品的分类。

（8）了解私募股权基金的概念及分类。

随着我国金融市场的不断深化，个人可以运用其他理财产品，如期货、黄金、外汇、信托、私募股权基金等进行理财。本章系统地介绍了期货、黄金等其他理财产品的相关知识，帮助读者了解其基本概念、品种、基本特点，同时阐述了相关投资策略，帮助读者进行多样化理财。

6.1 | 期货理财

期货交易最早萌芽于欧洲，而早在古希腊就出现过中央交易所、大宗交易所。12世纪这种交易方式在英、法等国发展规模较大，专业化程度也很高。现代真正意义上的期货交易在19世纪产生于美国芝加哥。目前，期货市场的主要交易种类有金融期货和商品期货，它为现货提供了一个保值的场所，回避了价格波动的风险；同时又为投资者提供了一个投资获利的渠道。

6.1.1 期货理财的基础知识

期货（Futures）不是货，而是一种金融产品——期货合约，是指由期货交易所统一制定的、规定在将来某一特定的时间和地点交割一定数量标的物的标准化合约。标的物，即基础资产，是期货合约所对应的现货。这种现货可以是某种商品，如铜或原油；也可以是某种金融工具，如外汇、债券；还可以是某个金融指标，如同业拆借利率或股票指数。

1. 期货品种

我国共有6家期货交易所，分别是郑州商品交易所、上海期货交易所、大连商品交易所、中国金融期货交易所、上海能源交易所和广州期货交易所。期货可分为商品期货（Commodity Futures）和金融期货（Financial Futures）。

（1）商品期货。商品期货指标的物为实物商品的期货合约。商品期货历史悠久、种类繁多，主要包括农副产品、金属产品、化工产品、林业产品等。

（2）金融期货。金融期货指以金融工具为标的物的期货合约。金融期货作为期货交易中的一种，具有期货交易的一般特点，但与商品期货相比，其合约标的物不是实物商品，而是传统的金融商品，如证券、货币、汇率、利率、股指期货等。

2. 期货市场

期货市场是买卖期货合约的市场。这种买卖由转移价格波动风险的生产经营者和承受价格风险而获利的投资者参加，在交易所内依法公平竞争进行，并且有保证金制度为保障。期货市场的基本功能在于给生产经营者提供套期保值、规避价格风险的手段，以及通过公平、公开竞争的方式形成公正的价格。

与现货交易和股票投资相比，期货交易实行保证金制度。保证金一般为合约值的 5%～15%。因而，投资者投资期货所需要的本金比其他投资要小得多，俗称"以小博大"。期货交易的目的不是获得实物，而是回避价格风险或套利，一般不实现商品所有权的转移。

3. 期货合约

期货合约是在交易所达成的标准化的、受法律约束的、规定在将来某一特定地点和时间交割某一特定商品的合约。该合约规定了商品的规格、品种、质量、重量、交割月份、交割方式、交易方式等。它与合同既有相同之处，又有本质的区别。我们把标准的"合同"称为"合约"。该合约唯一可变的是价格，其价格是在一个有组织的期货交易所内通过竞价而产生的。

4. 期货交易

期货交易是指特定商品的"标准化合约"（"期货合约"）的买卖。而期货合约对商品质量、规格、交货的时间、地点等都做了统一的规定，唯一的变量是商品的价格。买卖者缴纳一定的保证金后，按一定的规则就可以通过商品期货交易所公开地竞价买卖。在现货市场上，买卖双方一方交货，另一方付款，或通过谈判和签订合同达成交易。合同中可规定商品的质量、数量、价格和交货时间、地点等。

5. 套期保值及方式

套期保值是对现货保值，即在现货市场买进（或卖出）商品的同时，在期货市场卖出（或买进）相同数量的同种商品。这样当市场价格出现波动时，一个市场上的亏损就可以通过另一个市场上的盈利来补偿。套期保值的方法还有卖期保值、综合套期保值等。

6. 期货投机及方式

不以买卖实物为目的，而是利用期货价格波动，预测将来某时买进或卖出某种商品期货能够盈利，并在现时就从事这种商品期货买卖的行为叫作期货投机。

在期货市场里进行投机的方式多种多样，做法也较套期保值复杂，具体有以下几种方式：利用商品价格的上下波动来投机；利用现货与期货的价差（基差）进行投机套利；利用跨交易所、跨品种、跨月份等方式投机。现货交易既积压资金，又要支付仓租费、运费、保险费等费用，而且手续烦琐；而投机交易可不必交收实物，只要在合约到期前平仓结算盈亏，就完成了交易。

7. 期货市场的功能

期货市场的功能主要有以下几点。

（1）转移风险功能。当今经济的每一个环节都无法避免不同程度的价格波动，即价格风险，因而人们都希望转移这种价格风险，期货市场正是回避经营风险的理想场所。期货交易者可以通过在期货市场上做"套期保值"交易来达到转移价格波动风险的目的。

（2）价格发现功能。期货交易所是一个公开、公平、公正竞争的交易场所。众多影响供求关系的因素集中于交易所内，通过公开竞价形成一个公正的交易价格。这个交易价格反映各种因素对所交易的今后某一个时期、某一特定商品的影响，多被用作该商品价值的基准价格，并通过现代化的信息传递手段迅速传递到全国各地。全国各地的人们利用这一至关重要的价格信息来制定各自的生产、经营、消费决策。

8. 期货的交割

（1）交割的概念。期货交割是指期货合约到期时，交易双方通过该期货合约所载商品所有权的转移，了结到期未平仓合约的过程。

（2）交割的方式。期货交割的方式有两种：现金交割和实物交割。

现金交割是指到期未平仓的期货合约进行交割时，用结算价格来计算未平仓合约的盈亏，以现金的方式最终了结期货合约的交割方式。这种交割方式主要用于金融期货等期货标的物无法进行实物交割的期货合约，如股票指数期货合约等。

实物交割是指期货合约到期时，交易双方通过该期货合约所承载的商品所有权的转移，了结到期未平仓合约的过程。商品期货交易一般采用实物交割制度。虽然最终进行实物交割的期货合约的比例非常小，但正是这极少量的实物交割将期货市场与现货市场联系起来，为期货市场功能的发挥提供了重要的前提条件。

（3）期货市场组织结构及结算体系。期货市场是由交易所、会员、客户以及协会和监管机构构成的，是分层化的市场结构。只有会员才能进场交易，交易所必须对会员的资信负责；非会员的客户必须通过会员代理进行交易。由于会员是代理交易的主体，对其所代理的交易负全部责任，所以会员必须控制好所有客户的资金风险。如果因客户违约造成损失而不能履行赔偿责任时，会员必须代为履行赔偿责任并保留追偿的权利。

与期货市场多层次组织结构相对应，期货市场结算体系同样也是分层次的。首先，是交易所结算机构对会员公司的结算，这是第一级结算；其次，是会员经纪公司对其代理的客户进行结算，称为第二级结算；最后，将逐笔交易风险分级对应到每个市场参与者身上。

6.1.2 期货投资策略

期货投资可能面临杠杆使用风险、强平和爆仓以及交割风险，因此在进行期货理财时，要做好合理的期货投资策略，合理使用期货产品，以扩大收益并降低风险。

1. 套期保值

套期保值的策略分为买入套期保值和卖出套期保值。

① 买入套期保值（又称多头套期保值），是在期货市场中购入期货，以期货市场的多头来保证现货市场的空头，以规避价格上涨的风险。

② 卖出套期保值（又称空头套期保值），是在期货市场中出售期货，以期货市场上的空头来保证现货市场的多头，以规避价格下跌的风险。

2. 投机

投机的策略分为买空投机和卖空投机。

① 买空投机。例如，某投机者判断7月的大豆价格趋涨，于是买入10张期货合约（每张10吨），价格为每吨2 345元。后来大豆价格上涨到2 405元/吨，于是投机者按该价格卖出10张期货合约。

② 卖空投机。例如，某投机者认为11月的小麦价格会从目前的1 300元/吨下跌，于是卖出5张期货合约（每张10吨）。后来小麦价格下跌至1 250元/吨，于是投资者买入5张期货合约。

3. 套利

套利是指同时买进和卖出相同数量、不同种类的期货合约，顺赚取无风险差价的交易方式。在进行套利时，交易者关注的是合约之间的相互关系，而不是绝对价格水平。

套利主要分为跨期套利、跨市套利及跨商品套利3种。

① 跨期套利。跨期套利是套利交易中最普遍的一种，是指利用同一商品在不同交割月份之间的正常价格差距出现异常变化时进行对冲而获利。跨期套利又可分为牛市套利和熊市套利两种形式。例如，在进行牛市套利时，买入近期交割月份的合约，同时卖出远期交割月份的合约，希望近期合约价格上涨幅度大于远期合约价格的上涨幅度；而熊市套利则相反，即卖出近期交割月份合约，买入远期交割月份合约，并期望远期合约价格下跌幅度小于近期合约价格下跌幅度。

② 跨市套利。跨市套利是指投机者利用同一商品在不同交易所的期货价格的不同，在两个交易所同时买进和卖出期货合约以谋取利润的活动。跨市套利的具体操作方法是在某一期货交易所买进某交割月份的某种期货合约的同时，在另一交易所卖出同一交割月份该种期货合约。作为黄金投资企业，如投资公司、金店等，当国际市场和国内市场的黄金出现价差时，就可以在两个市场上同时操作进行套利。

③ 跨商品套利。跨商品套利是利用两种不同但相关联的商品之间的差价进行交易。这两种商品之间具有相互替代性或受同一种供求因素的制约。跨商品套利的交易形式是同时买进和卖出相同交割月份但不同种类的商品期货合约。跨商品套利可分为两种情况。一是相关商品间的套利。某些商品期货价格之间存在较强的相关关系，可利用它们之间的价差进行套利。例如，小麦和玉米均可用作食品加工及饲料，价格有相似的变化趋势，因此可以进行小麦和玉米间的套利。二是原料与制成品间的套利。利用原料和它的制成品之间的价格关系进行套利，典型的是大豆与其两种制成品——豆油和豆粕之间的套利。

📖 课间案例

"保险+期货"助生猪稳产保供

2021年2月24日，随着交易员按照预期价格入场交易成功，贵州省首例生猪"保险+期货"

创新型农业保险产品落地。

　　一直以来，生猪养殖业离不开保险，但生猪价格险保障的是价格风险，过去缺少有效的对冲手段，保险公司需要直接承担巨额赔付风险。2021年1月8日，生猪期货正式挂牌上市，为生猪市场化价格保险提供了有力的对冲工具。保险公司通过向期货公司的风险管理子公司购买场外期权，转移价格风险，期货市场透明公允的价格既规范了承保标的，又实现了有效的价格风险分散与对冲。

　　生猪价格指数保险采用"保险+期货"模式，是由养殖户向保险公司购买生猪价格指数保险来抵御生猪价格下跌的风险，确保收益，目标价格根据投保时大连商品交易所生猪期货合约价格来确定。

6.2 黄金理财

　　黄金具有耐用、色泽光亮、延展性好、稀有性等特点。对于普通投资者来说，黄金是一种重要的避险工具。同时，黄金具有永恒的价值，是财产保值增值的重要工具之一。2002年，上海黄金交易所开业，这被看作国家开放黄金市场的象征，同时开放黄金市场有效地刺激了百姓消费和投资的增长。

微课扫一扫

6.2.1 黄金的基础知识

　　在金属市场上，金与银以及铂族金属（钌、铑、钯、锇、铱、铂）等统称为贵金属。纯金有着极好看的草黄色金属光泽，在所有金属中，颜色最黄，故名为黄金。但在自然界中见不到纯金，其金属杂质（首先是铜和银）赋予金各种颜色，从淡黄色到鲜黄红色。黄金的颜色同时也取决于该金属块的厚度及其聚集体的状态。例如，很薄的金箔，对着亮处看是偏绿色的；熔化的金也是这种颜色，而未熔化的金则呈黄绿色；细粒分散金一般为深红色或暗紫色。

　　黄金具有良好的物理特性。"真金不怕火炼"就是指一般火焰下黄金不容易熔化。金在元素周期表中的原子序数为79，即金的原子核周围有79个带负电荷的旋转电子。金化学稳定性强、密度大、韧性和延展性好。金在正常状态下，不会跟任何其他物质发生化学反应。每一盎司（1盎司约为28.35克）金可以打造成100平方米的金箔。0.5克的金可拉成160米长的金丝。金易被磨成粉状，这也是金在自然界中呈分散状的原因，纯金首饰也易被磨损而减少分量。

　　人类发现和使用黄金的历史，和人类文明史大约同步。在早期的文明仍彼此割裂的时候，人类就已经不约而同地把黄金用到神圣的物品上，如中国和印度的金身佛像，还有美洲玛雅人用黄金做的黄金鸟。在长期的社会历史发展中，黄金不但被人类用作装饰，而且还被赋予了货币价值的功能。直到20世纪70年代，黄金才从直接的货币作用中分离出来，即黄金非货币化。但黄金目前依然是世界各国主要的国际储备。

　　黄金按性质分，可分为"生金"和"熟金"两大类。生金又叫"原金""天然金""荒金"，是人们从矿山或河床边开采出来、未经提炼的黄金。凡经过提炼的黄金都被称为"熟金"。熟金中因加入其他元素而在色泽上出现了变化，人们通常把被加入了金属银而没有其他金属的熟金称为"清色金"，而把掺入了银和其他金属的黄金称为"混色金"。K 金是混色金成色的一种表示方式，国家标准 GB 11887—2012 规定，每开（英文 Carat、德文 Karat 的缩写，常写作"K"）黄金的含金量为 4.166%。黄金按 K 金成色高低可以表示为 24K、22K、20K 和 18K 等，24K 黄金的含金量为 99.998%，基本视为纯金，22K 黄金含金量为 91.665%。黄金成色还可以直接用含量百分比表示，如金件上标注 9999 即表示含金量为 99.99%，而标注为 586 则表示含金量为 58.6%。有的金首饰上印有文字标记足金，表示含金量不小于 99%。

6.2.2　黄金理财的品种

当前我国与个人理财相关的黄金投资品种主要有两种：一是实物黄金，包含金条、金币，实物黄金又可分为投资性黄金制品和纪念性黄金制品两种；二是纸黄金，就是个人记账式黄金，是指投资者按照银行报价，在账面上买卖虚拟黄金以获取差价的投资方式。

1. 实物黄金

实物黄金，顾名思义，是指金条、金币等，也包括代理实物黄金交易，如商业银行代理上海黄金交易所的交易，报价和交易时段以上海黄金交易所为准。

投资性黄金，加工费用低廉，各种附加支出也不高（主要是佣金等）。标准化的黄金变现能力非常强，在全世界范围内都可以方便地买卖，并且世界大多数国家和地区对黄金交易都不征交易税。在我国，上海黄金交易所开展的实物黄金业务及延期交割现货金条业务等均属于此类。投资者必须在上海黄金交易所认定的金融类会员开设个人黄金账户，根据上海黄金交易所实时行情进行撮合交易。交易方式包括电话委托、网上交易或者手机银行交易等。交易所对个人业务收取万分之六的交易手续费，会员向个人投资者收取的代理交易手续费由会员根据市场情况自行制定。上海黄金交易所面向个人的黄金投资品种有两个：Au99.99 克、Au100 克。这两个品种的最小交易量为 1 手，每手对应的黄金单位均为 100 克，实物最小提货单位分别为 1 000 克和 100 克。相对应地，参与个人黄金交易业务的投资者，可以分别提取成色不低于 99.99%、标准重量为 1 000 克的 Au99.99 克金链，以及成色不低于 99.99%、标准重量为 100 克的 Au100 克金条。金链、金条的提取都在交易所指定的标准金仓库。

纪念性黄金制品则包括纪念性金条、金块、金币等。纪念性金币价值大于黄金本身。影响金币价格的因素包括其稀有程度、市场需求、工艺造型、铸造年代、金币品相等，因其具有收藏价值，所以溢价较高。

2. 纸黄金

纸黄金，顾名思义就是黄金的纸上交易，是一种账户金，它不能提取实物黄金。纸黄金一般由黄金市场上资金实力雄厚、资信程度良好的商业银行、黄金公司或大型黄金零售商发行，如商业银行出具的黄金定期储蓄存单、黄金汇票和黄金账户存折，上海黄金交易所出具的黄金提货单或黄仓储单据，黄金企业发行的黄金债券等。

由于纸黄金交易时，买卖双方成交后，清算交收的标的物是一张黄金所有权的凭证，而不是黄金实物，所以纸黄金可以在上海黄金交易所的一级市场上交易，也可以在二级市场上交易。一般视纸黄金的发行机构而确定其在何类市场上交易。纸黄金如果由商业银行出具发行，就在商业银行的柜面上买卖交易，并由出具黄金所有权凭证的银行办理过户交收手续；如果由交易所出具发行，则应在交易所场内交易并在交易所清算部办理过户交收手续。

为了便于业务在商业银行的各个营业网点推广，银行规定纸黄金投资业务不直接收取现金也不做黄金实物的提取交割，为此，客户黄金账户上的黄金只能做买入卖出交易，不能做黄金实物的提取或存放交易。在纸黄金买卖交易的过程中，由于银行与个人投资者之间不发生实物黄金提取和交收的二次清算交割行为，所以减免了黄金交易中的成色鉴定、重量检测等手续，简化了黄金实物交割的操作过程，从而加快了黄金交易的流转速度。同时，客户黄金账户的存金既可做卖出交易，也可充作抵押物或保证金向银行申请黄金贷款。

纸黄金的报价类似于外汇业务，即跟随国际黄金市场的波动情况进行报价，客户可以把握市场走势低买高抛，赚取差价。纸黄金交易的价格标示分为买入价和卖出价，买入价和卖出价之间的差价就是纸黄金交易的点差。买入价为银行向客户买入黄金时所使用的价格，卖出价为银行向客户卖出黄金时所使用的价格。

以中国银行的"黄金宝"产品为例，投资起点为 10 克。该产品分为人民币账户金和美元账户金。在上海黄金交易所的交易时间段，人民币账户金的报价以黄金交易所提供的 Au99.99 的即时交易报价为基准；在此外的时间段里，报价采用即时的国际市场报价折算成人民币报价的方式来确立。单边的交易点差为 0.4 元/克。例如，国际市场的即时价格折算成人民币为 160 元/克，那么"黄金宝"的即时报价就为投资者买入价 160.4 元/克、卖出价 159.6 元/克。美元账户金单边的点差为 3 美元/盎司。报价根据不同国际市场的即时行情，经过汇率换算后确立。例如，在白天的交易时间段，报价来自东京的黄金交易市场；晚间时间段，报价来自伦敦的黄金交易市场；而夜间则取决于纽约的市场报价。

3. 其他品种

（1）黄金期权。黄金期权是购买期权的一方在付给卖出期权的一方一定数量的期权费之后，在未来约定的时间内，具有按照约定的价位购买或出售一定数量黄金或者黄金期货的权利。如果价格走势对期权购买者有利，他会行权获利。如果价格走势对期权购买者不利，他则会放弃权利，那么只会损失当初购买期权的费用。黄金期权常被用来对冲风险，如在现货市场上做多的同时，在期权市场上卖出看涨期权。这样如果金价上涨可以在现货市场上获利，而在期权市场上仅仅损失期权费。而如果金价下跌，则可以从期权市场上获利，以弥补现货市场上的损失。

（2）黄金类理财产品。常见的黄金类理财产品有 3 种。①对称区间型黄金理财产品，是银行预先设定一个黄金价格的波动区间，如观察日价格±60 美元。②非对称区间型黄金理财产品，这种产品可以让投资者选择是看涨黄金还是看跌黄金。如果是看涨黄金，投资者就购买区间为观察日价格+X 美元的结构；如果是看跌黄金，投资者就购买区间为观察日价格-X 美元的结构。③触发型黄金理财产品，只要在理财期内黄金价格触碰或者超过预先设定的一个价位或者涨幅，就可以获得最高预期收益率。以触发型黄金理财产品为例，银行可能规定，只要观察期内任意一天的黄金价格触碰或者超过原始价的 120%，则客户可获得最高预期收益率 8.5%，则收益率为 1.5%。与低风险对应的是黄金类理财产品的流动性较差，它不能像黄金和外汇买卖那样，随时买入随时抛出。投资者要么缴纳一定的违约金提前赎回产品，要么等银行在特定的日期终止产品。

（3）黄金股票。黄金股票是金矿公司向社会公开发行的上市或不上市的股票，又可以称为金矿公司股票。由于买卖黄金股票不仅是投资金矿公司，而且还间接投资黄金，所以这种投资行为比单纯的黄金买卖或股票买卖更为复杂。投资者不仅要关注金矿公司的经营状况，还要对黄金市场价格的走势进行分析。

（4）黄金基金。黄金基金是黄金投资共同基金的简称。所谓黄金投资共同基金，是由基金发起人组织成立、由投资人出资认购、基金管理公司负责具体的投资操作，专门以黄金或黄金类衍生交易品种作为投资媒体的一种共同基金。黄金基金由专家组成的投资委员会管理。黄金基金的投资风险较小、收益比较稳定。

我国证监会于 2013 年 1 月 23 日发布《黄金交易型开放式证券投资基金暂行规定》，该规定对国内交易所交易基金（Exchange Traded Fund，ETF）的定义、投资对象、运作机制做了较明确的论述。投资黄金 ETF 获取收益的方式主要有两种，其中最直接的就是在二级市场低买高卖黄金 ETF 赚取差价，操作类似于买卖股票，并且其投资门槛相对较低，可以实现 $T+0$ 交易，当日可多次买卖交易，买入卖出黄金 ETF 还免缴印花税，交易费用一般比纸黄金等品种更低。此外，其他的获益方式还有在境内募集资金，投资于海外市场上的黄金主题的基金、黄金 ETF、黄金 QDII 等。

> **课堂讨论**
> 金饰品能不能作为黄金投资品？

6.2.3　黄金投资策略

黄金对人类文明影响深远，是财富和身份的象征。黄金在历史上曾经扮演着货币的角色，具有财富贮藏功能。黄金具有存量稳定，具备抵抗通货膨胀的特征。因此，黄金是个人进行合理资产组合、对抗通货膨胀、分散投资风险的重要工具。

1. 实物黄金：适合中长线投资

与纸黄金相比，实物黄金投资最大的特点是可以提现，但提取后的实物黄金再想入市交易的话，需经过非常复杂的检验程序，而且还涉及保管成本、鉴定费用等问题，需要买入和卖出的价差相对较大时才能获利。因此，短期操作并不能获得期望的收益率。

实物黄金的投资主要包括以下几种。

（1）投资金条、金块。金条和金块的加工费用低廉、附加支出不高（主要是佣金等）、变现性强，在全世界范围内都可以方便地买卖，并且大多数地区都不征交易税。但其缺点是投资金条、金块会占用较多的现金和支付较高的保管费用。

（2）投资纯金币。通常情况下，投资者在购买纯金币时要注意金币上是否铸有面额，有面额的纯金币要比没有面额的价值高。投资纯金币的优点是：纯金币的大小、重量不一，所以投资者选择的余地比较大，有限的资金也可以用来投资，变现性强。但其缺点是保管的难度要比金条、金块大，如要尽量维持原来的包装，不能使纯金币受到碰撞或变形，否则出售时价格会打折等。

（3）投资纪念金币。虽然纪念金币是以金银为原料加工制造而成的，但由于其严格的选料、高难度的工艺设计水准和制造以及丰富的内容、画面与相对少的发行量，纪念金币具有较高的艺术品美学特征和投资价值。投资纪念金币时必须要考虑，纪念金币在二级市场的溢价一般都很高，远超过金银材质本身的价值。因此纪念金币以收藏为主，经过收藏和礼品的消耗沉淀也可以升值，但一般不适用于较大资金的短期投资。

（4）投资金银饰品。金银饰品实用性强、美学价值高，但是从投资角度来看，投资金银饰品的收益较低，所以，一般不提倡投资金银饰品。其原因是金银饰品的价格在买入和卖出时相距较大，而且许多金银饰品的价格与内在价值差异也较大。因为从金块到金饰，金匠或珠宝商要花不少心血进行加工，生产出来后，金饰作为一种工艺美术品，还要被征税，最终到达消费者手中时，还要加上制造商、批发商、零售商的利润，这一切费用都由消费者承担。此外，金银首饰在日常使用中，总会受到不同程度的磨损或碰撞，如果将旧的金银饰品变现，其价格自然要比购买时下跌不少。

2. 纸黄金：门槛较低

纸黄金交易全过程不发生实物黄金提取和交收的清算交割行为，从而避免了交易中的成色鉴定、重量检测等手续，省略了黄金实物交割的操作过程。如果投资者希望单纯"炒金"，即通过低买高卖来赚取差价，投资"纸黄金"就比较合适。另外，由于"纸黄金"不涉及黄金检验、运输、保管等环节，投资者既可以免去保管金条的麻烦，又可以省去相关的费用。由于黄金的买入价和卖出价之间的差额相对较小，投资者想要赚取差价也比较容易。

3. 黄金类理财产品：风险较低

目前，我国商业银行的人民币以及外汇理财产品中，有一部分是与黄金投资相关的黄金类理财产品，这一类理财产品的特点是由商业银行面向社会公众发行的理财产品，将社会公众资金集中后，由专业人士进行黄金或与黄金有关的投资。这一类理财产品大部分都提供了保障本金的承诺，因此投资者不用担心本金的损失。与本金没有保证的黄金买卖（如黄金保证金交易）相比，黄金类理财产品确实能吸引大部分风险承受能力较低的投资者，但同时其收益率也有上限。目前市场上的黄金类理财产品还不太多，年收益率在6%左右，期限从半年到一年不等，对部分不太熟悉黄金市场的投资者而言，这类理财产品购买方便、风险低，是一个合适的投资选择。

6.3 外汇投资

外汇投资是指投资者为了获取投资收益而进行的不同货币之间的兑换行为。外汇投资很多是保证金交易，即杠杆交易，这决定了外汇投资高风险、高收益或高亏损的特点，收益与风险总是相伴相随的。

6.3.1 外汇的基础知识

外汇是指外币以及用外币表示的用于国际结算的支付手段。外汇必须符合下列条件：①以外币表示的国外资产；②在国外能得到偿付的货币债权（空头支票、拒付的汇票不能视为外汇）；③可以兑换成其他支付手段的外币资产；④不能兑换成其他国家的外国钞票不能视为外汇。上述各种外汇标的物，只有在转化为银行的外币存款账户，包括外国银行的存款或往来账户后，才能实际上进行外汇支付。

外汇有多种分类法，按其能否自由兑换，可分为自由外汇和记账外汇；按其来源和用途，可分为贸易外汇和非贸易外汇；按其买卖的交割期，可分为即期外汇和远期外汇。在我国外汇银行业务中，还要区分外汇现钞和外汇现汇。外汇现钞是指外国钞票、铸币。外币现钞主要由境外携入。外汇现汇主要由国外汇入，或由境外携入、寄入的外币票据，经银行托收、收妥后存入。各种外汇的标的物，一般只有转化为货币发行国本土银行的存款账户中的存款货币，即现汇后，才能进行实际的国际结算。外国钞票不一定是外汇。外国钞票能否被称为外汇，首先要看它能否自由兑换，或者说这种钞票能否重新回流到它所属的国家，而且可以不受限制地存入该国的任意一家商业银行的普通账户中。同时，只有在需要时可以任意转账的外国钞票，才能被称为外汇。

6.3.2 外汇理财产品的分类

常见的外汇理财产品按照是否保本及收益率是否确定，可分为以下 3 类。

1. 保本且收益率确定

保本且收益率确定的外汇理财产品的实际收益率在认购时已事先确定，按照事先确定的收益率模式又可分为两种类型：收益率固定型外汇理财产品和收益率递增型外汇理财产品。

① 收益率固定型外汇理财产品。银行承诺给予投资者高于同期、同币种普通定期存款利率的固定收益率，但银行在产品期限内拥有提前终止权。若银行行使提前终止权，产品实际期限相应缩短，收益仍按照约定的固定收益率计算，但实际收益会相应降低。

② 收益率递增型外汇理财产品。收益率递增型外汇理财产品若未被提前终止，则其收益率在每个存续期将比前一期提高一定的点数。

2. 保本但收益率不确定

保本但收益率不确定的外汇理财产品确保了投资者本金的安全，但实际收益与某些市场参考指标挂钩，产品结构及参考指标的走势决定了该产品实际收益的高低。

保本但收益率不确定的外汇理财产品又可分为以下几类。

① 与利率挂钩型外汇理财产品。该类产品又可分为区间累积型外汇理财产品和正向（或负向）挂钩型外汇理财产品。区间累积型外汇理财产品通常预先确定最高、最低的年收益率并设置利率参

考区间，其实际收益与产品期限内每天的利率水平（如美元 6 个月 LIBOR）挂钩，同时银行拥有提前终止权。正向（或负向）挂钩型外汇理财产品中正（负）向挂钩产品的实际收益情况与存续期内每一天的利率正（负）相关，即挂钩利率越高（低），该品种收益率越高（低）。

② 与汇率挂钩型外汇理财产品。该类型产品和利率挂钩型外汇理财产品的不同之处在于其实际收益率是与某种货币汇率挂钩的。

③ 与金价挂钩型外汇理财产品。该类外汇理财产品的实际收益情况与黄金价格挂钩。

3. 不保本且收益不确定

不保本且收益不确定的外汇理财产品风险相对较大，有损失本金的可能，但相应的预期收益也较保本型产品要高。

不保本且收益不确定的外汇理财产品主要分为以下几种。

（1）货币期权。

① 卖出期权类。比较典型的产品有非保本型卖出期权类理财产品，即"两得存款"。所谓"两得"即投资者认购该产品，可以同时获得存款利息和期权收益，其中期权收益指的是投资者将产品到期时的货币选择权出让给银行所获得的权利转让费。

② 买入期权类。比较典型的产品有"期权宝"，其相当于"两得存款"的反方向交易，即投资者向银行买入货币选择权，同时向银行支付一笔期权费（转让费）。该类产品对投资者而言损失（期权费）有限而获利空间无限，当投资者预计汇率会有较大幅度波动时，可以选择投资该类产品。

（2）货币互换。货币互换是交易双方同意按一定的汇率交换一定数额的两种货币，在协议到期时，双方按同样的汇率换回各自的货币。在此期间，双方根据交换的金额相互支付利息。随着金融创新活动的继续，在传统的货币互换的基础上，又出现了许多新的互换方式，主要有远期互换、指数互换、卡特尔互换、可断式互换、可展式互换等。

（3）外汇远期。外汇远期是交易双方约定在未来某日或某日前以确定价格购买或出售一定数额的金融产品。外汇远期合约是金融衍生产品中历史最长、交易方式最简单的一种，也是其他几种基本衍生产品的基础。

（4）外汇期货。外汇期货是在商品期货基础上发展起来的，是金融期货的一种形式。外汇期货是承诺在将来某一特定时间购买或出售某一金融资产的标准化契约。外汇期货的数量、质量、交割时间都是既定的，唯一变动的是价格。外汇期货交易中的套期保值交易方法与一般商品期货套期保值方法基本一致，基本的方法可以采用多头套期保值和空头套期保值两种。

📖 知识链接

"两得宝"和"期权宝"

与远期外汇交易具有的避免汇率风险功能相比，外汇期权交易在具备同样功能的同时，灵活性也很高。客户可根据汇率的变动情况，决定合约的执行与否。

中国银行在个人外汇交易业务中相继推出的"两得宝"和"期权宝"，实质上就是个人外汇期权交易，为居民投资外汇提供了既可买涨也可买跌的双向操作工具。

"两得宝"是指客户在存入一笔定期存款的同时，根据自己的判断向银行卖出一份外汇期权（看涨期权或看跌期权），客户除获取定期存款利息（扣除利息税）外，还可得到一笔期权费。期权到期时，如果汇率变动对银行不利，则银行不行使期权，客户可获得高于定期存款利息的收益；如果汇率变动对银行有利，则银行行使期权，将客户的定期存款本金按协定汇率折合成对应的挂钩货币。

"期权宝"是指客户根据自己对外汇汇率未来变动方向的判断，向银行支付一定金额的期权费后买入相应面值、期限和执行价格的期权（看涨期权或看跌期权）。期权到期时，如果汇率变动对客户有利，则客户可通过执行期权获得较高收益；如果汇率变动对客户不利，则客户可选择不执行期权。

因此，"两得宝"为客户卖出期权、银行买入期权；"期权宝"为客户买入期权、银行卖出期权。

6.3.3　外汇理财策略

当人民币出现贬值趋势时，投资者可以适当进行外汇理财产品配置。但就历史投资情况而言，客户想要通过投资外汇理财产品获得外汇升值超额收益的难度较大。因为这不仅需要较多的资金，而且还要面对外汇市场较大的波动性，且投资到期后的货币兑换存在不确定性。有海外留学生的家庭在汇率较低的情况下，可以兑换一些外币。

1. 外汇理财产品投资策略

外汇理财产品投资策略中需要注意以下几点。

（1）产品累计收益并非实际收益。部分金融机构宣传外汇理财产品时使用累计收益，而非年化收益。投资者需要将收益年化才能与其他理财产品进行比较。

（2）挂钩标的，防止货币被变换。外汇理财产品中有的与利率指数挂钩，也有的与汇率指数挂钩，还有的与黄金挂钩，投资者要摸清产品是不是结构化产品、存不存在杠杆。如果存在杠杆，当发生亏损时往往会非常严重；另外，偏好杠杆产品的投资者也应注意降低仓位。摸清外汇产品投资标的相当重要，有些理财产品设计的到期归还货币并非当初投资的货币，因此投资者也要事先弄清楚各种货币的走势，否则就会面临强势外币投资期满后变成其他货币的风险，以致投资收益缩水。

（3）提前赎回，应仔细盘算收益。虽然不少银行的理财产品给予投资者提前终止的赎回权，但这种终止的赎回也是存在风险的。例如，某银行在其外汇理财产品合约中规定，客户在产品到期前如需赎回，则需要扣除一定比例的本金。如果扣除本金比例是3%，而该产品的预期收益率也是3%，这就意味着投资者提前赎回没有任何回报。

2. 外汇投资策略

外汇投资策略中应注意以下几点。

（1）顺势而为。外汇买卖不同于股票买卖，人们在买卖外汇时，常常片面地着眼于价格而忽视了汇率的变动趋势。当汇率上升时，价格越来越贵，越贵越不敢买；在汇率下跌时，价格越来越低，越低越觉得便宜。因此，在实际交易时投资者往往"逆势而为"，而不敢"顺势而为"。其实，在汇率上升的趋势中，只有在一点买入是错的，即在价格上升到顶点的时候。除了这一点，在任意一点买入都是正确的。

（2）采用金字塔投资法。金字塔投资法是指在第一次买入某一货币之后，如该货币价格上升，在追加投资时应当遵循"每次加买的数量应比上一次少"的原则。这样，逐次加买，加买的数量越来越少，犹如金字塔的模式，层次越高，加买的数量越少。

（3）学会建立头寸。开盘后，可能一种货币价格上涨，另一种货币价格下跌。选择适当的汇率水平和时机建立头寸是盈利的前提。如果入市时机好，投资者获利的机会就大；相反，入市的时机不当，投资者就容易发生亏损。

> **课堂讨论**
> 说一说你了解到的外汇理财的风险。

6.4 信托理财

信托行业起源于中世纪的西方，而在我国的发展是从 1979 年中国国际信托投资（集团）有限公司成立算起，仅有短短四十余年的历史。

信托理财产品是由信托投资公司发行的采用委托方式对投资者资产进行管理的一种理财产品。信托业务即受人之托、代人理财，是委托人将自己的财产委托给受托人，由受托人对委托财产进行管理。信托财产既可以是现金，又可以是动产或者不动产。

信托通过财产所有权的转移，可以起到债务隔离的作用，尤其在英美法系国家，对于信托的实践更加成熟，一旦债务人将财产装入信托，只要不存在欺诈等情形，信托中的财产就不会受到债务的影响。

6.4.1 信托理财的基础知识

对于一个简单的信托架构来说，设立信托的人被称为委托人（Grantor）或授予人（Settlor）。接受这些信托利益的人则被称作受益人（Beneficiaries）。负责管理这个信托架构的个人或组织则被称为受托人（Trustee）。个人可以同时成为委托人和受托人，或者同时成为委托人和受益人，但是不能同时身兼以上三种身份。

目前市场上可以销售信托理财产品的主要渠道有银行、信托公司和第三方理财机构。信托理财产品的销售过程不同于实物商品，其终端销售价和实际成本相差不大。目前我国的信托公司有 68 家，分为 A 类和 B 类。对于普通投资者来说，在筛选信托公司及信托理财产品的过程中需要花费大量时间，并且应具备较专业的能力。第三方理财机构能够代销几乎所有信托公司的产品，产品选择面较广，而且第三方理财机构可以站在比较中立的角度帮客户选择合适的产品。现在银行通过银信合作的方式，与信托公司签订单一信托合同之后，再将信托拆分，以理财产品的方式出售给银行理财客户。银行所获取的信托项目原则上优于第三方理财公司，但是，由于银行对信托产品的风控要求更严格，根据低风险、低收益的原则，银行在信托理财产品收益率方面没有太大的竞争优势。

6.4.2 信托理财产品的分类

1. 根据委托人数量划分

信托理财产品根据委托人的数量，可以分为单一信托和集合信托。单一信托，是信托公司接受单个委托人的资金委托，依据委托人确定的管理方式，或由信托公司代为确定的管理方式，单独管理和运用货币资金的信托。集合信托，是由信托公司担任受托人，按照委托人的意愿，为受益人的利益将两个以上（含两个）委托人交付的资金进行集中管理、运用或处分的信托业务活动。除人数外，单一信托和集合信托的最大区别是委托人的地位。集合信托是典型的信托公司设计的产品，信托公司起着主导作用，而单一信托的资金运用方式和对象等在许多情况下都更多地体现了委托人的意愿。

2. 根据投资需求划分

信托理财产品根据投资需求不同，可以划分为财产信托和投资类信托。财产信托主要用于满足富裕人群家庭的财产传承需求，其操作模式就是把自己的财产委托给他人管理。财产信托应用较为广泛的是遗产信托（又称生前信托）。洛克菲勒家族之所以能延续百年传奇，就是靠财产信托的方式。在家族成员没有能力管理庞大的家族财产时，委托专业人士帮其管理财产。投资类信托按收益的不同，又可以划分为固定收益类信托和浮动收益类信托。

6.4.3 信托理财策略

信托理财的策略主要有以下几个方面。

第一，要选择信誉好的信托公司。投资者需要考虑信托公司的诚信度、资金实力、资产状况、历史业绩和人员素质等因素，从而确定某信托公司发行的信托产品是否值得购买。

第二，要预估信托产品的盈利前景。目前市场上的信托产品大多已事先确定了信托资金的投向，因此投资者可以通过信托资金所投资项目的行业、现金流的稳定程度、未来一定时期的市场状况等因素对项目的成功率加以预测，进而预估信托产品的盈利前景。

第三，要考察信托项目担保方的实力。如果融资方因经营出现问题而到期不能"还款付息"，预设的担保措施能否有效地补偿信托"本息"就成为决定投资者损失大小的关键。因此，在选择信托理财产品的时候，不仅应选择融资方实力雄厚的产品，而且应考察信托项目担保方的实力。一般而言，银行等金融机构担保的信托理财产品虽然收益相对低一些，但其安全系数较高。

第四，从各类信托理财产品本身的风险性和收益状况来看，信托资金投向房地产、股票等领域的项目的风险较高，但收益也较高，比较适合风险承受能力较强的年轻投资者或闲置资金较丰裕的高端投资者。投向能源、电力、基础设施等领域的项目则安全性较高，但收益相对较低，比较适合运用养老资金或子女教育资金等长期储备金进行投资的稳健投资者。

> **课间案例**
>
> ### 四川某信托公司暴雷
>
> 2020年6月，四川某信托公司被曝出多只产品无法正常兑付，逾期金额高达250亿元。
>
> 该信托公司爆雷的产品是一种叫作TOT的产品。TOT（TRUST OF TRUST）译为"信托中的信托"，是投资于信托产品的信托。普通信托产品会指定投向具体项目，有融资方或者项目介绍，一次性投入，到期项目清算兑付。TOT信托没有具体的项目，只有资金投向的大体范围。例如，流动性资产、融资类资产、金融机构产品等，投资人在投资TOT信托产品时并不知道详细底层资产。TOT信托采取主动管理，进行资产配置，存在期限错配。一般是一个系列项目分成短、中、长期产品，滚动发行，形成资金池。
>
> 这些名义上的TOT信托，掩藏着信托公司背后借新还旧、期限错配、短募长投等一系列违规操作。为了避免该信托公司进一步"庞氏"化，监管层罕见地叫停了该信托公司的业务，而由于TOT信托的停发，此信托公司的兑付危机终于暴露于众。

6.5 私募股权基金

私募基金（Private Placement Fund）是相对于公募基金（Public Offering Fund）而言的，公募基金是公开向不特定公众募集资金的基金。而私募基金是指以非公开方式向特定投资者募集资金的基金，其包括私募证券投资基金和私募股权基金。本节主要探讨私募股权基金。

6.5.1 私募股权基金的基础知识

私募股权基金主要是用专业的方法把客户闲散的资金通过定向私募的方式聚集起来，投资到未上市的具有高成长、高回报的企业，并通过一系列的增值服务，促使企业快速成长、做大做强，与资本市场对接。私募股权基金主要通过退出资本市场使投资者获得较高的收益。

私募股权基金的运作方式是股权投资，即通过增资扩股或股份转让的方式，获得非上市公司股份，并通过股份增值转让获利。一旦被投资公司成功上市，私募股权基金的获利就不是按百分之多少来计算的，而是按几倍或几十倍的收益来计算的。

私募股权基金一般采用有限合伙方式运作。在有限合伙制中，有两类合伙人：一类是有限合伙人（Limited Partner）；另一类是普通合伙人（General Partner）。有限合伙人是指承担有限责任的合伙人，通常是私募股权基金的人；普通合伙人是指负责管理私募股权基金的人，担负无限责任，他们也会投入一笔自己的资金到私募股权基金中从而成为合伙人，负责管理所有投资者投入的资金。这种有限合伙制能有效地将有资金的投资者和有管理能力的投资者联合起来，发挥优势互补的作用。有限合伙人只用投钱，而普通合伙人则负责寻找投资项目并管理投资。因此，选择一只好的私募股权基金，也就是选择一个好的普通合伙人或普通合伙人团队。

6.5.2　私募股权基金的分类

市场通常按投资方式和操作风格将私募股权基金分为 3 类，即风险投资基金、产业投资基金及并购投资基金。

1. 风险投资基金

风险投资基金将风险资本投资于新近成立或快速成长的新兴公司，在承担很大风险的基础上，为融资人提供长期股权投资和增值服务，培育公司快速成长。数年后再通过上市、兼并或其他股权转让方式撤出投资，取得高额投资回报。风险投资基金通常投资处于种子期、起步期或早期阶段，且有业务发展或产品开发计划的公司，这类公司由于业务尚未成型，与一般意义上私募股权投资中的财务合伙人角色有区别，所以很多时候将风险投资和股权投资区别分类。在国内比较有名的风险投资基金包括 IDG 资本和红杉资本等。

2. 产业投资基金

产业投资基金通常投资处于扩张阶段公司的未上市股权，一般不以控股为目标。产业投资基金寻找的公司需相对成熟、具备一定的规模、经营利润高、业绩增长迅速、占有相当的市场份额，并在本行业内建立起相当的进入屏障。典型的投资公司代表有高盛、摩根等，典型的案例如蒙牛、分众传媒等。

3. 并购投资基金

并购投资基金投资于扩展期的公司和参与管理层收购。并购投资基金在国际私募股权投资基金行业中占据着统治地位，占据每年流入私募股权投资基金的资金超过一半，相当于风险投资基金所获资金的一倍以上。但并购投资基金在我国长期扮演着配角。最主要的原因是，无论国企或民企，我国企业普遍不愿意让出控制权。企业控制权的出让还有赖于突破制度、舆论瓶颈，以及国人的民族情结，这都需要时间。

此外，如根据私募股权投资投入公司的阶段不同，私募股权投资可分为创业投资、发展资本、并购基金等，或者分为种子期或早期基金、成长期基金、重组基金等。根据私募股权投资的对象不同，私募股权投资又被分为创业投资基金、基础设施投资基金、支柱产业投资基金和企业重组投资基金等类型。

6.5.3　私募股权基金投资策略

私募股权基金的投资准入门槛高、风险大，除了需要选择专业化的私募基金管理人之外，还需要从私募股权基金的不同发展阶段来考虑采取相应的投资策略。

1. 募集环节的投资策略

募集环节的投资策略包括关注募集资金的来源、关注筹集资金的组织模式和关注募集资金的相关风险。

① 关注募集资金的来源。私募股权基金的资金若来自政府、社保机构、金融机构等,说明该私募股权基金较为可靠。

② 关注筹集资金的组织模式。私募股权投资基金组织主要有公司制、信托制和有限合伙制三种类型。公司制的基金,公司股份可以上市交易,投资获得的收益可以留存,但是企业存在着双重课税的现象,需要缴纳企业所得税和个人所得税。信托制的基金,有免税优惠,但资金需要一次性筹集完毕,这会导致资金使用效率降低,并且由于涉及信托公司等中介机构,基金运作成本相对较高。有限合伙制的组织模式比较有优势,管理人和出资人有机融合在一起,使该模式相对稳定和持久。资金承诺方式也是有限合伙制的一大优势。合伙人不需要在基金公司设立时缴足所有资本额,只需做出承诺。当合适的投资机会出现时,由管理者提前通知投资者,以此提高运营效率。

③ 关注募集资金的相关风险。资金承诺方式会存在一定的风险,如果投资者未能及时投入资金,可能会导致投资项目的失败,按照协议将会被处以一定的罚金。私募股权基金的投资期限长、流动性差,筹集资金的回报期结构要与投资项目的资金回报现金流相匹配,避免出现资金流动性风险。

2. 投资环节的投资策略

投资环节的投资策略包括关注投资企业的价值和长期发展、关注投资的目标企业的发展阶段、关注投资过程中的"风险配置",以及关注退出方案。

① 关注投资企业的价值和长期发展。能够获得资本市场认可的企业往往也能够帮助参股机构实现良好的成长性收益。

② 关注投资的目标企业的发展阶段。创业投资是投资于初期或者发展期的小型企业,高科技企业是着重关注点,这时企业尚未发展壮大,有高风险、高回报的特点;也可以在企业首次公开募股(IPO)前进行投资,此时投资的风险相对较小。

③ 关注投资过程中的"风险配置"。可以搭配传统资产类别的产品分散风险,还可以在基金投资结构上进行行业搭配,实现回报期互补、行业上下游互补、企业所处阶段互补以及商业模式的互补。

④ 关注退出方案。退出和变现是私募股权投资的重要关注点,它关系着整个项目的投资结果。企业需要在一开始就考虑退出的问题,将企业现状和计划退出时的条件对比,做出可行性分析,这是投资决策的重要标准。

3. 投后管理环节的投资策略

私募股权基金投后管理主要关注两个层面:一是对被投资企业进行风险管控,防止发生预期外的重大风险;二是为被投资企业提供有价值的服务。被投资企业可能是处于业务尚未成熟或者虽已成熟但缺少增长点的企业,投资者应该关注被投资企业在日常经营活动和各项风险管控活动中是否正常。

做多中国的高瓴资本

高瓴资本成立于2005年，截至2019年年底，管理规模超650亿美元，从规模来看，高瓴已成为亚洲规模最大的私募基金之一。无论是移动互联网还是电商这些创新行业，抑或是医药健康、消费和制造业等传统产业，高瓴都在其中有长期布局。

高瓴创始人张磊先后投资了腾讯、京东等中国头部互联网企业。在传统行业，高瓴对蓝月亮的投资也是一个经典案例。高瓴在投资蓝月亮后的两年内，进行了大量的行业研究，并鼓励蓝月亮创始人主打洗衣液产品，几年之内蓝月亮在洗衣液领域的销售额就超越了宝洁与联合利华的总和。

当下，在全球抗击新冠肺炎疫情中，中国表现第一。北京冬奥会向全世界展现了中国人的胸怀。我国2022年初近4万亿信贷投向基础设施建设、先进制造等领域；近期各部委稳增长政策密集出台，中国经济在世界范围内率先复苏。高瓴将凭借其敏锐的商业嗅觉，紧跟时代趋势，依靠其强大的资金体量和良好的口碑，继续"做多中国"。

思考与练习

1. 试述投机活动对期货价格有何影响。
2. 试述期货交易策略有哪些并阐述其使用情况。
3. 试述影响黄金价格变动的因素有哪些。
4. 适合普通投资者的外汇投资方式有哪些？应该如何选择？
5. 简述我国个人外汇交易的现状及其发展。
6. 试比较不同信托理财产品销售途径的优缺点。
7. 试阐述私募股权基金在我国的发展前景。

案例分析

某银行"原油宝"事件

近年来，随着投资理财市场不断转型发展，百姓在购买理财产品时，不再局限于传统产品，原油市场已成为不少投资者的新选择。2018年，某银行由此推出一款个人账户交易类原油产品——原油宝，其因具有交易门槛低、交易方式多样、不带杠杆、风险低的优势而广受投资者青睐。

该银行挂钩芝加哥商品交易所（CME）WTI原油5月期货合约的"原油宝"产品，按照美国时间4月20日CME官方结算价以负值结算，多头客户产生了大幅亏损。原油期货出现负价前所未有，是新冠肺炎疫情期间全球原油市场剧烈动荡下的极端表现，客户和该银行都蒙受损失。

2020年12月5日，针对该银行"原油宝"产品风险事件相关违法违规行为，中国银保监会依法从严处罚，主要包括产品管理不规范、风险管理不审慎、内控管理不健全、销售管理不合规等问题。针对该银行"原油宝"产品风险事件相关违法违规行为，对该银行及其分支机构合计罚款5050万元；对该银行全球市场部两任总经理均给予警告并处罚款50万元，对该银行全球市场部相关副总经理及资深交易员等人均给予警告并处罚款40万元。

思考：

从某银行"原油宝"事件，谈谈商业银行如何防范操作风险。

第7章 个人风险管理与保险理财

教学目标

（1）了解保险产品的分类及各种险种的差异。

（2）了解保险与风险管理的意义。

（3）掌握各种险种适用的投保情况。

（4）理解保险规划的基本原则。

（5）掌握保险规划的步骤。

现实中存在着各种各样的风险，无论人们如何小心谨慎，怎样事先防范，总是有潜在损失和发生意外事故的可能性，而一些小概率的事件也可能会给我们带来巨大损失。因此，我们要具备风险防范意识。

本章首先阐述了风险的普遍性以及个人进行风险管理的必要性，从而引出进行保险规划的重要性，紧接着具体介绍几种保险理财工具以及保险理财规划，为读者提供风险管理、保障资产安全的建议。

7.1 个人风险管理导论

家庭的稳定是实现财务自由的基础。人生路上，一些小概率事件的发生可能会给我们造成巨大的损失。有的损失可能是我们不可承受之重。因而，我们需要进行风险管理。早在春秋战国时期，孔子就曾经提倡把三分之一的粮食都储存起来，用来抵抗灾荒。

7.1.1 风险及其分类

1. 风险的概念

风险是一个非常常用、宽泛的词汇，对于风险的定义，无论是业界还是理论界、国内还是国外，目前还没有达成一致的认识。

（1）风险与不确定性。风险与不确定性（Uncertainty）的关系是理论界关于风险概念界定的争论焦点之一。一种观点认为，风险就是一种不确定性。根据能否事前估计事件最终结果可能状态和可能程度，不确定性可以分为可衡量的不确定性和不可衡量的不确定性。另外一种观点认为，风险与不确定性不能混为一谈。风险和不确定性的根本区别在于决策者能否预知事件发生最终结果的概率分布。

（2）风险与波动性。在现代投资风险分析中，风险通常被定义为风险因素变化的波动性（Volatility），如利率风险、汇率风险和股票价格风险等，都是利率、汇率、股票价格等市场变量围绕某一数值（期望值）上下波动所造成的。描述变量波动的数理统计方法是变量的期望值和方差（或标准差），其中，期望值表示变量波动变化的集中趋势和平均水平，而方差则表示变量变化的离散趋势，即风险水平。在波动性定义下，风险有下侧风险（Downside Risk），也有上侧风险（Upside Risk）；有坏风险（Bad Risk），也有好风险（Good Risk）；是损失的可能，也是盈利的可能。这充分反映了风险既是损失的来源，也是盈利的来源；既是挑战，也是机遇。

（3）风险与损失。尽管风险与损失（Loss）有密切的联系，但风险只是损失的可能或者潜在的损失，并不等于损失本身。可以说，损失本质上是一个偏于事后的概念，反映的是风险事件发生后的状况；而风险却是一个明确的事前概念，反映的是损失发生前的事物发展状态，具体包括损失和盈利发生的概率和规模大小。因此，在风险事件实际发生以前，风险就已经产生或存在，而此时损失并没有发生，只是具有潜在的可能性。一旦损失实际发生，风险又不存在了，因为不确定性已转化为确定性。因此，严格地讲，损失和风险是不能同时并存的事物发展的两种状态。

（4）风险与危险。风险是指结果的不确定性或损失发生的可能性。危险（Hazard）一般是指使损失事件更易于发生或损失事件一旦发生会使得损失更加严重的环境。例如，夜间在没有路灯的街道行走容易遭抢劫，遭抢劫的可能性被称为风险，这种风险无论街道上有没有路灯都存在，只是风险程度不同，而没有路灯则是危险，有了这个危险，就加大了抢劫事件发生的可能性。可见，危险是影响风险的一种环境性因素，是导致风险水平增加的原因。

2. 风险的分类

（1）根据风险承担是否能给承担者带来收益分类。根据风险承担是否可能给承担者带来收益，风险可以分为纯粹风险（Pure Risk）和投机风险（Speculative Risk）。前者只可能给承担者带来损失，而不会带来收益，如火灾、地震、疾病、车祸和犯罪等带来的风险。后者使承担者既有损失的可能，也有获利的可能，如利率风险、汇率风险等。传统上，只有纯粹风险才能设计保险产品，但随着期权等金融衍生产品的发展，针对投机风险的具有保险性质的金融产品获得了很大发展，而且近些年还从市场风险领域发展到信用风险领域。

（2）根据损失的严重程度分类。根据损失的严重程度，风险可以分为预期损失风险、非预期损失风险和灾难性损失风险。这种分类的前提是风险的损失概率分布已经被确定。在这种分类下，不同的风险具有不同的管理策略，预期损失风险通过提前与预期损失相当的准备金来应对，非预期损失风险通过提取与给定置信水平下的非预期损失相当的资本金来应对，而对灾难性损失风险则采用购买保险的策略来应对。

> **课堂讨论**
> 生活中你都面临哪些风险？如何防范？

7.1.2　个人风险管理

决定个人风险管理风格和特点的因素主要包含个人的风险态度及风险承受能力。

1. 个人的风险态度和风险承受能力

所谓风险态度是指个人对风险所采取的态度。个人风险态度是基于对目标有影响之正面或负面的不确定性所选择的一种心智状态，或者说是对重要的不确定性认知所选择的回应方式。根据对风险的偏好或厌恶程度，可以将个人的风险态度区分为风险厌恶型（Risk Averse）、风险中立型（Risk Neutral）和风险追求型（Risk Appetite）三大类，个人风险态度分类如表 7-1 所示。

表 7-1　　　　　　　　　　　　　个人风险态度分类

类型	一阶导数	二阶导数
风险厌恶型	为正，财富越多，效用越大	为负，边际效用递减
风险中立型		为零，边际效用不变
风险追求型		为正，边际效用递增

效用是指从商品中获得的满足程度，效用函数描述了不同财富水平与满足程度之间的关系。实务中人们的风险态度中的核心部分是不愿意承担损失，安全性是人类基本的需要。

✍ **课堂讨论**

你是哪种风险态度？

2. 个人风险管理的基本内容

个人风险管理是通过对风险的识别和衡量，采用合理的经济和技术手段对风险加以处理，以最小的成本获得个人或家庭最大安全保障的一种管理行为。

个人风险管理有利于维持个人成长和发展的稳定，有利于提高个人的可支配收入，有利于为周围营造一个安全稳定的气氛，提高积极性和创造性，也有助于提高一个人给别人带来的安全感，有利于更好地履行社会责任，树立良好的形象。

个人风险管理的基本内容主要包括以下四个方面。

（1）风险识别。风险识别是指通过对来源可靠的个人或家庭信息资料进行系统了解和分析，认清存在的各种风险因素，进而确定所面临的风险及其性质，并把握其发展趋势。

（2）风险衡量。风险衡量是对某种特定的风险，测定其风险事故发生的概率及其损失程度。

（3）风险处理。风险处理是指针对经过风险识别和风险衡量之后的风险问题采取行动或不采取行动。不同风险状态下的应对策略如表 7-2 所示。

表 7-2　　　　　　　　　　　　不同风险状态下的应对策略

损失程度	风险频率	
	高	低
高	避免或预防	保险
低	自留或避免	自留

（4）风险管理效果评价。风险管理效果评价是指对风险处理手段的适用性和效益性进行分析、检查、修正和评估。

7.2 保险的基础知识

人在不同的人生阶段，会面临各种各样的风险。例如，年轻人主要面临失业风险，老年人主要面临罹患疾病的风险，经常出差的人大多面临遭受意外伤害的风险。通常，这些风险会给个人或者家庭带来一定的经济损失，影响一个家庭的经济状况。虽然人们不能预测未来，但是保险能够让人们对最坏的事情有所准备，将个人或者家庭的损失降到最低。

7.2.1 保险的概念

保险就是指保险人向投保人收取保险费用，集中成为保险基金，用于补偿投保人因自然灾害或意外事故所造成的经济损失，或对于个人死亡、伤残给付保险金的一种业务。简单地说，投保人先给保险公司交一点钱，万一后期不幸的事情发生在了被保险人身上，保险公司会按合同金额给受益人一大笔钱。保险并不能阻止风险的发生，但是保险却可以转移风险造成的财产损失。

保险人，即收取保险费并按照合同规定负责赔偿损失或履行给付义务的人，一般是指承办保险业务的保险公司。

投保人，又称要保人或保单持有人，是同保险人订立保险合同并缴付保险费的人。投保人可以是法人，也可以是自然人。在保险合同生效后，财产保险的投保人就是被保险人，但人身保险的投保人可以是被保险人，也可以是被保险人的配偶、子女或是法律许可的其他人。

被保险人也称"保户"，是指其财产或人身受保险合同保障，享有保险金请求权的人。他是受保险合同保障的人，在保险事故发生时或保险期满时有权按保险合同向保险人请求损失赔偿或领取保险给付金。

保险其实是人类的互助行为，在一群被保险人中，通过幸运的存活者所缴的保费，来支助发生不幸的一群人。例如，10 万位 30 岁的女性参加保险，从经验值预估，一年约有 40 人死亡。如果每位的保险金额为 10 万元，保险公司在这一年只需支付理赔金 400 万元。400 万元的理赔金由 10 万人分摊，每人只要缴纳保险费 40 元。所以，30 岁女性的一年期定期寿险，每 10 万元的保险金额，纯保费就是 40 元。40 位不幸者，每人获得的 10 万元理赔金，虽然是通过保险公司支付的，但却是从所有投保人缴纳的保费集资而来的。可以想象的是幸存者共同集资 400 万元，支助发生不幸的 40 人，保险公司扮演的角色，不过是招揽、收款及理赔的管理者。但也因为保险公司的介入，才能将需要保险的人组织起来，达成互助的行为。而保险公司是私人机构，需要生存及获利，所以每 10 万元的保费，不会只收纯保费 40 元，必须外加保险公司的营运费用及获利，又称为附加保险费。例如，30 岁女性的一年期定期寿险，每 10 万元的保费为 60 元，扣除 40 元的纯保费，20 元才是附加保险费。

7.2.2 保险的功能

保险的主要功能有：风险保障、投资理财、资产保护、避税。

第一，风险保障功能是保险最基本的功能，也是最重要的功能。

第二，投资理财功能对于财商高的人是不适合的。用保险进行投资理财的人是不可能实现财务自由的。

第三，资产保护功能指寿险保单能隔离因债权债务问题引发的风险，如小陈破产了，在外面欠了很多钱。但是他前期买了 100 万元的寿险，即使债权人知道了小陈有 100 万元的寿险，也没有办法让小陈用保险的钱还债。如果债权人去法院起诉小陈，法院也不能冻结小陈的保险。小陈后面可以把寿险抵押给保险公司拿到一笔资金，依然有东山再起的可能。保险的资产保护功能也只是在特定条件下才发挥作用，而且也只是对于民事纠纷产生的风险有保护作用，对于刑事纠纷则无法隔离。

第四，避税功能指通过寿险可以规避遗产税。不过我国目前还没有遗产税，所以这个功能目前没有实际意义。

7.2.3　保险的种类

保险大体上可以划分为三类：社会保险、政策性保险和商业保险。

1. 社会保险

社会保险是在既定的社会政策的指导下，由国家通过立法手段对公民强制征收保险费形成保险基金，用以对其中因年老、疾病、生育、伤残、死亡和失业而丧失劳动能力或失去工作机会的公民提供基本生活保障的一种社会保障制度。社会保险最鲜明的特点有两个：一是强制性，也就是说，凡在法定范围内的公民，不管愿意或者不愿意都必须参加，没有选择的余地；二是基本生活保障性，也就是说，它对生活的保障是低水平的。

2. 政策性保险

政策性保险是为了体现一定的国家政策，如产业政策、国际贸易政策，国家通常会以国家财政为后盾，设立一些不以营利为目的的保险。政策性保险由国家投资设立的公司经营，或由国家委托商业保险公司代办。这类保险所承保的风险一般损失程度较高，但出于种种考虑而收取较低的保险费。若经营者发生经营亏损，将由国家财政给予补偿。常见的政策性保险有出口信用保险和农业保险等。

3. 商业保险

商业保险可分为人身保险、财产保险和再保险。

（1）人身保险。人身保险是以人的生命和身体为保险标的的保险。人身保险种类的划分尚无统一的标准。按保险责任划分，人身保险可分为人寿保险、人身意外伤害保险和健康保险。

① 人寿保险。人寿保险也称"生命保险"，简称"寿险"，以被保险人的寿命为保险标的，以被保险人的死亡为给付条件的人身保险。投保人或被保险人向保险人缴纳约定的保险费后，当被保险人于保险期内死亡或生存至一定年龄时，履行给付保险金。人寿保险可分为以下 3 种。

第一种是死亡保险，也称为定期寿险，是一种以被保险人在规定期间内发生死亡事故而由保险人负责给付保险金的保险合同。定期寿险的保险期限有 10 年、15 年、20 年，或到 60 岁、70 岁等约定年龄等多项选择。定期寿险的优点是保费少、保额高，完全体现了保险的保障功能。对于想要实现财务自由的人来说，20 年的定期寿险已经足够，因为 20 年后你很可能已经实现财务自由了。到那个时候你的抗风险能力是很强的，已经不需要寿险了。万一那时有什么意外发生，资产带来的收入也是不会中断的，家庭生活依然可以得到保障。

第二种是生存保险，它是以被保险人在规定期间内生存作为给付保险金的条件，也指被保险人自下而上到约定期限时，给付保险金，如在此期间被保险人死亡，则所缴保险费也不退还，将充作所有生存到期满日为止的人的保险金。生存保险主要是为了被保险人到了一定期限后，可以领取一笔保险金以满足其生活上的需要。

第三种是生死两全保险，它是指被保险人不论在保险期内死亡，或生存到保险期满，均可领取约定保险金的一种保险。

② 人身意外伤害保险。人身意外伤害保险是指保险人对被保险人在保险期间因意外事故所造成的残疾、身故，按照合同约定给付保险金的人身保险。人身意外伤害保险可分为个人意外伤害保险和团队意外伤害保险两类。个人意外伤害保险，是指以被保险人在日常生活、工作中可能遇到的意外伤害为标的的保险，保险期限一般较短，以一年或一年以下为期；团队意外伤害保险，是指社会组织为了防止本组织内的成员因遭受意外伤害致残或致死而受到巨大的损失，以本社会组织为投保人，以该社会组织的全体成员为被保险人，以被保险人因意外事故造成的人身重大伤害、残废、死亡为保险事故的保险。意外伤害保险的保险期较短，一般都不超过一年，到期后可以继续投保。意外伤害保险是纯消费型保险，也就是纯保障型保险。意外伤害险保费很低，一般年费率低于 0.2%，买 100 万元保额的意外险，一年保费一般低于 2 000 元。

③ 健康保险。健康保险是以被保险人身体的健康状况为基本出发点，以提供被保险人的医疗费用补偿为目的的一类保险。

健康保险分以下 3 种。

重大疾病保险，即只要被保险人罹患保险条款中列出的某种疾病，无论是否发生医疗费用或发生多少医疗费用，都可获得保险公司的定额偿付。重大疾病保险按保险期限不同可以分为：定期重大疾病保险和终身重大疾病保险。定期重大疾病保险：以重疾保障为主险，在一定期限内给予保障，一般采用均衡保费。这类重疾险最长保障期限是 30 年，20 岁买就能保障到 50 岁，30 岁买就能保障到 60 岁。这种保险是消费型的，价格比较便宜，没有理赔则不会返还保费。

住院费用报销型保险，即以发生意外或疾病而导致发生住院医疗费用为给付条件，按保险合同约定比例报销，这种保险与社会保险和其他商业保险形成互补。

住院补贴型保险，即被保险人因意外或疾病导致住院，保险公司按合同约定标准给付保险金补贴的收入保障保险，该类型的保险与社会保险和其他商业医疗保险无关，在住院结束后给付。

（2）财产保险。财产保险则是指以物质财产为保险标的的保险。财产保险以财产及其有关利益为保险标的。广义上，财产保险包括财产损失保险（有形损失）、责任保险、信用保险等。与家庭有关的仅指财产损失保险，主要有家庭财产保险及附加盗窃险、机动车保险、房屋保险、家用电器专项保险等。

家庭财产保险是以城乡居民室内的有形财产为保险标的的保险。家庭财产保险为居民或家庭遭受的财产损失提供及时的经济补偿。我国家庭财产保险主要有普通家庭财产险和家庭财产两全险。根据保险责任的不同，普通家庭财产险又分为灾害损失险和盗窃险两种。灾害损失险的保险标的包括被保险人的自有财产、由被保险人代管的财产或被保险人与他人共有的财产。家庭财产灾害损失险规定的保险责任包括：火灾、爆炸、雷击、冰雹、洪水、海啸、地震、泥石流、暴风雨、空中运行物体坠落等一系列自然灾害和意外事故。

普通家庭财产险的保险期限为一年，即从保单签发日零时算起，到保险期满日24时为止。

（3）再保险。再保险是保险人（保险公司）通过订立合同，将自己已经承保的风险转移给另一个或几个保险人（再保险公司），以降低自己所面临的风险的保险行为。也就是说，再保险就是"保险人的保险"。

7.2.4 保险合同条款

买保险时，投保人要和保险公司签订保险合同，这是一份很重要的法律文书，它记载了投保人和保险公司各自的权利和义务，直接关系到保险所能给予的保障程度。在签订保险合同之前，投保人一定要准确理解保险合同中的每一项条款。一般来说，保险合同有以下基本内容。

1. 当事人的姓名和住所

保险合同中涉及四类当事人：投保人、保险人、被保险人和受益人。他们各自的权利和义务大不相同。

2. 保险标的

通俗地讲，保险标的就是为什么保险，保险的对象既可以是财产，也可以是人的寿命和身体，它是确定保险金额的重要依据。

3. 保险责任与责任免除（也称除外责任）

不是任何风险都能赔付的，保险合同中通常明确了保险公司的赔付范围，只有在此范围以内，保险公司才承担赔偿责任。例如，财产险一般只承担两种情形造成的损失：一种是自然灾害，如雷击、洪水、破坏性地震等；另一种是意外事故，如火灾、爆炸等。另外，保险合同还载明保险公司不承担赔偿责任的风险项目。例如，被保险人故意将财产损坏、战争使财产损毁等，保险合同将这些情形规定为责任免除，保险公司可以据此不予赔付。

4. 保险期间和保险责任开始时间

保险期间涉及未缴纳保险费的数量和频率，所以投保人得大致估量未来的收入和支出。只有在保险期间发生保险事故，保险公司才会予以赔付。保险期间是计算保险费的重要依据。保险责任开始时间则是指保险公司开始承担赔偿责任或给付保险金的时间。

5. 保险价值

保险价值就是保险标的的价值，它是确定保险金额和损失赔偿额的重要依据。对于多数财产类标的，可以利用标的的市场价格来评价标的的保险价值，而有些标的没有市场价格，这时就需要投保人和保险公司双方约定保险价值。如果保险合同里事先约定了保险价值，这种保险就叫作定值保险，当发生保险事故时，不管财产的实际价值是多少，都只根据合同中约定的保险价值计算赔偿金额。

6. 保险金额

保险金额是指保险公司最多赔付多少钱。保险费就是根据保险金额算出来的。例如，财产保险，一所住宅的实际价值为 100 万元（保险价值），保险金额可以低于或等于 100 万元，但不能超过 100 万元，否则合同无效。而人身保险，由于人的身体和寿命无法用金钱衡量，故由投保人和保险公司双方约定一定数量的保险金额。一般来说，保险金额越高，保险费相应也越多，所以得量力而行，根据自己的收入状况确定适当的保险金额，一般将财产险的保险金额确定为年收入的 3～5 倍，将意外险的保险金额确定为年收入的 8～10 倍等。

7. 保险费率

保险费率是保险的价格，是保险费占保险金额的比率，也就是购买保险的价格。那么保险费率是怎么确定的呢？保险费率包括两个部分：一部分是依据风险发生的概率测定的纯费率，又称自然费率；另一部分是根据保险公司自身管理费用、合理利润和税收等测定的附加费率。

8. 保险金赔偿给付办法

保险合同中需要明确保险公司支付保险金的方法、标准和方式。原则上，保险公司赔偿应采用支付现金的方式，但财产险的赔付也可以采用修复或重置的方式。保险合同中也规定免赔额或免赔率，设置这一条款主要是为了减少投保人故意损坏财产的道德风险，控制保险公司的责任。

9. 违约责任和争议处理

当事人如果出现违约，应当承担什么样的法律责任？如果出现争议，应当采用何种处理争议的方式？保险合同也对这两个问题提前做出了明确的规定。

知识拓展

保险合同无效

保险合同无效是指当事人所缔结的保险合同因不符合法律规定的生效条件而不产生法律的约束力。无效保险合同的特点如下。

（1）违法性，即违反法律和公序良俗。

（2）自始无效性，即因其违法而自行为开始起便没有任何的法律效力。

（3）无效性，无须考虑当事人是否主张，法院或仲裁机构可主动审查，确认合同无效。

保险合同无效的原因如下。

（1）合同主体不合格。主体不合格是指保险人、投保人、被保险人、受益人或保险代理人等资格不符合法律的规定。例如，投保人是无民事行为能力或依法不能独立实施缔约行为的限制民事行为能力的自然人。

（2）当事人意思表示不真实。缔约过程中，如果当事人中的任何一方以欺诈、胁迫或乘人之危的方式致使对方做出违背自己意愿的意思表示，均构成缔约中的意思表示不真实。

（3）客体不合法。投保人或被保险人对保险标的没有保险利益，则与其订立的保险合同无效。

（4）内容不合法。如果投保人投保的风险是非法的，如违反国家利益和社会公共利益、违反法律强制性规定等，均导致合同无效。

7.2.5 买保险的渠道

买保险的第一个渠道是找保险代理人购买。优点是面对面服务，有问题随便问，可以指定受益人和受益比例，防止以后出现纠纷。缺点是价格比较高。

买保险的第二个渠道是买电子保单，可以在官网或淘宝上直接购买。优点是方便快捷、没有佣金、价格实惠。缺点是电子保单受益人默认为法定。如需变更受益人，投保人需要主动联系保险公司。

7.3 常见的保险品种

保险的基本功能是用收取保费的方法来分摊灾害事故造成的损失，以实现经济补偿的目的。目前现实生活中常见的保险主要有以下几种。

7.3.1 车险

机动车辆保险，即汽车保险（简称"车险"），是指对机动车辆由于自然灾害或意外事故所造成的人身伤亡或财产损失负赔偿责任的一种商业保险。

微课扫一扫

1. 基本险

基本险是指车辆损失险和第三者责任险。其中，车辆损失险是对被保险人或其允许的合格驾驶员在使用保险车辆过程中因保险责任造成保险车辆的全部或部分损失及合理施救费用，由保险人负责赔偿的险种。第三者责任险是指被保险人或其允许的合格驾驶员在使用保险车辆过程中，发生意外事故，造成第三者人、物的损失，应由被保险人赔偿的，保险公司依照国家相关的法律、法规和保险合同的规定，予以赔偿。

2. 附加险

附加险是在投保了基本险以后，为机动车提高风险保障而增加投保的险种，常见的有玻璃单独破碎险、全车盗抢险、车上人员责任险、自燃损失险、基本险不计免赔特约条款和附加险不计免赔特约条款等。玻璃单独破碎险是指保险车辆在使用过程中发生玻璃单独破碎，保险公司在保险责任范围内按实际损失赔偿的险种。全车盗抢险是指保险车辆在全车被盗窃、被抢劫、被抢夺，及其过程中造成车辆的损失，保险人负责赔偿的险种。车上人员责任险是指被保险人及其允许的合格驾驶员在使用保险车辆过程中，发生意外事故，造成保险车辆上人员的人身伤亡，依法应由被保险人承担经济赔偿责任，保险公司在保险责任范围内负责赔偿的险种。自燃损失险是指保险车辆在使用过程中，因本车电器、线路、供油系统发生故障及运载货物自身起火燃烧，造成保险车辆的损失，保险公司在保险责任范围内负责赔偿的险种。基本险（附加险）不计免赔特约条款是指保险车辆发生保险事故造成赔偿，对其在符合赔偿规定的金额内按其所投保基本险（或附加险）规定计算的按责免赔金额，保险公司负责赔偿的险种。

3．影响保费的因素

影响车险保费的因素主要有以下几点。

（1）驾驶记录。在过去三年内是否有违规驾驶或过去五年内是否有过失将决定驾驶人的驾驶记录等级。同时，驾驶人的年龄、是不是新手以及车辆常由一人驾驶还是两人驾驶也是影响保费的因素。

（2）汽车型号。各家保险公司对不同型号、年份的汽车都有不同的风险数值。简而言之，汽车价值越高或越流行，保费也相应越高。

（3）驾驶区域。两辆同样的私家车在市区行驶和经常远途行驶，保费也会不同。不仅如此，有的保险公司在确定保费的时候，甚至会把汽车是泊在自家门口车库还是地下公共停车场都考虑在内。

课间案例

为什么汽车报修一次就要提高年保费

买汽车的人都要买交强险和商业保险两类险种。在保险行业，保险公司最担心的问题就是所谓的"道德风险"行为。什么是道德风险呢？如果车主没有保险，他开车时就会特别小心；相反，一旦车主买了保险，反而不会特别爱护汽车了，因为汽车坏了可以由保险公司出钱维修，这样就是不道德地将风险转移给了保险公司。为了防止这种道德风险行为，保险公司规定：参加保险之后，如果第一年没有用过保险公司的费用（没有出险），那么第二年保费就可以降低10%；相反，如果第一年出一次险，那么第二年保费就要在原来的基础上上涨10%。这其实是一种激励契约，将保险公司的利益和车主的利益捆绑在一起。在这样的契约下，车主如果碰到小毛病或者轻微的损害，就宁可自己付钱也不愿意使用保险，同时车主也会特别小心。

4．投保建议

对于车险投保主要有以下两点投保建议。

（1）了解保险的保障范围。认真阅读保险公司列明的责任免除部分。如玻璃单独破碎和车身划痕，这两项在大部分保险公司的保险责任中都是免除责任，需要购买专门的附加险。保障范围确定了以后，在相同的保障范围下，通过比较各保险公司给出的价格、服务水平、赔付速度、网点、设置等，寻找这些要素之间的最佳组合。

（2）避免重复保险以及超额投保。在一家保险公司购买保险后，不要再到另外一家保险公司投保。《中华人民共和国保险法》规定，重复保险的保险金额总和超过保险价值的，各保险人的赔偿金额总和不得超过保险价值。因此，即使投保人重复投保，也不会得到超价值赔付。此外，避免超额投保。如车辆价值为 15 万元，却投保了 20 万元的保险，这种情形即为超额投保。根据《中华人民共和国保险法》的规定，保险金额不得超过保险价值，超过保险价值的，超过部分无效。保险金额低于保险价值的，除合同另有约定外，保险人按照保险金额与保险价值的比例承担赔偿责任。

李先生的投保困惑

7.3.2　健康保险

1．健康保险的内涵和种类

健康保险（Health Insurance）是以被保险人的身体为保险标的，使被保险人在由疾病或意外事故所致而受伤害时发生的费用或损失获得补偿的一种保险。构成健康保险所指的疾病必须有 3 个条件：第一，必须是明显非外来原因所造成的；第二，必须是非先天性的原因所造成的；第三，必须是非长存的原因所造成的。理解健康保险的内涵可以从以下几个方面出发。

（1）保险期限。除重大疾病等保险以外，绝大多数健康保险尤其是医疗费用保险常为一年期的短期合同。

（2）精算技术。健康保险产品的定价主要考虑疾病率、伤残率和疾病（伤残）持续时间。健康保险费率的计算以保险金额损失率为基础，年末未到期责任准备金一般按当年保费收入的一定比例提存。此外，等待期、免责期、免赔额、共付比例和给付方式、给付限额也会影响最终的费率。

（3）健康保险的给付。关于"健康保险是否适用补偿原则"问题，不能一概而论，费用型健康保险适用该原则，是补偿性的给付；而定额给付型健康保险则不适用，保险金的给付与实际损失无关。

（4）经营风险的特殊性。健康保险经营的是伤病发生的风险，其影响因素远较人寿保险复杂，逆选择和道德风险都更严重。此外，健康保险的风险还来源于医疗服务提供者，医疗服务的数量和价格在很大程度上由他们决定，作为支付方的保险公司很难加以控制。

（5）成本分摊。由于健康保险有风险大、不易控制和难以预测的特性，所以，在健康保险中，保险人对所承担的疾病医疗保险金的给付责任往往设有很多限制或制约性条款。

（6）合同条款的特殊性。健康保险无须指定受益人，且被保险人和受益人常为同一个人。健康保险合同中，除适用一般寿险的不可抗辩条款、宽限期条款、不丧失价值条款等外，还采用一些特有的条款，如既存状况条款、转换条款、协调给付条款、体检条款、免赔额条款、等待期条款等。

（7）健康保险的除外责任。健康保险的除外责任一般包括战争或军事行动、故意自杀或企图自杀造成的疾病、死亡和残废，堕胎导致的疾病、残废、流产、死亡等。

健康保险案例

健康保险按照保险责任，可分为医疗保险、疾病保险、收入保障保险等。

（1）医疗保险。医疗保险是指以约定的医疗费用为给付保险金条件的保险，即提供医疗费用保障的保险，它是健康保险的主要内容之一。医疗费用是病人为了治病而发生的各

种费用，它不仅包括医生的医疗费和手术费用，还包括住院、护理、医院设备等费用。

医疗保险就是医疗费用保险的简称。医疗保险主要分为普通医疗保险、住院保险、手术保险、综合医疗保险。

医疗保险的常用条款主要有以下 3 种。

① 免赔额条款。免赔额的计算一般有 3 种：一是单一赔款免赔额，针对每次赔款的数额；二是全年免赔额，按全年赔款总计，超过一定数额后才赔付；三是集体免赔额，针对团体投保而言。

② 比例给付条款。比例给付条款又称共保比例条款。在大多数健康保险合同中，对于保险人医疗保险金的支出均有比例给付的规定，即对超过免赔额以上的医疗费用部分采用保险人和被保险人共同分摊的比例给付办法。比例给付，既可以按某一固定比例给付，也可按累进比例给付。

③ 给付限额条款。给付限额条款一般对保险人医疗保险金的最高给付均有限额规定，以控制总支出水平。

（2）疾病保险。疾病保险是指以疾病为给付保险金条件的保险。通常这种保单的保险金额比较大，给付方式一般是在确诊为特种疾病后，立即一次性支付保险金额。

（3）收入保障保险。收入保障保险是指以因意外伤害、疾病导致收入中断或减少为给付保险金条件的保险，具体是指当被保险人由于疾病或意外伤害导致残疾，丧失劳动能力不能工作以致失去收入或减少收入时，由保险人在一定期限内分期给付保险金的一种健康保险。

收入保障保险一般可分为两种：一种是补偿因伤害而致残废的收入损失，另一种是补偿因疾病造成的残废而致的收入损失。

课间案例

为什么年纪越大的人保险费越高

年纪越大的人保险费越高是为了防范参保者的"逆向选择"行为。所谓的逆向选择，就是保险公司希望身体健康的人都来买保险，这样就几乎不必赔付了，可以赚取更多利润。但是从个人角度来讲，身体越不健康的人越需要买保险，但这样保险公司就要不断赔钱。因此，如果没有任何甄别机制，最后参保的人几乎都是身体不健康的人，这与保险公司希望的参保人群完全是相反的，这就导致了逆向选择。如何尽可能地屏蔽掉那些身体不太健康的参保者呢？保险公司主要是用年龄来筛选的。年纪越小，一般来说身体越健康，生病或出事的概率越低，因此对保险公司来说利润就越高。于是，保险公司会鼓励年轻人买保险，而且买得越早，保费越低。此外，保险公司还鼓励客户锻炼身体。例如，如果每周3天步数都超过1万步，那么来年保费可以降低10%，这也是一种激励契约，将参保人和保险公司的利益捆绑在一起，以谋取双赢。

2. 健康保险投保建议

根据《中华人民共和国劳动法》（以下简称《劳动法》）和《中华人民共和国社会保险法》（以下简称《社会保险法》）的有关规定，用人单位应当自用工之日起三十日内为其职工向社会保险经办机构申请办理社会保险登记。未办理社会保险登记的，由社会保险经办机构核定其应当缴纳的社会保险费。因此，社会医疗保险（简称"社保"）在一定程度上具有强制缴纳的性质。所以，此处主要介绍商业健康保险的投保策略。

投保人应当合理地根据自身的条件和需求，选择合适的健康保险。社保对一些进口的药物或是器械的使用等报销的限制较多，而且对报销的额度也有一定的限制。商业保险作为社保的补充，选择可以支付住院津贴以及护理津贴的医疗保险，可以最大限度地降低人们的医疗花费。例如，选择一年期综合保险，涵盖了门诊与住院医疗保障、误工、护理双项津贴及紧急医疗救援服务。商业健康保险的办理与社保不同，而且不同的保险公司办理方式不同，有的通过电话就可以办理，有的在网上就可以办理，而有的则需要自己去保险公司办理。

此外，在选择健康保险的时候，既要关注保障项目，也要注意保险条款中标红的免责范围以及赔偿的限额等方面，避免后期在出险之后获得理赔时与保险公司发生纠纷，给自己带来不必要的麻烦。

7.3.3　人寿保险

人寿保险简称"寿险"，是人身保险的一种，是以被保险人的寿命为保险标的，且以被保险人的生存或死亡为给付条件的人身保险。和所有保险业务一样，被保险人将风险转嫁给保险人，接受保险人的条款并支付保险费。与其他保险不同的是，人寿保险转嫁的是被保险人的生存或者死亡的风险。

微课扫一扫

1. 人寿保险的种类

人寿保险可以分为定期人寿保险、终身人寿保险、生存保险和生死两全保险。

（1）定期人寿保险。定期人寿保险是指被保险人在保单规定期间死亡，身故受益人有权领取保险金，如果在保险期间被保险人未死亡，保险人无须支付保险金也不返还保险费，简称"定期寿险"，该保险大多是对被保险人在短期内从事较危险的工作提供保障。

（2）终身人寿保险。终身人寿保险是一种不定期的死亡保险，简称"终身寿险"，其保险责任从保险合同生效后一直到被保险人死亡之时为止。由于人的死亡是必然的，所以终身保险的保险金最终必然要支付给被保险人。由于终身保险保险期长，故其费率高于定期保险，并有储蓄的功能。

（3）生存保险。生存保险是指被保险人必须生存到保单规定的保险期满时才能够领取保险金。若被保险人在保险期间死亡，则不能主张收回保险金，也不能收回已缴保险费。

（4）生死两全保险。生死两全保险是定期人寿保险与生存保险两类保险的结合。生死两全保险是指若被保险人在保险合同约定的期间里身故，受益人则领取保险合同约定的身故保险金；若被保险人继续生存至保险合同约定的保险期期满，则投保人领取保险合同约定的保险期满金的人寿保险。这类保险是目前市场上常见的商业人寿保险。

> ✏️ **课堂讨论**
>
> 查阅资料，说一说定期人寿保险和终身人寿保险的区别。

2．人寿保险投保建议

人寿保险（简称寿险）既能为人们的生活提供保障，又能帮助人们储蓄，尤其是可以在发生意外时为家人提供继续生活的资本，这是对家庭的尽责。寿险是很重要的，对于它的购买，需要认真仔细地对比选择，下面是有关寿险的投保建议。

（1）评估保障范围。首先应当从保障责任范围来对不同保险公司的寿险产品进行评估。此外，"责任免除"的范围，也是消费者在购买保险产品时需要特别注意的因素。"责任免除"是指保险公司依照法律规定或合同约定，不承担保险责任的范围，是对保险责任的限制，会在保险条款中明文列出保险公司不负赔偿责任的范围。因此消费者在投保之前，一定要先仔细阅读保险合同，弄清楚责任免除的范围，这样才不会在事故发生之后还搞不清楚到底能不能得到保险公司的赔付。

（2）评估性价比。不同公司推出的人寿保险产品，即便是功能、质量完全相同，也往往有着不同的价格。价格不同的主要原因，是不同保险公司运营成本之间的差异。保险公司的精算部门在制定保险产品的价格时，除了要保证保险公司有能力提供合同中规定的各项保障给客户，还要保证这样的价格能够使保险公司的利润维持在必要的水平。而各保险公司在实际经营中，所拥有的市场资源、管理水平、员工的业务能力都不尽相同，这就导致各保险公司的管理成本、财务支出，以及保险公司自身的投资收益水平都必然存在差异。

（3）考虑"免赔期"。现在的健康医疗类保险，在合同中一般都会规定"免赔期"或"观察期"，被保险人如果在约定的这段时间内遭遇疾病，保险公司将会退回保费，但不会予以超额赔偿。设置免赔期，主要是为了保护保险公司的利益，防止被保险人在原本身体状况不良的情况下投保。一般医疗险和重疾险的免赔期从 30 天到 180 天不等。不同保险公司的同类保险产品，免赔期的长短有时会有所不同。由于免赔期长短的不同，同等价格和保障范围的保险，在性价比上可能会有较大的差异。

（4）理财型寿险要算"总账"。现在的人寿保险，功能早已不仅限于风险保障。对于投资理财型寿险，不能直接比较保险的绝对价格，因为日后的收益可以抵销一部分前期缴纳的保费，因此同等价格的保险，收益回报越高的，投入成本越低廉。此外，如果购买的是万能人寿保险和投资连结保险，还必须仔细了解产品各项费用的收取情况。万能人寿保险和投资连结保险收取的保费，在进入用于资产积累的个人投资账户前，都要扣除各项费用。这些费用主要包括前期的初始费用、风险保险费、保单管理费、资产管理费等，以及后期收取的买卖差价、退保手续费等。因此，前期扣除的费用越多，最终进入投资账户中的资产积累就越少。

（5）保险金额并非越大越好。许多人对保险的认知是保障越多越好，所以终身寿险才会那么畅销。然而这样的观念并不正确，保障只要足够就可以，并不是越多越好。例如，保障的需求为 500 万元，那么投保 1 000 万元不是更好吗？保障指的是被保险人身故后，受益人（遗属）可领取的保险金。过多的保险意味着得多缴保费，导致目前的生活质量被拉低，换取遗属在自己身后过更好的生活。所以，保障只有在需要时才保险，否则就该将保费省下来，用来提高生活质量或创造更高收益。那应如何检验自己有哪些保险需求呢？一个最高指导原则，就是只保所担心的事情。例如，担心不幸落在自己身上，未来小孩的生活及教育费用该怎么办，那就投保寿险直到小孩长大独立生活为止，这样的担心就可以通过保险来化解。

🐝 **课间案例**

胡适论人寿保险

1933年4月9日，上海《申报》的"人寿保险专刊"第四期，刊出了胡适的一幅题词，堪称中国知名学者向国人推荐人寿保险的一次"先例"。胡适的题词如图7-1所示。

人寿保险含有两种人生常识。

第一，"人无远虑，必有近忧"，所以壮年要做老年的准备，强健时要做疾病时的计划。

第二，"日计不足，岁计有余"，所以微细的金钱，只需长久地积聚，可以供重大的用度。

由中华人寿保险协进社主编的这份专刊，以胡适为"金字招牌"来宣传人寿保险，招徕投保民众，当然用心良苦。在当时我国保险业尚不发达，国外保险公司尚占据我国保险业主体的情势之下，让知名学者胡适来做号召，颇合时宜。

当然，很长一段时间里，胡适自己或奔忙于外界的社会活动，或专注于书斋里的学术研究，在投资理财方面并未有过太多关注与涉足，并不算是我国学者里的"理财通"。

图 7-1 胡适的题词

但20世纪30年代以来，胡适为自己购买了人寿保险与财产保险，在我国学者接受保险理财方面，又走到前列。他在1935年12月30日的日记中，曾提道："到浙江兴业银行，到中孚银行，把寿险费及书籍保险费还了。"这一次年底还付保险费的记载，至少说明，胡适此时已经将自己的健康及作为学者重要财产的个人藏书，一并纳入了每一年度的保险计划中了，因此也要在日记中郑重其事地记录。

但胡适晚年流寓美国时，并未能像在中国时那样，有计划地实施个人保险计划。这导致他一度贫病交加，当心脏病复发入院治疗时，医疗费也成了难题之一。实际上，他曾想过要在美国参投"医保"，但因其年老多病，被拒之门外。对此，他感慨地说过这样的话："美国资本主义很坏，我这个年纪大了后，我想买保险，他们嫌我年纪大，嫌我心脏病……"。

无怪乎，胡适老年曾将保险与人生伦理联系起来，做过这样一番感叹。他说："保险的意义，只是今天作明天的准备；生时做死时的准备；父母做儿女的准备；儿女幼时做儿女长大时的准备；如此而已。今天预备明天，这是真稳健；生时预备死时，这是真旷达；父母预备儿女，这是真慈爱。能做到这三步的人，才能算作现代人。"

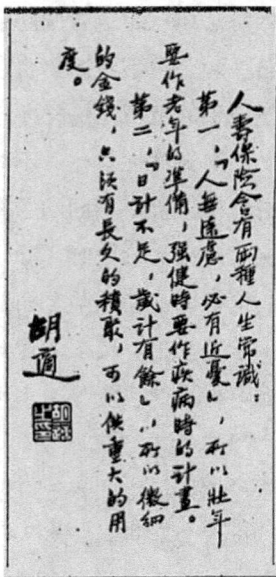

7.3.4　意外伤害保险

意外伤害保险（Accident Injury Insurance）简称"意外险"，是以意外伤害而致身故或残疾为给付保险金条件的人身保险。伤害也称损伤，是指被保险人的身体受到侵害的客观事实，由致害物、侵害对象、侵害事实三个要素构成。意外伤害保险有三层含义：①必须有客观的意外事故发生，且事故原因是意外的、偶然的、不可预见的；②被保险人必须因客观事故造成人身死亡或残疾的结果；③意外事故的发生和被保险人遭受人身伤亡的结果，两者之间有着内在的、必然的联系。

一般来说，意外险相对比较便宜，这是因为只有意外所造成的死亡或残疾才会理赔，如发生车祸、电梯坠楼等事故，而因为疾病所造成的身故就不会理赔。同样的保额，意外险的保费当然会比寿险少，这是因为意外险涵盖的保障较少。例如，保障需求为 500 万元，如果寿险只保 100 万元、意外险保了 500 万元。万一不幸发生疾病身亡，就只有 100 万元的理赔金，保障缺额为 400 万元。若是意外身亡却有 600 万元的理赔金，保障金额多出了 100 万元。正确的投保方式是投保定期寿险500 万元，意外险就不必了，因为如果发生意外死亡，定期寿险也会理赔。

年轻人虽然因疾病死亡的概率很小，大多都是因为意外而死亡，但年轻人并不能仅仅投保意外险。例如，一年的保障需求为 500 万元，并不能仅仅投保 500 万元的意外险。因为万一发生疾病身亡就得不到任何保险赔偿。其实年轻人因疾病身亡的概率很低，寿险保费也很低，所以定期寿险的保费只比意外险的保费多一些。意外险以及定期寿险的保费不会相差太多，只有终身寿险的保费会很高。所以应该用定期寿险的低保费来使保障充足。

7.4　投资型保险

投资型保险从本质上来说是以一部分保费用于对投保人进行保障的同时，将另一部分资金剥离开来，由保险公司"代客理财"。一般来说，投资型保险产品主要分为：分红险、万能险和投资连结险。分红险、万能险和投资连结险的风险依次递增，但风险越大回报越高。分红险承诺客户享有固定的保险利益，因此一旦投资不力，保险公司必须自己"买单"，来填平差额。万能险除了基本保障功能不受投资表现的影响之外，还有着最基本的保底收益。投资连结险不承诺保底收益，一般在股票、债券市场向好的情况下，投资连结险的收益较大；而一旦股票、债券市场表现不佳，有保底收益的万能险的优势就凸显出来了。

投资型保险产品与传统型保险产品的区别和联系如表 7-3 所示。

表 7-3　　　　　　　　　投资型保险产品与传统型保险产品的区别和联系

项目	传统型寿险	分红险	万能险	投资连结险
保费缴纳方式	固定	固定	不固定	不固定
保单利率	固定预定利率	固定预定利率	不固定，但通常有较低的保证利率	不固定

（续表）

项目	传统型寿险	分红险	万能险	投资连结险
现金价值	固定	固定预定利率，超过部分以红利发放	不固定，但通常有保证最低现金价值	不固定
投资收益	固定	按保险公司产生之盈余分配，并无保证红利	大部分有最低保证报酬率，实际收益与保险公司专门账户的投资收益相关	实际收益由保户选择的分离账户投资项目决定
保险保障	缺乏弹性	缺乏弹性	富有弹性	富有弹性
客户偏好	风险厌恶者	红利分配提高客户的兴趣	大部分有最低保证报酬率，也具有高报酬的可能	客户承担投资风险，具有高报酬的可能，适合风险偏好者

投保投资型保险所支出的保费相对传统型险种要高：假设传统型保险和分红险获得同样的保障，传统型保险需要投保人支付 10 元，则分红险可能要求投保人支付 11 元。这主要是因为支付的 11 元中，10 元用来行使保障功能，而剩下的 1 元则被用于投资；由于投资存在风险，分红险的保费会相应提高。分红险用于投资的 1 元可能会带来较大的收益，从而使整个 11 元最终得到的回报超过传统型保险 10 元的回报。

投资型险种属于中长线投资，长期持有才比较划算。保险理财是合理避税的有效途径，投资连结险及万能险是集保障、投资、收益保底三种功能于一身的创新型保险理财产品，可以规避通胀风险及利率风险，兼具保值增值的双重功能。保单质押贷款可为投保人提供融资渠道，具有经济附加值功能。

投资型保险对保险公司的资金运用能力要求较高，购买时要注意以下几点：①保险公司经营的稳健程度，毕竟保障资金的安全是最重要的；②保险公司的资金运用能力；③保险公司信息披露的透明度；④保险公司的管理费、手续费提取的计算方法和比例；⑤保险费的缴纳和保险金的提取的限制程度等。

知识链接

国外"奇怪"的保险

（1）伊朗的"肚皮保险"。

"肚皮保险"这个奇特的险种来自伊朗。闻名全球的"肚皮舞皇后"逊娅·班加敏认为自己的肚皮非常值钱，于是她为肚皮投了保，整个保险金额无人知晓。据说只要她的肚皮出现一个从前没有的斑点，保险公司就要赔偿400万美元的保险费。

（2）荷兰阿姆斯特丹的"外星人劫持险"。

荷兰人把保险的新奇发挥到了极致。一家名为哈伯利的保险公司向人们推出了一些奇特的险种。不少险种都令人匪夷所思，其中就有"外星人劫持险"。如果有一天保户不幸被外星人劫持，便可向保险公司提出理赔要求。保险公司会赔偿5 000欧元。

7.5 保险规划

人生每个阶段都会面临不同的风险，特别是随着人口老龄化进程的加快，人们的平均寿命延长，这就促使人们产生了更多的人身和财产的保障需求。在人生的各个阶段，人们都应该为自己购买一份保障。生活重心不同，每个阶段的保险规划也应有所不同。保险规划是个人理财的一部分，它针对人生中的风险进行定量分析，做出适当的财务安排，避免风险发生时给生活带来冲击。保险规划的目的在于通过对个人经济状况和保险需求的全面分析，帮助自己在人生的各个阶段选择合适的保险产品，减少财务上的较大损失。

7.5.1 保险规划的基本原则

保险规划应遵守以下几项基本原则。

1. 保费支出量力而行

保费的支出要根据个人家庭收入的支出和保险需求的多少等因素来确定，不能一概而论。通常来说，一个家庭每年的保费支出应以家庭年收入的 10%为宜。保费太少，可能购买不到足够的保险；保费支出过多，则会影响家庭的生活质量。

2. 保险金额恰到好处

与保费支出一样，保险金额也要根据家庭的具体情况而定。通常，确定保险金额有以下几种方法：倍数法、生命价值法、遗嘱需求法等。这几种方法各有各的特点和利弊，有的考虑了一般经验，有的则需要在进行了科学分析后确定。对于普通家庭来说，考虑一般经验的倍数法，能够比较简便而准确地确定家庭保险金额，即每个家庭所需要的寿险保额约为家庭年收入的 10 倍。如果一个家庭的年收入是 10 万元，那么这个家庭合适的保额需求应该是 100 万元。

3. 保险对象"先大人后孩子"

在家庭收入有限的条件下，一个家庭中首先被保障的成员应该是家庭的经济支柱。只要家庭收入主要来源者健在，家庭的收入就不会中断。如果家庭遇到了意外风险，财务上还是有办法解决的。如果家庭收入主要来源者不在了，整个家庭收入就会中断，家庭生活就会陷入瘫痪。所以首先应该保障家庭经济支柱，在家庭经济支柱得到充分的保障后再保障家庭其他成员。

有些人在投保时认为，孩子的抗风险能力弱，应该先给孩子投保。但是，"皮之不存，毛将焉附"，父母作为家庭的经济支柱，往往比孩子更需要保障。因为只有父母健康，才能保障家庭有持续的收入，孩子才能正常地生活和成长。

4. 保险类型"先保障后投资"

从功能上分，保险分为两类：保障型和投资型。前者一般可以较低的保费投入取得较高的保额保障，而后者的主要功能是投资，其保障功能一般较为简单，且保额较低，不能很好地体现保险的"保障"功能。所以，在购买保险时，应根据自己的需要进行选择。在全球金融震荡的形势下，各种不可预测的情况较多，因此应将保障功能作为购买保险产品的主要目标，在满足了基本的保障型保险需求后，再根据自身和家庭情况适当进行投资型保险的配置；另外，投资型保险的风险较大，因此应该尽量避免投保这类保险。

7.5.2 生命周期与保险需求

保险规划就是从个人的实际需求出发，分析个人在人生的不同发展阶段所面临的风险，来制订个性化的保险计划。

1. 第一阶段"未成年期"：0～18 岁

未成年期主要指从出生到开始独立工作的一段时期。未成年人没有任何收入，只有支出。未成年人的社会保障力度比较小。少年儿童一般活泼好动，发生意外伤害的概率较高。在家庭责任方面，未成年人是被照顾的对象，没有家庭责任。少年儿童面临的最大风险是意外伤害和重大疾病。

这是由父母替孩子买保险的阶段。在 0～8 岁婴幼儿时期，孩子容易得一些流行性疾病，所以在这一人生阶段主要考虑意外风险保障和必要的医疗保障。健康险是以被保险人的健康状况为基础，以补偿被保险人的医疗费用为目的的一类保险，包括疾病保险、医疗保险、护理保险等。到了 8～18 岁的少年时期，除了需要考虑意外或者疾病导致的直接或者间接的经济损失外，还需要考虑青少年教育方面的保险需求。教育金险具有储蓄功能，相当于为短期的大笔教育支出做长期准备。购买保险能让这一阶段的青少年在任何情况下都能接受良好的教育。

2. 第二阶段"单身期"：19 岁到组成家庭

单身期是指从独立工作到结婚组成家庭的一段时期。进入单身期后，我们开始了自己的职业生涯，经济上实现自给自足。这个阶段收入一般不会很高，而且花钱的地方比较多，存款比较少。

另外，大多数单身期青年的父母仍然在工作，而且基本上处于事业的高峰阶段，单身期青年的父母不需要依靠孩子而生活。所以单身期青年的生活比较自由安逸，身上也没有沉重的家庭责任。

年轻人刚步入社会，一般都有一定的收入，但可能不高也不太稳定。在消费方面往往无计划，因而不易有积蓄，经常出现需要用钱时无现钱可用的情况。同样也因为年轻，人们承受失业等风险的能力强，抵御疾病的能力也比较强。所以，在这一人生阶段的保险需求较弱，主要是一些对意外风险的保障。但是，在这一阶段的年轻人可能有父母需要赡养，需要考虑购买定期寿险，以最低的保费获得最高的保障，确保有不测发生时，有保险金支撑父母的生活。

3. 第三阶段"已婚青年期"：组成家庭到 40 岁

已婚青年期是指从组成家庭到 40 岁左右的一段时期。这个阶段是人生中最为艰难的时候，工作压力最大，家庭的责任也最大。这个阶段的收入会不断增加，但是开销也很大。这个阶段所面临的风险除了意外伤害和重大疾病以外，最大的风险就是早亡和收入中断。如果处于已婚青年期的年轻父母在这个阶段早亡，对家庭的影响是最大的。如果处于已婚青年期的年轻父母在这个阶段残疾了或患了重病，那么不但自己的收入会中断，而且整个家庭的支出还会大幅增加。这样家庭的资金链就很容易断裂。

已婚青年期的人所面临的风险从大到小依次是：意外伤害、重大疾病和死亡。所以已婚青年期的人主要需要意外伤害、重大疾病和定期寿险。因为已婚青年期的人的家庭责任大，收入也相对较高，万一出现意外，造成的后果和收入中断的成本都很高。所以已婚青年期的人需要加大意外伤害险和重大疾病险的额度。如果收入水平不高，则可以重点加大意外伤害保险的额度，不买定期寿险。另外在 30～40 岁这个阶段，有部分人实现了财务自由，甚至成了富豪。如果此时已经实现了财务自由并且非工资类收入已经远大于生活开支，如年非工资类收入大于年生活支出的 5 倍，在这种情况下，保险已经不再是必需品。因为非工资类收入已经可以应对意外事件带来的重大损失。此时可以根据家庭的具体情况来确定是否还有继续买保险的必要。

这一时期的保险规划，一般以家庭的主要经济支柱为主。夫妻双方都可以选择保障性比较高的终身寿险，并附加一定的医疗险和意外险。在经济条件允许的前提下，还可以选择投资分红类产品。

4. 第四阶段"已婚中年期"：40 岁到退休

已婚中年期是指从 40 岁到退休的这段时间。在这个阶段，孩子已经长大，自己的事业也更稳固了，事业和收入达到了巅峰阶段，家庭支出开始减少。这个阶段的人身上的担子开始变轻了，人却开始变老了。死亡和收入中断的风险对家庭经济的影响也开始逐渐降低。随着日益临近老年，这个阶段的人必须开始考虑自己的养老问题。

已婚中年期的人所面临的风险从大到小依次是：意外伤害、重大疾病、养老、死亡。已婚中年期的人主要需要意外伤害保险、重大疾病保险、养老年金保险。

对于家里的经济支柱，应该将其作为重点投保对象，考虑其因遭受意外疾病或者意外伤害时产生的保险需求，为其购买意外疾病险、人寿保险，从而为家庭设置一个保险屏障。该阶段的人面临着其子女接受教育的经济压力。若是考虑子女教育经费的需求，则可以选择教育金等储蓄性的或商业保险产品。子女还小时，也可以购买一些有关儿童保险的复合险种，这些险种能够覆盖孩子的教育、医疗、创业、成家、养老等。

5. 第五阶段"退休养老期"：退休以后

随着现代人平均寿命的延长，对于退休后的生活保障方面的保险需求也越来越多。按一般人 60 岁退休计算，退休后有 15～20 年的收入下降期。

退休养老期是指从退休到生命结束的这段时期。退休后，人们有了充足的空闲时间，但身体已经不如以前了。大部分人的收入主要依靠社保养老金。除非此时已经实现了财务自由，否则收入水平会大幅降低。但这个阶段的支出却会增加，医疗支出的比重占总支出的比重会越来越高。人一生中 70% 的医疗费用是在人生最后 30% 的时间花费的。

在这个阶段，很多老人会出现入不敷出的现象。在这个阶段首先考虑的应该是养老风险，其次是疾病风险，再次是意外伤害风险。退休养老期所面临的风险从大到小依次是：重大疾病与意外伤害、养老。

退休后，尽管可以享受年轻时为自己投保的成果（如养老金保险），但还需要购买一些保险，如重大疾病保险、意外保险等。

此时，对于老年人来说，很多保险都买不到了，此时唯有非工资类收入能给老年人带来最大的保障。因为在通货膨胀的影响下，无论是退休金、养老金还是储蓄，都不能给老年人带来足够的保障。

7.5.3　保险规划步骤

保险规划主要有以下几个步骤。

1. 确定保险需求

进行保险规划制定的第一步就是要分析自身面临的潜在风险及相应的损失类型，进而确定自己的保险需求。保险需求的确定应该从以下三个方面入手。

第一，在进行保险需求分析时，应当首先考虑自己已经具备的各种保障，如现在个人和家庭的经济收入和未来收入的预计、其他储蓄及财产、现有福利或保单，分析自己面临的潜在风险，并考虑其相应的处理方法。

大部分人都处于三层保护之中，即社会保障、企业福利和商业保险。社会保障是保障的基石，其保障全面，但是力度不够；企业福利是在社会保障基础上的补充；商业保险是最终的补充。在购买商业保险时，有无社会保险是首先需要考虑的一个主要因素。一般来讲，有社会医保的居民，通过个人医保账户和社保统筹部分，每年大约有70%的医疗费用可以通过社保报销。购买商业保险的时候，意外医疗和重大疾病保险的保额可以适当降低，这样可以节省保费。

第二，确认投保风险，拟定投保预算，对个人或家庭的日常开销、债务负担等做出估算，确定投保的目的。

第三，确定投保标的和保险利益。保险标的是指作为保险对象的财产及其相关利益，保险利益是投保人或被保险人对投保标的所具有的法律上承认的利益。法律规定，投保人对保险标的应当具有保险利益。保险标的与保险利益互为表里、互相依存，保险标的是保险利益的有形载体，保险利益是保险标的的经济内涵，是投保人转嫁风险的经济额度，同时也是保险人确定其承担最高责任限额的重要依据。

2. 选择保险产品

人们在生活中面临的风险主要有 3 种类型：人身风险、财产风险和责任风险。由于同一个保险标的也会面临多种风险，所以在确定了保险需求和保险标的之后，要对市场上的众多保险产品在价格和功能上进行对比分析，选择合适的保险产品。例如，经常出差的人员，所面临的意外伤害风险较大，则应选择意外伤害保险。此外，在确定购买保险产品时，还应该注意合理搭配险种。投保人身保险时，可以在保险项目上进行组合，如购买一个至两个主险附加意外伤害、重大疾病保险，从而得到全面保障。但是，在全面考虑投保的项目时，还需要进行统筹安排，避免重复投保，从而减少保险费用，得到较大的费率优惠。

3. 确定保险金额

保险金额是当保险标的的保险事故发生时，保险公司所赔付的最高金额，也是保险公司收取保险费的计算基础。一般来说，保险金额的确定应该以财产的实际价值和人身的评估价值为依据。保险金额等于保险价值是足额保险，保险金额低于保险价值是不足额保险。保险标的发生部分损失时，保险公司按保险金额与保险价值的比例赔偿。保险金额超过保险价值是超额保险，超过保险价值的保险金额无效。因此，在进行保险规划时要结合保险标的的特性，来确定合理的保险金额。

（1）财产保险的保险金额。对于一般财产，如家用电器、交通工具等财产保险的保险金额由投保人根据可保财产实际价值自行确定，也可按照重置价值来确定；对于特殊财产，如古董、珍藏等，则要请专家评估。购买财产保险时可以选择足额保险，也可以选择不足额保险。由于保险公司是按实际损失程度进行赔偿的，所以一般不会出现超额投保或者重复投保的情况。

（2）人身保险的保险金额。由于人是一种社会性动物，其精神的内涵超过了其物质的内涵，所以，人的价值是很难估量的。但是从保险的角度可以根据人的性别、年龄、配偶的年龄、月收入、月消费、银行存款或其他投资项目、银行的年利率等，计算虚拟的"人的价值"。目前，对"人的价值"的评估方法主要有生命价值法、财务需求法、财产保存法等。但是，通过这些方法计算出来的"人的价值"并非一成不变的，每年都需要运用这些方法对"人的价值"进行重新计算，以便调整保额。因为人的年龄每年在增大，如果其他因素不变，则其生命价值和家庭的财务需求每年都在变小，其保险就会从足额保险逐渐变为超额保险。如果投保人的收入和消费每年都在增长，而其他因素不变，那么其价值会逐渐增大，原有保险就会变成不足额投保。

（3）意外险（定期寿险）的保险金额：家庭需求法。家庭需求法的出发点是，当家庭经济支柱发生事故时，可以确保至亲的生活准备金总额。

家庭需求法的计算方式是：将至亲所需生活费、教育费、供养费、对外负债等费用相加，即可得到所得缺额；然后用所得缺额乘以被保险人的收入占家庭收入的比例，作为保额的粗略估算依据。

例如，小白还有 30 年退休，家庭目前年收入 30 万元，小白年收入 20 万元，小白老婆年收入 10 万元，每年最大支出就是大约 10 万元的房贷，加上其他开支，总支出 20 万元左右。考虑到小白家最大的开支——房贷要还 20 年，他还需要以保险补偿家庭未来 30 年的开支，那么确定他的家庭需求为：20×20+（20-10）×10=500（万元）。所以小白的意外保险额度应为 500×2÷3≈333（万元）。因此小白需要购买 350 万元保额的意外险。同样我们可以算出小白需要购买定期寿险的额度也为 350 万元。

（4）重疾险保额的评估方法。

第一，治疗费用。目前重大疾病的基础治疗费用为 20 万元左右。

第二，调养费用。重大疾病的调养费用一般不低于 10 万元。

第三，收入补贴。得了重大疾病以后，大部分人没法正常工作。对于家庭来说正常的支出是必不可少的。这部分费用可以用 3 年的收入来估算。

在有社保的情况下，重疾险的保额不应低于 50 万元；在没有社保的情况下，重疾险的保额还应提高至 100 万元。

4. 确定保险期限

在确定保险金额后，就可以根据自身的实际情况来选择合适的保险期限。财产保险、意外伤害保险、健康保险等保险品种，一般多为中短期保险合同，如半年或者一年，但是在保险期满后可以选择续保或者停止投保。对于人寿保险而言，保险期限一般较长，如15年、20年、30年，甚至直到被保险人死亡为止。在制定保险规划时，应该将长、短期险种结合起来考虑。此外，也要选择合适的缴费时间，与投保人的经济收支状况、承受能力，以及投保人所追求的付出与保障的需求相匹配。

5. 确定保险公司

购买保险不同于购买一般商品。保险真正发挥作用是在未来发生保险事故造成损失的时候，所以需要认真阅读保险条款，尤其要关注保险公司的售后服务和理赔声誉，这是及时获得保险赔偿的基础。一般可以从资产结构、偿付能力、信用等级、管理效率、服务质量、从业人员的专业化程度等几个方面来评价保险公司的优劣。

6. 保险规划的动态调整

随着时间的流逝，家庭会发生变化，财务状况也会改变，面临的风险也会不同。相应地，家庭保险的组合就需要进行调整。如果变化比较大，需要重新评估，以确保保险计划跟上实际的需要。

保险规划是一个动态的过程，不会因为一次购买而结束，需要定期评估保险规划。因为每个人的财务收支、财产结构、身体状况、家庭责任、家庭结构以及外部经济环境等因素都在不断变化，都会影响保险需求和已有保险的效率，所以我们需要对保险规划做出实时调整，并保证保险合同的安全性、有效性、合理性。

单收入家庭保险规划

三口之家保险规划

思考与练习

1．简述个人保险的品种和类型。

2．如何确定个人合理的保险金额？

3．如何进行保险规划的动态调整？

4．试举例分析不同家庭财产保险的差异性。

5．结合自身所处的人生阶段，试分析自身有哪些保险需求。

6．简述保险规划的主要步骤。

7．与其他金融理财比较，保险理财有哪些优势？

8．简述保险理财规划的主要步骤。

9．简述不同风险偏好下的个人理财策略有什么不同。

案例分析

王小姐的保险计划

王小姐目前居住在合肥，是一名医药销售顾问，每月收入7 000元，支出3 000元，其中生活开支1 550元，保险费支出550元，房租支出900元。年终奖为8 000元左右。她买了20万元的股票目前被套，账面有一定的损失，王小姐手中有将近20万元的定期存款，1万元活期存款。另外，目前王小姐还没有自有房屋。她买了一些保险，但不知道买的产品是否适合自己。

由于一直在外做推销工作，王小姐非常重视自己的保障，除了公司的最基本保障外，自己还购买了各种保险，每月要缴纳保险费550元。王小姐购买的所有险种如下。

A公司：2016年时购买返还型养老险，每年缴费521元。

B公司：2016年时购买一生平安险一份，附加住院医疗险，每年缴费760元。

C公司：重大疾病险10份，每年缴费1 800元；递增养老险10份，每年缴费3 340元。

思考：

1. 王小姐目前的险种设计和缴纳的保险费是否合理？为什么？

2. 请你为王小姐制订一份合理的保险计划。

第8章 | 子女教育金规划

教学目标

（1）了解教育金规划的概念。

（2）理解教育金规划的原则。

（3）掌握教育金规划的步骤。

（4）了解教育金规划工具的种类和特点。

（5）了解教育金投资的成本与收益。

1979 年诺贝尔经济学奖得主西奥多·舒尔茨（Theodore Schultz）在《论人力资本投资》（*Human Capital Investment and Urban Competitiveness*）中强调了人力资本对个人财富和国家经济增长的重要性。他估测，在美国 1929—1957 年的国民经济增长额中，约有 33%是由教育形成的人力资本做出的贡献。而且，人力资本投资不仅影响自身财富水平，还会产生"代际传递效应"。1992 年诺贝尔经济学奖得主加里·贝克尔（Garys Becker）发现，学历越高、工作能力越强的人，越重视子女的人力资本投资，从而有助于提高子女未来的劳动生产力和收入。学历较低的人则相反，最终形成贫富差距的代际传递。

教育规划实质是由人生规划、自身条件及经济准备三方确定的，但是子女教育金支出又是一笔庞大的数字，在家庭开支中仅次于购房，因而需要尽早规划。本章首先介绍了教育金规划的概念和意义，然后介绍了几种教育金规划的工具，接着阐述了合理进行教育金规划的方法及步骤，为读者合理规划教育理财提供参考。

8.1 | 子女教育金规划概述

教育金规划是指为实现预期教育目标所需要的费用而进行的一系列资金管理活动。从内容上看，教育金规划包括本人教育金规划和子女教育金规划两种，自我完善和教育子女都是人生重要的内容。因此，以实现子女教育金规划为目的的教育理财作为理财规划的组成部分，与理财规划的其他内容一样有着重要的地位和作用。本章主要讨论的是子女教育金规划，即为子女将来的教育费用进行规划和投资。对子女的教育投资可以分为基础教育投资和高等教育投资。

微课扫一扫

8.1.1 子女教育金规划的意义

子女教育金规划在生产性、长期性及阶段性方面具有重要意义。

1. 生产性

教育是一种生产性投资，用于教育的支出并非消费支出而是一种投资，即教育投资。它将增进子女的知识和技能，使子女未来能获得较大的职业适应性、较多的就业机会、较高的收入等。

2. 长期性

子女教育是一项长期的投资，从子女出生开始，一直到子女大学教育期，子女教育金规划都是理财规划的核心。因此在这漫长的时期如何做好规划，使资金得到合理的安排是相当重要的。大中城市教育费用情况如表 8-1 所示。

表 8-1　　　　　　　　　　　　大中城市教育费用情况

单位：元

阶段	节约教育	一般教育	奢侈教育
幼儿园	18 000	24 000	52 000
小学	60 000	105 000	150 000
初中	25 000	65 000	100 000
高中	25 000	65 000	100 000
大学	60 000	80 000	120 000
研究生	30 000	100 000	200 000
总计	218 000	439 000	722 000

注：以上费用均不含衣、食、行等各项生活费用的支出。数据根据东部沿海某城市相关报刊资料估算。

3. 阶段性

子女成长的每一个阶段都需要规划。无论在子女成长的哪个阶段，都有相应的教育目标要去实现，而这些阶段的教育目标的实现，不可避免地要涉及各种费用和支出，同时这些阶段的教育目标之间都有着延续关系，如果因为资金不到位，其中某个阶段的教育目标未能实现，就可能影响下一阶段的教育目标完成。

课间案例

美国大学文凭回报率高于股市

布鲁金斯学会（Brookings Institution）发布的一项研究称：比起股票、债券、房产，甚至是黄金来说，大学文凭的回报率要更高。

平均而言，四年的大学学位相当于一笔年回报率在15.2%的投资。这一数字是自20世纪50年代以来的股票投资平均回报率6.8%的2倍还多，是公司债券平均回报率2.9%的5倍还多；而黄金的平均回报率是2.3%，长期政府债券的平均回报率是2.2%，房产的平均回报率是0.4%。

不可否认，大学教育需要提前支付大笔成本。

但从长期来看，这笔投入十分划算。

知识链接

教育收益率

教育收益率是对一个人或一个社会因增加其受教育的数量而得到的未来净经济报酬的一种

测量。教育收益率指标(L)，是指教育的收益净现值除以教育投资的成本现值之后，再乘以100%所得的数值。L值越大，高等教育的经济收益就越高。

尽管在各个国家，教育收益率各不相同，但无可争议的是，提高文化水平对于增加个人收入作用明显，这是市场经济和工业化社会的普遍规律。布鲁金斯学会选取1950—2010年的数据，计算不同投资标的的年收益率（见表8-2），结果表明：金融资产和非金融资产的年收益率仅为0.4%～6.8%，而人力资本的年收益率超过了15%，是资产负债表上最具投资价值的资产。该项研究还表明，获得本科学历的人，其一生的收入比只有高中学历的人平均高出570 000美元。这表明尽早构筑人力资本非常重要，这样你就能在更长的时间内获得更高的年收益率。

表 8-2　　　　　　　　　　　不同投资标的的年收益率

投资标的	真实年收益率（%）
本科学历	15.2
股票市场	6.8
AAA 级公司债券	2.9
黄金	2.3
长期国库券	2.2
房产	0.4

8.1.2　子女教育金规划的特点

子女教育金规划与一般理财规划的区别在于：子女教育金规划必须是专款专用，不能将这笔资金挪去购房或购车；子女教育金的理财工具宜保守，保本是最高指导原则。获利性较高的理财工具风险性也高，一般开始累积的时间要早。具体而言，子女教育金具有以下特点。

1. 缺乏时间弹性

子女到了一定的年龄就要上学，不能因为没有足够的学费而延期。

2. 缺乏费用弹性

各阶段的学费相对固定，不管各家庭收入与资产状况如何，负担基本相同。

3. 金额较高且不确定

子女的资质无法事先掌握，自觉性较高的子女与漫不经心的子女，在求学期间所花费的费用差距甚大。子女教育金必须靠自己来准备，对于单位就职者，个人养老金账户用在退休方面，住房公积金账户用在购房方面，但是没有为子女教育强制储蓄的账户。子女教育支出占当年支出的金额不是最多的，但子女从小到大将近 20 年的持续支付，总金额可能比购房支出还多。教育的支出增长率较一般的物价增幅要高。子女教育金的具体投资目标不能太保守，其收益率至少要高于学费增长率。

课堂讨论

说一说为什么要做子女教育金规划。

8.1.3　子女教育金规划的原则

子女教育金规划应遵循以下几个原则。

1. 适度宽松的原则

父母的期望与子女的兴趣、能力可能有差距。子女在人生的不同阶段，其兴趣爱好也在发生变化。因此在制定子女教育金规划时，应以较宽松的角度来准备教育金，以更好地应对子女不同的选择。如果子女独立性较强，可能会在寒暑假打工赚取学费，或者申请到奖学金，则可大大降低父母的负担。但由于这是不确定的因素，所以不能事先做这样的假定，在筹集教育经费的时候还是以宽松为好。就算是多筹集资金，也可以将已准备的钱当作自己未来的退休金，降低退休后对子女的依赖程度。

支付子女高等教育金的阶段，与准备自己退休金的黄金时期高度重叠，应避免顾此失彼。对一般家庭而言，退休金与子女教育金规划很难兼顾，培养子女的独立性才有可能以有限的投资与储蓄在自己的退休金与子女的教育金之间取得平衡。

2. 提前规划的原则

开始规划的时间（或准备累积的期间）越早（长），时间复利的收益就越好。例如，每月投入 1 000 元，在 4%的平均报酬率下教育金规划的效果如表 8-3 所示。

表 8-3　　　　　　　　　　在 4%的平均报酬率下教育金规划的效果

开始规划的时间	高等教育金累积期间	教育金终值
孩子出生起	18 年	31.7 万元
学龄前教育结束	12 年	18.5 万元

3. 专款专用的原则

教育金的筹备贯穿子女的整个教育阶段，周期较长。很多人容易犯的一个错误就是定力不够，在中途把教育金用于其他用途，等孩子进入大学或需要继续深造的时候，才发现资金不足。专款专用是教育金筹备过程中应该遵循的重要原则。

4. 稳健投资的原则

保证有足够的教育金，很重要的一点就是要让教育金保值增值。有些家长追求简单便利，直接把钱储存在银行。若干年之后他们可能发现，自己准备的教育金并没有增值多少，甚至出现了贬值。为了避免这种情况的发生，家长应该对教育金的筹备做一个周详的分析和计划，结合自身的实际，寻求多种理财方式，确保做到保值增值。

8.2 | 子女教育金规划步骤

子女教育是长期而且复杂的。应根据子女的兴趣爱好和实际情况，确定适合子女发展的目标，然后按照这个确定的目标进行财务规划，才能有针对性地引导子女朝着这个既定方向发展。子女教育金规划流程如图 8-1 所示。

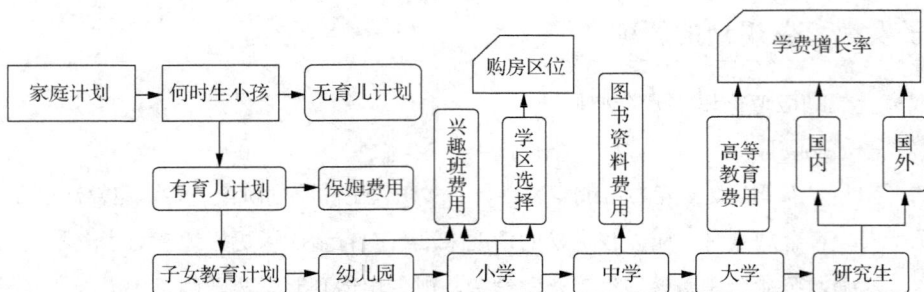

图 8-1　子女教育金规划流程

子女教育金规划的步骤包括设定投资目标、规划投资组合计划和执行与定期检查，子女教育金规划的步骤如图 8-2 所示。

图 8-2　子女教育金规划的步骤

1. 设定投资目标

制订教育金计划不仅需要全面评估目前的情况，还需要根据现有的数据与信息，预测出十年、几十年之后的状况，并为此制定规划，持之以恒。

（1）估计预算。根据孩子的特点和家庭的实际情况，确定预期教育程度，并根据当前教育的费用水平，估算出所需要的费用。幼儿园、小学、初中、高中和大学是绝大部分孩子都必须经历的学历教育过程。这部分的费用是必不可少的。之后的硕士、博士或者海外留学，则会因人而异。

（2）了解费用。为了更精确地了解所需教育金的金额，需设定一个通货膨胀率，计算未来孩子入学时所需要的实际费用。同时，还需要把教育费用的增长率考虑在内。一般来说，教育费用的增长率一般要比通货膨胀率高，在计算时还应在通货膨胀率上加上 2~3 个百分点。

（3）计算缺口。计算子女教育资金缺口。根据现有资产及达成教育目标所需要的资金，就可以计算出子女教育资金的缺口。通过对未来所需费用的贴现，可确定一次投资所需费用或分次投资所需资金。

（4）设定投资期间。投资期间取决于两个因素：一是开始进行教育投资的时间；二是未来需要支付教育费用的时间。这两个时点之间的时间，即为投资期间。

（5）选择工具，设定期望报酬率。按照计算出来所需的资金缺口，以及可以利用的投资期间，可以计算出应该达到的期望报酬率。

2. 规划投资组合计划

为了获得期望的报酬率，我们应该制订相应的投资计划，根据自己的风险承受能力设定投资组合，在追求收益的同时关注安全性。在子女不同的年龄段可以选择不同的投资产品。对于年龄较小或尚未出生的子女，因其教育费用支出较少，家长可以考虑较积极的投资方案，如以股票和股票型基金配合一定的储蓄型保险产品；随着子女的不断成长，家长可以考虑逐步减少股票的投资比重，加入平衡性基金和保本保息的银行类理财产品，提高资金的安全性和流动性，避免盲目追求收益率；对于一次性大额支付的资金，如大学学费或出国留学费用，家长应考虑投资期限的合理配合，不要因资金的流动性不足而造成障碍。

3. 执行与定期检查

一份好的理财规划需要不停地评估和修改。对于子女教育费用的筹备，最好每年做一次评估，计算当年的筹备总额和收益率回报，将结果和预期进行比较，以达到预期目标为准。如未达到预期目标，就应适当提高来年的投资额或者提高相应的收益率，以保证目标的如期实现。另外，应坚持专款专用的原则，以免出现因为挪用教育金不能及时归还而陷入困境。

8.3 子女教育金规划工具

子女教育金规划的重点在于拥有足够的学费，因此关键在于资产配置。理想的资产组合与配置也因人而异。子女教育金规划工具可以分为专项教育投资工具和其他工具。

微课扫一扫

8.3.1 专项教育投资工具

专项教育投资工具主要包括教育储蓄、教育保险、教育信托基金等。这些投资工具的优点是风险相对较低和有稳定的收益。

1. 教育储蓄

定期储蓄一定的资金，当子女在每个阶段开学时，就能有一笔资金支付其费用。但采用个人储蓄的方式要求能自觉并且有能力定期进行储蓄，这对于不少人来说有一定的难度，尤其在有其他的需求时，这一储蓄常常被挪用。

教育储蓄可以实现强制储蓄的目的。所谓教育储蓄是指个人为其子女接受非义务教育[指九年义务教育之外的全日制高中（中专）、大专和大学本科、硕士和博士研究生]积蓄资金，每月固定存额，到期支取本息的一种定期储蓄。开户对象是在校中小学生，为零存整取定期储蓄，每户最低起存金额 50 元。

教育储蓄较其他储种的优势主要有以下几点：①利率优惠，1 年、3 年期教育储蓄按同档次整存整取定期存款利率计息，6 年期按 5 年整存整取定期存款利率计息，可以说是以零存整取的存法享受整存整取的利率；②参加教育储蓄的学生，将来上大学可以优先办理助学贷款。教育储蓄最大的缺点是存在利率风险。

2. 教育保险

教育保险又称教育金保险、子女教育保险、孩子教育保险，是以为孩子准备教育基金为目的的保险。教育保险是储蓄性的险种，既具有强制储蓄的作用，又有一定的保障功能。

很多保险公司（如中国人寿、中国平安等）都有专门针对少儿推出的教育保险，如中国平安的鸿运英才少儿两全险、中国人寿的国寿福星少儿两全险等。家长可以根据对子女的教育计划，选择不同的险种进行投资。教育金保险的一大优势就是具备"保费豁免"功能，一旦投保的家长遭受不幸、身故或者全残，保险公司将豁免所有未缴保费，子女还可以继续得到保障和资助，而教育金保险的主要劣势就是流动性差。家长在选择教育金保险时要注意从实际的教育费用需求出发，因为购买需求之外的保障必然会多缴保费，增加不必要的经济负担。

3. 教育信托基金

教育信托基金是指由信托委托人（父母、长辈或子女本人）和信托受托人（信托机构）签订信托合同，委托人将财产（一般为金钱）转入受托人信托账户，由受托人依约管理使用。通过信托机构专业管理及信托规划的功能，定期或不定期地给付信托财产予受益人（子女），作为其养护、教育及创业之用，确保其未来生活。

此类基金由客户购买，受益人是客户的子女。尽管子女在成年之前对资金并没有支配权，但在许多国家该基金的收益可以享受税收优惠。客户在投资此类基金之前，必须先按照有关法律规定将资金转到子女的名下，这样才能保证将来基金的收益用于教育。如果子女未能上大学，则基金的收益应按照合同的规定转为其不动产或其他资产。

8.3.2 其他工具

子女教育金规划的其他工具主要如下。

1. 长期工具

长期工具主要有债券、股票和共同基金、大额可转让存单等，这些投资工具的价格会随着供求关系和物价的变化而变化。

（1）债券。债券一般由政府、企业或金融机构发行，由于收益具有稳定性和安全性，是子女教育金规划的主要投资工具。

（2）股票和共同基金。一般而言，子女教育金规划并不鼓励采用风险太高的投资工具，如股票与基金。但如果子女教育金规划期较长，则可以采用这些工具，它们相对较高的回报率可以较早地完成子女教育金规划目标。例如，一些平衡型基金，很适合作为子女教育金规划工具；一些伞形基金可以在需要时将资金在不同的基金之间转换。

（3）大额可转让存单。大额可转让存单与整存整取定期储蓄基本相同，但利率一般可上浮一定比例，因此回报率相对较高，安全性和收益性的协调是其成为较好的子女教育金规划工具的主要原因。

2. 短期工具

如果教育计划进行得比较晚，在短期内就需要一笔资金来支付子女的教育费用，则应考虑通过贷款来实现目标。采用贷款这种方式很容易占用退休规划资金，所以在做决定之前应该慎重考虑，并确保不会影响退休规划和其他安排。

短期的教育金规划工具主要有以下几种。

（1）政府教育资助。目前，我国在高等教育阶段建立起国家奖学金、国家励志奖学金、国家助学金、国家助学贷款（包括校园地国家助学贷款和生源地信用助学贷款）、师范生免费教育、退役士兵教育资助、基层就业学费补偿助学贷款代偿、服义务兵役国家资助、新生入学资助项目、勤工助学、学费减免等多种形式的高校家庭经济困难学生资助政策体系。家庭经济困难学生考入大学，首先可通过学校开设的"绿色通道"按时报到。入校后，学校对其家庭经济困难情况进行核实，采取不同措施给予资助。其中，解决学费、住宿费问题，以国家助学贷款为主，以国家励志奖学金等为辅；解决生活费问题，以国家助学金为主，以勤工助学等为辅。此外，我国还积极引导和鼓励社会团体、企业和个人面向高校设立奖学金、助学金，共同帮助高校家庭经济困难学生顺利入学并完成学业。

（2）工读收入。一方面，子女可以积极参加学校组织的勤工助学活动，通过自己的劳动取得合法报酬，用于改善学习和生活条件。勤工助学是学校学生资助工作的重要组成部分，是提高学生综合素质和资助家庭经济困难学生的有效途径。

另一方面，子女还可以利用假期和课余打工获得一些收入作为教育费用的短期来源。这些收入的取得时间和金额都不易确定，因而制定规划时不能将其计算在内。

（3）商业性助学贷款。商业性助学贷款是指金融机构对正在接受非义务教育学习的学生或其直系亲属、法定监护人发放的商业性贷款，该贷款只能用于学生的学杂费、生活费以及其他与学习有关的费用。一般商业性助学贷款财政不贴息，各商业银行、城市信用社、农村信用社等金融机构均可开办。

国家助学贷款与一般商业性助学贷款的区别如表 8-4 所示。

表 8-4　　　　　　　　　　　国家助学贷款与一般商业性助学贷款的区别

项目	国家助学贷款	一般商业性助学贷款
贷款对象	高等学校中经济确实困难的本科、专科学生和全日制研究生	受教育人或其直系亲属、法定监护人，同时为年满 18 周岁具有完全民事行为能力的中国公民
贷款担保	信用贷款	需提供有效担保
贷款额度	最低 2 000 元（含 2 000 元），最高 5 万元（含 5 万元），具体贷款额度由贷款银行和学校协调确定，但最高不能超过借款人在校期间学费加生活费之和	最低 2 000 元（含 2 000 元），最高 10 万元（含 10 万元）。其中，采用抵押方式担保的，贷款额度不超过抵押物价值的 80%；采用质押方式担保的，贷款额度不超过质押财产价值的 90%；采用保证方式担保的，贷款额度不超过银行授予借款人或保证人的信用额度
贷款期限	最长不超过 8 年	最短为半年，最长不超过 5 年（含 5 年）
贷款展期	借款人本科毕业后直接攻读硕士研究生或第二学士学位的，经银行批准，可以展期。展期期限最长不超过 3 年	不能展期
是否贴息	由中央或地方财政给予贴息	无
贷款发放	实行分次发放的方式。其中，学费贷款采用按学年（期）发放，直接划入借款人所在学校的账户；生活费贷款按月发放，划入借款人活期储蓄账户或信用卡账户。生活费一年按 10 个月发放，寒、暑假（2 月、8 月）不发放贷款	采取一次性发放方式，银行将贷款转入借款人的活期储蓄账户或信用卡账户
贷款偿还	贷款在一年以内（含一年）的，实行按季结息，到期一次还本；贷款期限在一年以上的，采取按季结息，分次任意还本的方式	贷款在一年以内（含一年）的，到期一次还本付息，利随本清；贷款期限在一年以上的，采取按月偿还利息，分次任意还本的方式

📝 **课堂讨论**

如果你已经开始职业生涯，是否会考虑自己的教育规划？请从成本和收益角度阐述原因。

8.4 | 子女教育金规划方案的制定

子女教育金规划方案的制定建立在对家庭财务状况、收入能力、承受风险能力的评估以及子女教育目标都明确的基础上。用于子女教育规划的支出并非一种简单的消费性支出，而是一种生产性投资。随着教育经费的逐年上涨，家庭的负担也逐年加重，如何储备、筹集教育资金成为很多家庭迫在眉睫的大事。所以未雨绸缪，提前对教育金的安排进行全面整体的规划是十分有必要的。

8.4.1 子女教育的预期成本

1. 基础教育

一般而言，子女学龄前、小学、初中、高中阶段的年支出教育费用并不是很多，幼儿园、小学、中学一年的学费为 5 000～12 000 元，与大学、出国留学的费用比起来相对较少。因此，基础教育费用可列入个人或家庭的日常生活消费之中，不需要在理财规划中做专项安排。

2. 大学教育

大多数国家的高等教育都不是义务教育，因而对子女的高等教育投资通常是所有教育投资项目中花费最高的一项。

（1）一线城市以上海为例，2020 年某大学费用如下。学费 10 000 元/年；住宿费 1 000～3 000 元/年；生活开销为 10 000～20 000 元/年；交通费用为 3 000 元/年；课外学习的费用一般包括进修英语、计算机技术及考驾驶执照，约为 6 000 元。初步计算，在上海完成 4 年的大学学业，合计约需 13 万元。上海本地学生在通信及交通费用上有所节省，约需 12 万元。

（2）二线城市以苏州为例，2020 年某大学费用如下。学费 7 000 元/年；住宿费 1 000～2 000 元/年；生活开销为 8 000～12 000 元/年；交通费用为 2 500 元/年；课外学习费用为 3 000～5 000 元。初步计算，在苏州完成 4 年的大学学业，合计约需 10 万元。苏州本地学生在通信及交通费用上有所节省，约需 9 万元。

3. 研究生教育费用

（1）上海 2020 年学费为 10 000～20 000 元/年。在上海完成 3 年的研究生教育，合计约需 9 万元，如果是两年的专业硕士，合计约需 6 万元。本地学生约需 8 万元，若是专业硕士约需 5 万元。

（2）苏州 2020 年学费为 7 000～15 000 元/年。在苏州完成 3 年的研究生教育，合计约需 7 万元；如果是两年的专业硕士，合计约需 5 万元。本地学生约需 6 万元，若是专业硕士约需 4 万元。

（3）MBA 的费用根据学校的情况而定，学费从 3 万元到 20 万元不等，不同城市的消费水平也有差别，MBA 总费用一般在 8 万元以上。

4. 海外留学费用

现在越来越多的人会选择海外留学。对于出国留学深造，本科阶段的学习很难获得国外奖学金，而硕士研究生、硕博连读生视专业不同，可获得不同额度的奖学金。而出国攻读博士学位，一般会获得国外科研机构的经费支持。不管在哪一国留学，其本科和硕士阶段的花费，都比在国内攻读同等学位的开销要大。美国、加拿大和英国的留学费用如表 8-5 所示，法国、德国、澳大利亚和日本的留学费用如表 8-6 所示。

表 8-5 美国、加拿大和英国的留学费用[①]

项目		美国	加拿大	英国
本科学费	公立	每年 10 000～14 000 美元	基本为公立大学，学费每年 8 000～15 000 加元	每年 1 000～3 000 英镑
	私立	每年 25 000～45 000 美元		每年 8 000～30 000 英镑
申请奖学金难易程度		科学类本科硕士比文学类、商业类、专业类申请奖学金难度小	比较难	难
是否允许打工		是	是	是
硕士研究生学费		每年 15 000～45 000 美元	每年 14 500～35 000 加元	每年 10 000～30 000 英镑
生活费		中西部、南部地区每月 450～800 美元，大城市每月 800～2 000 美元	每月 600～1 300 加元	每年 2 500～5 000 英镑
本科费用（学费+生活费）合计		90 万元人民币	50 万元人民币	50 万元人民币
研究生费用（学费+生活费）合计		60 万元人民币	40 万元人民币	30 万元人民币

表 8-6 法国、德国、澳大利亚和日本的留学费用[②]

项目		法国	德国	澳大利亚	日本
本科学费	公立	免费或费用很少	免费或费用很少	平均每年 15 000 澳元	每学年 53 万～55 万日元，入学金 20 万～40 万日元
	私立	每年 5 000～20 000 欧元	每年 6 000～8 000 欧元	每年 15 000 澳元	根据专业不同，每学期 50 万～400 万日元
申请奖学金难易程度		难	难	比较难	难
是否允许打工		是	是	是	是
硕士研究生学费		每年 300～800 欧元	每学期 500～1 500 欧元	每年 20 000～30 000 澳元	平均每学年 600 000 日元
生活费		巴黎地区每月 800～900 欧元，其他城市相对便宜	一年 8 000 欧元左右	每年平均 12 000 澳元	每月平均 30 000 日元
本科费用（学费+生活费）合计		50 万元人民币	40 万元人民币	50 万元人民币	50 万元人民币
研究生费用（学费+生活费）合计		30 万元人民币	30 万元人民币	40 万元人民币	20 万元人民币

① 汇率计算依据：美元/人民币≈6.7，加元/人民币≈5.1，英镑/人民币≈8.6。
② 汇率计算依据：欧元/人民币≈7.4，澳元/人民币≈5.0，100 日元/人民币≈6.6。

综合来看，欧洲留学费用较为统一，本科费用约 50 万元人民币，硕士费用约 30 万元人民币；而去美国留学所需的费用则几乎翻了一倍，本科费用约 90 万元人民币，硕士费用约 60 万元人民币。

知识拓展

政府对教育的资助

教育支出最主要的资金来源是家庭自身的收入和资产。除此之外，教育资金还可来源于：政府教育资助、奖学金、贷款、子女勤工俭学或兼职收入。

2002年5月21日，为帮助家庭经济困难的普通高校学生顺利完成学业，财政部和教育部决定：2002年9月1日起，我国设立国家奖学金，每年在全国范围内定额发放给45 000名在校大学生，总规模为每年2亿元。2007年5月，每年奖励5万名特别优秀的在校大学生，奖励标准由原来的每人5 000元提高到8 000元。

为了帮助更多学习优异的贫困生完成学业，2007年，我国首次设立国家励志奖学金。国家励志奖学金由中央和地方共同设立，奖励对象为普通本科高校和高等职业学校本专科在校生中品学兼优的家庭经济困难的学生，资助金额为每人每年5 000元。

从2010年秋季学期起，中央与地方共同设立国家助学金，用于资助高校在校生中的家庭经济困难学生，资助面约占高校在校生总数的20%。

同一学年内，申请并获得国家助学金的学生，可同时申请并获得国家奖学金或国家励志奖学金。

8.4.2　子女教育的投资收益

在对子女的教育进行投资后，其投资收益主要包括物质财富增长、精神文化心理素质提高、社会阶层向上流动、个人家庭社会地位层次上升等收益。家庭对教育投资的额度、状况及方式，在某种程度上显示了将来对某类报酬优厚、社会地位高的职业的期望。个人在接受教育期间，也需要考虑其在该阶段放弃的收入在将来是否能得到相应的补偿。

物质财富的收益包括以下几个方面：①经济收入、待遇报酬的增长；②就业范围和就业机会的增多，并可取得较高的职业能力；③社会流动及职业流动较易，可赚取第二职业或者兼职的报酬；④经济意识增强，可随时找寻有用的商机为己所用；⑤提高劳动能力，延长工作年限等。

其他方面的收益包括以下几个方面：①拓宽人际关系群体，受到高层次思想意识的熏陶；②可以使其子女有较好的先天遗传智商和良好的后天发展培育环境，使其后代能在较高的起点步入人生历程；③对其家族的光宗耀祖、显亲扬名等各种社会心理情感的收益。

个人或家庭应该对接受教育的成本与收益进行一定程度的核算分析，选择有利于自身职业发展的教育金规划。例如，一些孩子或者家长通过考虑后认为，本科毕业后如果能找到工作或者有较好的就业机会时，应当先就业，而后在就业期间通过攻读 MBA、EMBA、在职研究生的方式来提升学历，这在经济上较划算。

8.4.3　子女教育金规划方法

本部分将结合数据对三种情况，即国内读本硕，留学读本硕，国内读本、国外读硕进行具体规划。本部分选取了国内普通大学的收费标准作为教育金规划的对象，预计学费、生活费和住宿费在10 万元左右。在预估国外大学的收费标准时，未将办理出国的中介费用、手续费用、语言学习费用、考试费用纳入，而只保守估计了生活费、住宿费与学费，预计本科需 50 万元，硕士需 40 万元。子女的教育金规划如表 8-7 所示，根据表 8-7 估算子女教育金的正比投资及储蓄组合的具体数额。

表 8-7　　　　　　　　　　　　　　子女的教育金规划

项目	代码	公式	国内读本硕	留学读本硕	国内读本、国外读硕
子女目前年龄	A		8	8	8
几年后上大学	B	$=18-A$	10 年	10 年	10 年
几年后深造	C	$=22-A$	14 年	14 年	14 年
目前大学费用	D	以 4 年估计，普通大学学费（含住宿和生活费）	10 万元	50 万元	10 万元
目前深造费用	E	以 3 年估计（含住宿及生活费）	8 万元	40 万元	40 万元
学费年成长率	F	假设为 5%	5%	5%	5%
届时大学学费	G	复利终值	16.29 万元	81.44 万元	16.29 万元
届时研究生费用	H	复利终值	15.84 万元	79.2 万元	79.2 万元
教育投资报酬率	I	稳健产品 3%～5%	4%	4%	4%
目前教育准备金	J	目前储蓄中预留教育资金	10 万元	20 万元	20 万元
至深造时累积额	K	复利终值（J/I）	17.32 万元	34.63 万元	34.63 万元
尚需准备深造额	L	$=H-K$	1.48 万元	44.57 万元	44.57 万元
准备子女读硕士月投资额	M	年金终值（L/I）	66 元	1 989 元	1 989 元
准备子女攻读大学月投资额	N	年金终值（G/I）	1 108 元	5 542 元	1 108 元
合计	O	$=M+N$	1 174 元	7 531 元	3 097 元

在教育投资规划的编制中，首先要看目前拥有资产中可预留给子女作为教育资金的数额，再设定有可能达到的长期平均投资的报酬率，然后选择合适的投资工具。若目前有净资产 10 万元、20 万元、20 万元分别投资于国内读本硕、留学读本硕、国内读本+国外读硕做教育投资，预期年平均报酬率约为 4%。将以上净资产分别乘以复利终值系数为 17.32 万元、34.63 万元、34.63 万元，是深造时已有教育金的累计额。再将深造读研时所需费用的累计额（H）减去已有教育金的累计额（K），可知在子女上大学后的 4 年时间里需要准备的教育金的差额分别为 1.48 万元、44.57 万元、44.57 万元。此后，将教育金的差额乘以年金终值系数，可知在子女 18～22 岁分别需要每月拨付 66 元、1 989元、1 989 元投资基金作为子女准备攻读研究生的经费。在大学学费方面，每月分别要拨付 1 108 元、5 542 元、3 097 元定期定额投资基金作为读大学的费用。

经济型家庭的子女
教育金规划

中等型家庭的子女
教育金规划

富裕型家庭的子女
教育金规划

思考与练习

1．子女教育投资应该从哪些方面着手考虑？

2．如何进行子女教育的适度投资？

3．结合自身的现状选择几项适合自己的教育投资规划工具。

4．如何安排教育投资，以便实现较好的职业发展？

5．子女教育投资的预期成本和收益有哪些？

6．子女教育金规划的工具有哪些？

7．子女教育金规划的原则和步骤是什么？

案例分析

夫妇迎"二孩"教育金规划

陈先生、李女士均38岁，3年前他们生了一个男孩，今年又生了一个男孩。目前，陈先生家里有现金约20万元，还有15万元借给亲戚。家庭有一套120平方米的房子，月还贷款2 300元。在永泰还有一套别墅，无贷款。陈先生与李女士双方均有投保重疾险，年缴保费各8 000元左右。陈先生月收入1.8万元，李小姐月收入1万元，家庭月开支约1万元，保姆费约3 500元。请问，如果陈先生想买一套学区房，并给自己的两个宝宝做一些教育储备金，应如何规划？

鉴于陈先生、李女士正在事业发展期，身体健康，有一定的保障，家庭生活相对富足，暂定他们属于风险中庸偏进取型。储蓄较高，月收入扣除月供还有1.22万元的结余，短期内没有大额负债和刚性支出，理财规划弹性大。夫妻资产组合方面的投资策略为在加大保险杠杆的同时尽量满足收益率标准。考虑学区房价成长率为12%/年，大于贷款利率5%左右，所以想买一套学区房以实现未来阶段学区房的购房需求及实现资产的长期保值增值。

在保险方面：建议为本人和配偶购买一定的人身意外伤害保险，金额各300万元，年支出约3 000元；为两个小孩购买教育保险各20万元，年支出约2万元。

在基金方面：可选择每月基金定投4 500元，储备小孩后期的教育金。

　　在购房方面：如果想再买一套房子，首付金额35万元，贷款金额约75万元，月供5 000元左右，20年贷款，则房价须控制在110万元左右（不考虑公积金贷款）。现在学区房的价格约2.5万元/平方米，则只能买一套44平方米的房子。如果将现有的房子出租，假设租金收入3 000元，则月供金额可提高到8 000元，首付金额不变，贷款期限不变，则可买到约68平方米的房子；如果客户将别墅也出租，租金收入假设8 000元，则月供金额可提高到16 000元，首付金额和贷款期限均不变，则可买一套120平方米左右的学区房；如果有换房打算，卖出现有的一套房产，首付款金额可提高，则需根据现有房产所在地段估价重新做规划。

　　思考：

　　1．陈先生家庭的教育金规划是否符合其家庭情况？你觉得有哪些需要补充？

　　2．2021 年 5 月，"三孩"政策正式出炉，相对于"二孩时代"，"三孩"家庭所面临的财务压力有哪些具体的变化？如何通过稳健的理财规划来化解这些压力？

第9章 个人房地产理财

教学目标

（1）了解房地产的分类和房地产理财的方式。

（2）掌握房地产价格的影响因素。

（3）掌握房地产估价的方法。

（4）了解购买和出售房地产的相关成本和费用。

（5）理解如何制定合理的房地产理财规划。

（6）了解如何对个人支付能力进行评估。

（7）评估租借房地产的成本和好处。

"衣食住行"是人生四大基本需求，其中"住"又是花费金额最大的一项。在我国传统文化中，住宅是家庭得以存在、运行并发展的空间，是家庭人际关系得以维系、多功能活动得以顺利开展的基础。在某种程度上可以说，没有住宅就没有家庭。在个人理财规划中与"住"相对应的就是房地产理财规划。本章介绍了房地产的分类和房地产理财的方式，并就关于如何制定合理的房地产理财规划进行阐述，帮助读者构建合理的房地产理财结构。

9.1 房地产理财的基础知识

房地产既是一种大额消费项目，又是一种投资理财方式；既有保值、抗通货膨胀的功能，又有炒房获利的空间。随着房地产业成为国民经济强劲发展的新增长点，不动产投资，即房地产投资，也得到了众多投资者前所未有的关注。

微课扫一扫

9.1.1 房地产的内涵

在不同的社会形态中，房地产始终是人类赖以生存和生活的基本条件，是一切经济活动的载体和基础。在实际经济生活中，房产和地产有着不可分割的联系，尽管其权属关系可以不一致，但作为其实物形态的反映，房屋和土地是紧紧结合在一起的。因此，人们习惯上将房产和地产合称为房地产（Real Estate 或 Real Property）。房地产也被称作不动产，是"房"和"地"所涵盖的内容，即土地和在其上建造的所有设施（建筑物和构筑物），而由此衍生出来的各种物权，则是"产"所涵盖的内容。根据住房和城乡建设部 2003 年发布的《房地产业基本术语标准》，房地产被定义为："可开发的土地及其地上定着物、建筑物，包括物质实体和依托于物质实体上的权益。"

1. 房地产的特性

房地产主要有以下几个特性。

（1）固定性。房地产的固定性包括三个方面：自然地理位置的固定性、交通位置和社会经济位置的相对固定性。由于房地产位置的固定性，房地产的开发、经营等一系列经济活动都必须就地进行，从而使房地产具有区域固定性的特点。房地产的价值与位置有着直接的关系，影响位置的因素有很多，如交通、商业环境、人口流动等，这些使得不同位置的房地产价值差异很大。

（2）耐久性。一般认为，土地可能被开采、腐蚀、淹没或者荒废，但是在地球表面上指定的位置是永远存在的。同时，土地在正常情形下是不会损坏的，它具有永恒的使用价值。土地上的建筑物一经建成，只要不是天灾人祸或人为的损坏，其使用期限一般都可达数十年甚至上百年。因此，房地产具有比一般的商品更长久的使用期限。

（3）稀缺性。土地自然供给的绝对有限性决定了房地产供给的有限性。虽然人类可以不断改变和提高土地利用的技术，如移山填海、提高容积率、利用地下空间等方式，但这并不能有效地增加土地面积总量。土地面积总量是固定的，使得附着于土地的房屋等建筑物也不能无限地发展和扩张。

（4）异质性。由于每一栋房屋都会因用途、结构、材料和面积以及建造的地点、时间和房屋的气候条件等的不同而产生诸多的不同之处，所以，不可能出现大量供应同一房地产的情况，这就是房地产的异质性。房地产的异质性产生了房地产投资的级差效益性，即地域的不同决定了房地产价格的不同。例如，处于一个城市市区的房地产，其价格远远高于郊区的房地产。即使在市区，房地产价格也会因离市中心的远近、人口的密集程度、文化教育的发展程度等不同而不同，黄金地段的房地产价格必然昂贵。

（5）权益可分割性。所有权是法定权利的结合体，它包括占有权、使用权、受益权和处置权。在必要及法律许可的情况下，所有权中的这些权利可以分别出售或转让给不同的生产者和消费者。例如，当国家将土地使用权以一定的方式赋予土地使用者时，其法律意义不仅仅是土地所有权和使用权的分离，而是将土地使用权的一部分有条件地转让。根据《中华人民共和国城镇国有土地使用权出让和转让暂行条例》的有关规定，土地使用者合法得到的土地使用权可以依法出售、交换、赠予、出租和抵押。这意味着，土地使用者在获得土地使用权的同时，也获得了该土地的部分处分权。同时，土地使用者通过这些处分行为又可得到经济和非经济的利益，从而享有一定的收益权。

（6）保值增值性。房地产的保值性是指投入房地产领域的资金的增值速度能抵消货币的贬值速度，或者说将资金投入某宗房地产一段时间后所收回的资金，多数时候能够买到当初的投资额可以购买到的同等商品和服务。由于土地是不可再生的自然资源，随着社会的发展、人口的不断增长、经济的发展，人类对土地的需求日益扩大，且建筑成本也不断提高，从这个角度看，房地产具有保值增值属性。

（7）投资和消费的双重属性。房地产可以为人们提供居住的场所，也具有投资价值，因而房地产的价格受投资需求和消费需求的总体影响。消费需求一般随着房价的上升而下降，但投资需求却随着房价的上升而上升。房地产的总需求则是消费需求与投资需求之和。当房价快速上涨时，有可能会造成总需求中投资需求所占的分量越来越重，从而可能会导致总需求曲线失真。

2. 分类

房地产根据不同的分类依据可分为不同类型。

（1）按建筑高度分类。按建筑的高度和层数划分，可以将住宅分为低层、多层、小高层、高层和超高层。低层的住宅一般为 1～3 层，如平房和别墅；多层的住宅一般在 4～6 层；小高层的住宅一般为 7～12 层；高层住宅为 13～24 层；超高层为 24 层以上的住宅。

（2）按工程进度分类。按工程进度划分，可以将房地产划分为期房和现房两种。房屋的全面建成包括建筑工程、设备安装工程及内外装修工程结束，通过竣工验收；达到"七通一平"，即上水通、下水通、排污通、配电通、气通、电话通、道路通、场地平整。房地产管理部门则把在建的、尚未完成建设、不能交付使用的、没有取得房地产产权证的房屋通称为期房。现房是指通过竣工验收，可以交付使用，并取得房屋产权证的房屋。

（3）按使用功能分类。按使用功能划分，可以将房地产划分为居住类房地产、商业类房地产、工业类房地产及其他用途房地产等。

① 居住类房地产。按照档次的不同，居住类房地产又可以分为普通住宅、高档住宅和简易住宅。普通住宅是为普通个人提供的，产权为 70 年，是市场上需求最大的一类房地产。高档住宅是为满足市场中高收入阶层的特殊需求而建造的高标准豪华型住宅，包括高级公寓、花园住宅和别墅等。联排别墅产权为 70 年，是介于普通住宅与独栋别墅之间的一种别墅。简易住宅主要指建筑年代较早、功能短缺、设备不全、设施陈旧、结构单薄的住房。

按市场化程度不同，居住类房地产还可以划分为市场化商品住房和社会保障性住房。市场化商品住房包括：向高收入职工家庭出售的实行市场价的公有住房，单位和个人在市场上购买的住宅商品房，以及其他以市场价格交易的各类住宅。社会保障性住房是政府为了解决中低收入阶层居民的居住问题，由政府直接投资建造并向低收入家庭提供，或者是政府以一定方式向社会房屋建设机构提供补助，由社会房屋建设机构建设并以低于市场平均水平的价格向中低收入家庭出售或出租的住房。目前保障性住房大致可以划分为以下几种：经济适用房、限价房、廉租房、旧城住宅改造和农民拆迁安置房、农民工公寓等。

② 商业类房地产。商业类房地产包括商店（商场、购物中心、商铺和市场等）、旅馆、写字楼、餐馆和游艺场馆（音乐城、歌舞厅等）。商业类房地产产权一般为 40 年或 50 年，贷款和税费成本均高于普通住宅，且不能落户、上学。商业类房地产虽然可以居住，但是不属于住宅。

③ 工业类房地产。工业类房地产主要包括厂房及工厂区内的其他房地产、仓库及其他仓储用房地产。

④ 其他用途房地产。其他用途房地产是指用于除上述居住、商业、工业目的以外的其他目的的房地产，如政府机关办公楼、学校、加油站、停车场等。

在我国，商品房主要是指有产权的住宅。目前，我国实行房地合一的房地产管理制度，房屋的用途是由土地的规划用途决定的，房、地用途必须一致。如果改变房屋原始设计用途，也就同时改变了土地用途，需经政府城市规划管理部门批准，然后到房地产管理部门办理变更登记手续。一般来说，住宅变为办公、商业用房、宾馆等经营性房屋的，需补缴土地使用权出让金或补缴土地使用费。

9.1.2 房地产理财的内涵

房地产理财包括消费和投资两个方面。从消费的角度出发，"住"是人的一种基本权利与基本需要。住宅作为休憩、居住的场所，与衣、食、行并列成为老百姓最基本的生活需求。由于住宅具有使用年限长、价值量大、不可移动性和耐用性等特征，购买住房基本上已经成为大多数人的一件终身大事。随着生活条件变得越来越好，人们往往会筹划更换更大、更好的住宅，或者是为子女、老人提前购置房屋。对于大多数人来说，买房款不是一笔小数目，往往需要提前进行一定的规划。从投资的角度出发，房地产所具有的特性与优点，决定了其存在升值的可能，投资商品房、商铺以及房地产基金等模式已经逐渐进入大众的视野，成为一种可行的理财渠道。

1. **房地产理财的方式**

房地产理财的方式主要有以下几种。

（1）直接购房。用现款或分期付款的方式直接购置房屋，可自住也可出租或出售，以获得利润。这种方式适合资金实力较强的家庭。

（2）以租代购。签订购租合同，租户可在一定期限内买房，并以租金抵销部分房款。这种方式适合开始资金不够、以后随着收入增加有能力购买房地产的家庭。

（3）以租养贷。如果租房和还贷的价格相当，那么可以通过以租养贷的方式实现从房客到房主的转变。一般来说，先付首期房款（一般是全部房款的 20%～30%），其余部分通过银行贷款支付。然后出租此房屋，用租金来偿还贷款，贷款还清后将完全拥有此套房屋。此种方式与"以租代购"相反，适合当前已有相当大数量资金，但以后收入可能不稳定的家庭。

（4）房地产信托基金。房地产信托是指由专业房地产信托公司或房地产公司，受托经营其他单位的自营房地产、集体的合作房地产和个人的私有房地产。房地产信托经营的业务范围包括信托出租、出售、维修、托管和监督等。2003 年年初，上海国际信托投资有限公司推出了我国第一支房地产信托产品：新上海国际大厦项目资金信托计划。

房地产投资信托基金（Real Estate Investment Trusts，REITs）是通过发行股票或受益凭证募集资金，专门投资于房地产产业或项目，获取投资收益和资本增值的一种产业基金。中国人投资美国的REITs 租金分红只扣 10%的税，卖出 REITs 获得资本利得不扣税。

（5）房地产公司的股票。房地产公司的股票代表了房地产开发运营公司的所有权。从投资的角度来看，房地产公司的股票可以作为资产配置中的组成部分。

2. **房地产理财的优缺点**

房地产是很多人喜欢的投资工具之一。从秦始皇的"阿房宫"到比尔·盖茨的"世外桃源 2.0"，无不显示人们对房地产的青睐。房地产理财的优缺点如下。

（1）优点。

① 收益性。房地产投资收益包括租金收益和资本利得。第一，租金收益，只有净租金收益率比较高的房地产才值得投资。净租金收入小于 0 的房地产为"耗钱资产"，没有投资价值，只有投机价值。房地产投资者的买卖决策主要是基于租金收益情况做出的。第二，资本利得（房价增值收益）。

资本利得的回报率可能会比较高，但是有极强的不确定性。我们投资房子的时候应当把资本利得看作租金收益之外的额外收益。我们在做房地产投资决策时，需要遵循在不考虑价差收益的前提下，依然具有投资价值这一原则。

② 融资能力强。普通住宅一般可以贷到房地产评估金额 70%～80% 的款项，期限一般在 20～30 年。这是股票、债券、基金等其他投资工具没有的优势。房地产这个特有的优势如果使用得好，可以提高投资回报率。此外房地产可以作为抵押品，本身也是一种重要的信用保证。拥有房地产能提高投资者的信用评级，所以金融机构可以提供的贷款价值比例也较高，而且常常还能为借款人提供利率方面的优惠。

③ 能抵御通货膨胀的风险。当发生通货膨胀时，房地产和其他有形资产的重置成本不断上升，从而使得房地产和其他有形资产的价值上升。

（2）缺点。

① 流动性相对较差。房地产不像其他金融产品，可随时变现或较容易变现，房地产出售或出租一般都需要一定的时间。为了实现快速变现，可能要损失收益甚至亏损。所以，房地产作为固定资产投资，一般是长期投资项目。在急需资金时，可通过将房地产抵押进行贷款。

② 投资金额比较大。购买房地产的起点较高，首付款一般为数十万元，甚至上百万元。大量自有资金的占用，使得在宏观经济出现短期危机时，投资者的净资产迅速减少。

③ 投资回收期较长。由于税费成本高，投资房地产，房价要上涨 20% 以上才能达到盈亏平衡。在高税费成本之下，唯有低频交易，长期持有才是明智的选择。如果不打算持有房地产 10 年以上，就不要进行房地产投资。房地产投资的回收期长意味着要承受较长时间的资金压力和市场风险，要求投资者具有很强的资金实力。

④ 税费成本较高。在买入房地产、持有房地产、卖出房地产时都会涉及较高的税费。我国目前买房时所付的税费为买入价的 2%～5%，实际税费大概为买入价的 5%～25%。因为楼市比较热的时候，卖家会把税费转嫁给买家。持有房地产期间所付的税费大概为租金的 5%～15%。卖房时所付的税费大概为卖出价的 2%～20%，目前实际税费大概为卖出价的 1%～2%，因为卖家会把税费转嫁给买家。这种情况会因房地产市场的变化而变化，在房地产价格下跌的时候，卖方就很难再把税费转嫁到买方头上了。

⑤ 风险高。房地产投资面临以下风险。

第一，市场风险。市场风险是指房价周期性涨跌带来的风险。比如，次贷危机发生后，美国房价下跌了 50% 左右。

第二，政策风险。房地产投资是一项政策性很强的经济活动，土地政策、城市规划、房地产税收、租金管制等的变化都可能给房地产投资带来一定的政策风险。政府为了抑制房地产泡沫，采取限购、限卖、限贷、增加土地供给等政策，使房价面临下跌的风险。比如，2017 年政府加强对房地产市场的调控，使得 2017 年北京房地产实际成交价下跌了 30% 左右。

第三，社会风险。社会风险是指大的社会事件带来房价下跌的风险。社会风险主要有政治运动、暴乱、战争等。化解社会风险的有效途径就是选择社会稳定性比较好的地区进行投资。

第四，变现风险。变现风险是指以市场价卖不掉房地产的风险。房地产的投资金额较大，交易流程比较复杂，一般房地产从开始出售到交易完成需要 1～6 个月的时间。如果房价下行，可能要以低于市场价 20%以上的价格才能卖掉房地产。

第五，利率风险。利率风险是指利率大幅提高导致房价下跌的风险。央行可能会根据内外部经济形势的变化大幅提高利率。利率大幅提高，至少会从三个方面影响房价：一是利率提高，房地产的内在价值变小，房价会下跌；二是利率提高，买房的成本会提高，需求会减少，房价会下跌；三是每月按揭贷款还款额会大幅提高，很多人可能会因此断供，房价会下跌。

第六，汇率风险。汇率风险指在持有房地产期间，房地产所在国货币大幅贬值而导致投资实际亏损的风险。房地产投资一般需要持有 10 年以上，在这期间房地产所在国的货币汇率可能会出现大幅贬值，导致虽然房价没有下跌，但是实际投资却出现亏损的可能。

第七，自然风险。自然风险是指地震、洪水、海啸、飓风、火灾等自然灾害导致房地产严重损坏的风险。

9.2 房地产规划

衣食住行是人们的基本需求。房地产投资是多数人一生中最大的一项支出决策。由于房地产理财的长期性和高成本，花费多少资金、获得多少融资的决策会影响多年的现金流。所以，针对房地产理财做好相应的规划，是非常有必要的。

9.2.1 房地产规划的重要性

如果缺乏一份细致精密的规划，房地产投资很可能会出现以下情况。

① 目标重合，当前的资金不足以购房。有可能在想购房的时候遇到结婚或者生子等其他需要资金的情况，这时的资金难以同时完成多项目标，因此势必会推迟甚至取消其中的部分计划。

② 对未来的收支变化未能充分预期，导致购房计划难以实现。例如，在收入良好的时候超前购置房地产，而没有预料到其后收入中断或者意外导致支出增加的情况，致使付不起贷款而被迫拍卖房地产。

③ 没有房地产规划的观念，只想一步到位。买房要考虑自身可以承受的负担，在一生中可随人生阶段的改变逐渐升级换代。如果一开始就不切实际地追求高档住房，只会使自己陷入困境。

④ 没有事先规划房地产投资现金流量，选择错误的贷款组合，导致资金流中断。

⑤ 盲目投资房地产，导致投资出现亏损或者失败。

9.2.2 房地产规划流程

个人房地产理财规划具体包括居住规划和房地产投资两项内容，个人房地产理财规划流程如图 9-1 所示。居住规划包括租房、购房和房贷规划；房地产投资包括获取房租收入和通过出售赚取价差收入。

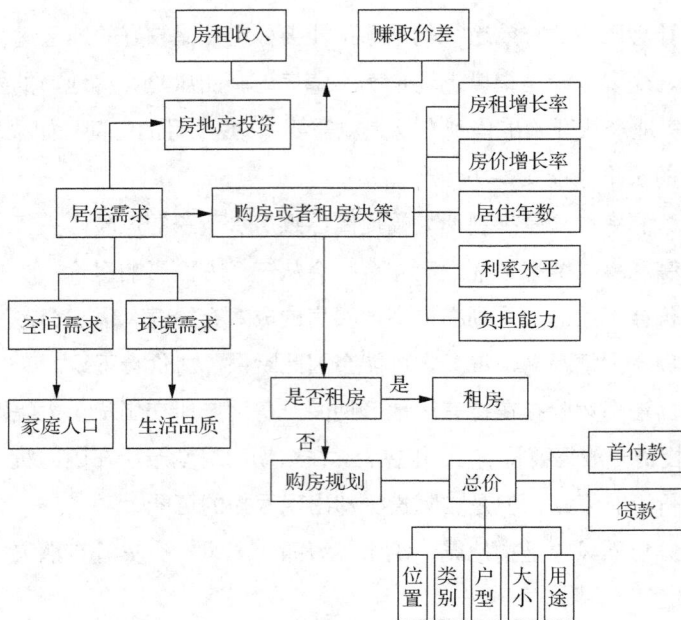

图 9-1　个人房地产理财规划流程

9.3 房地产估价及影响因素

房地产投资具有高投入、高风险、高回报的"三高"特点，投资者应具备一定的专业知识，事先对房地产价格进行评估，观察其是否值得投资。

9.3.1 房地产的价格构成

1. 房地产价格构成的基本要素

房地产价格构成的基本要素主要包含以下几个方面。

（1）土地价格或使用费。土地所有权转让或使用权出让的价格在房地产中占很大的比重，它主要取决于土地的地理位置、用途、使用时间、建筑容积率、建筑安装造价等因素。一般而言，地价在房地产价格中所占的比重随着地价的上涨和房屋的年限而相应地提高，随着容积率和建筑安装造价的增加而下降。

（2）建筑成本。房屋建筑成本主要包括土地开发费、勘察设计费、动迁用房建筑安装工程费、房屋建筑安装工程费、管理费和贷款利息等。其中土地开发费主要包括临时房屋搭建费，临时接水、电、煤气和平整土地费等。管理费主要是指房屋建设中支付的各项管理费用，包括员工工资、办公费、差旅费、车辆使用费和广告费等。

（3）税金。房地产开发企业主要涉及的税种有城市维护建设税、教育费附加、土地增值税、房产税、印花税、企业所得税以及契税等。

（4）利润。房地产开发企业作为一个相对独立的利益主体，其开发经营目标也和其他利益主体一样，追求利润最大化。因此，利润也就成了房地产价格中不可或缺的一部分。

2. 房地产价格构成的其他要素

房地产价格的构成除了上述四个主要内容之外，还有其他一些次要内容。如房屋装修标准的高低及质量的好坏、房屋设备质量的好坏、房屋附属设施的完备程度等，这些因素在一定程度上也构成了房地产的价格。

（1）房屋装修费。随着精装房的普及，房屋装修标准也日益提高，房屋装修成为房地产价格的重要构成要素。

（2）建筑地段、楼层和朝向。地段差价是指同一地区的同类房地产，由于所处地段不同而引起的价格差异。楼层差价是根据高层或多层房屋的间距、总层数、提升工具、光照时间等具体情况的差异而引起的价格差异。朝向差价是根据当地的气候、主风向、光照以及当地人们生活习惯等确定的房屋朝向差价。

（3）房屋的折旧和完好程度。房屋的折旧主要是指因时间所造成的房屋价值的降低。房屋的完好程度主要是指在具体的使用过程中，由于使用方法不同而造成的相同房屋的不同磨损程度。

9.3.2　房地产价格的影响因素

房地产的价格主要受以下因素的影响。

1. 政策因素

影响房地产价格的政策因素是指影响房地产价格的制度、政策、法规等方面的因素，包括土地制度、住房制度、城市规划、税收政策与市政管理等方面。土地制度明确了土地使用权和所有权等方面的内容，对房地产的价格将产生直接的影响。经济适用房制度、安居工程等也对房地产的价格起到了调节的作用。城市规划中确定地块的规定用途、容积率、覆盖率等指标对房地产价格也有很大的影响。税收政策直接影响了房地产开发、购置和投资的成本，从而对房地产的供给和需求价格产生了双向的影响。此外，市政设施的配套程度和管理水平也将直接影响房地产的环境水平，进而影响房地产的价格。

2. 社会因素

影响房地产价格的社会因素主要有社会治安状况、居民法律意识、人口因素等方面。

（1）社会治安状况。社会治安状况直接影响到居民人身安全及财产的保障问题，从而对房地产的需求产生推动或抑制作用。

（2）居民法律意识。居民法律意识是指居民遵纪守法的自觉程度，这主要和居民的素质有密切关系。

（3）人口因素。人口因素包括人口密度、人口素质和家庭规模等相关内容。房地产的需求主体是人，因此，人口因素对房地产的价格影响较大。人口数量与房地产价格呈正相关。随着外来人口或流动人口的增加，房地产的需求也会上升。人口数量衡量的是人口密度。人口密度对房地产价格的影响是双向的：一方面，人口密度有可能刺激商业、服务业等产业的发展，提高房地产的价格；

另一方面，人口密度过高会造成生活环境恶化，有可能降低房地产价格，特别是在大量低收入者涌入某一地区的情况下会出现这种现象。

3. 经济因素

经济因素对房地产价格的影响是多方面的，而且较为复杂，各种经济因素影响的程度和范围也不尽相同。影响房地产价格的经济因素主要有供求状况、物价水平、利率水平等。

（1）供求状况。房地产的供求状况是国民经济发展的重要反映，无论是供过于求还是供不应求，都不利于国民经济的发展和人民生活条件的改善。供求关系的平衡状况直接影响房地产价格的变动和走势，从而促使市场趋于供求均衡的状态。

（2）物价水平。物价水平的变动将直接影响货币的实际购买力状况和人们对商品的需求，进而影响到房地产价格。

（3）利率水平。利率是资金使用成本的反映。利率上升不仅会提高房地产的开发成本，也将提高房地产投资者的机会成本，进而降低房地产的社会需求，导致房地产价格的降低。

4. 自然因素

自然因素主要是指房地产所处的位置、地质、地势、气候条件和环境质量等因素。房地产所处的位置是房地产区位的反映，位置的优劣直接影响房地产所有者或使用者的经济效益、社会影响和生活的满足程度。

房地产业有一句名言："第一是地段，第二是地段，第三还是地段。"一般而言，居住用房的价格通常与周围环境、交通状况及距市中心的远近程度有密切的关系。商业用房的区位优劣则主要看其繁华程度及临街状况。房地产中的地段不单单指房地产的自然地理位置，更多是指房地产的经济地理位置、环境地理位置和文化地理位置。

🕊 **课间案例**

阳光的溢价

1957年，加利福尼亚州的太平洋帕利塞德（洛杉矶西区）还是海边一个人烟稀少的村落，当时还是通用电气一档电视节目主持人的罗纳德·里根（Ronald Reagan）来到这片荒芜之地，花2.9万美元买下了一套房子。1982年，里根在就任美国总统后的第二年，里根以100万美元的价格卖了这套房子。25年间，这套房子的价格涨了30多倍。这个曾经荒凉的渔村，现在已经变成了好莱坞旁边的度假胜地。2017年，这套住宅再次转手，以2 200万美元的价格成交，相比最初的价格上涨了750多倍。

这样的辉煌战果不是个案，而是20世纪70年代以来美国"阳光地带"城市繁荣的缩影。从20世纪70年代开始，大批美国白人涌入美国西南部，推动了这一地区房价的大幅上涨。在20世纪的最后20年里，加利福尼亚州的房价相对于全美国平均水平来说，每年有超过3%的"超额收益"。这个看似不起眼的数字意味着，如果1970年你在加利福尼亚州买了一栋100万美元的房子，你朋友花同样的钱在美国北部买了一栋房子，30年后，你的财富比他多了整整150万美元。加利福尼亚州也不是特例，整个"阳光地带"的房价都比美国的平均房价增长得更快。即使1970年买的是加利福尼亚州以外的"阳光地带"的房子，你的财富也要比你朋友多大概100万美元。

针对这一现象，哈佛大学格雷泽2005年给出了一个解释：美国的人口迁移是有规律可循的。各城市人口的长期增长和1月的平均气温呈明显的正相关关系。尤其在I960年之后，这个趋势更加明显。1月平均气温在0摄氏度（32华氏度）以下的城市和1月平均气温在10摄氏度（50华氏度）以上的城市相比，前者的人口增速只有后者的1/3。格雷泽解释说，美国从20世纪70年代开始进入"万元美元"社会，随着财富积累到一定水平，人们对舒适的要求也开始发生变化，愿意为温暖的环境付出更高的溢价。

5. 其他因素

除了前述的几种影响因素外，房地产的价格还受住房质量、房型设计和相关配套等因素的影响。

（1）住房质量。建筑质量和装修标准是物业的内在品质。建筑方面主要考查建筑商是否拥有相应的施工资质，是不是国内外知名企业等。在装修上则要考查大堂、过道、外墙、窗、电梯的档次、质量是否达到一定的水准等。开发商的实力、信誉是一个项目成功与否的保障。

（2）房型设计。优质的房型首先讲究实用性与美观性兼顾，不仅能满足自住，更能兼顾出租的需要，其次也讲究设计的超前性，能适应未来家庭结构的变化。房型设计上做到厨、卫、卧、厅四明，动静分区、干湿分区；面积上讲究"有效面积最大化，无效面积最小化"。一般的家庭厨房面积有 6～8 平方米，卫生间有 5～7 平方米，卧室有 12～20 平方米，起居室加餐厅有 30～40 平方米，阳台有 6～8 平方米，也就是二室二厅的总面积在 80～90 平方米，三室二厅的总面积在 100～140 平方米，就能称得上是好的房型设计。

（3）相关配套。居住区内配套公建是否方便合理，是衡量居住区质量的重要标准之一。随着社会竞争的日益激烈，家长不惜花费重金购置一套教育质量好的学区房。在学校附近购买房子居住，将有利于家长管理孩子的生活和学习，孩子也可以提高学习的效率。菜场、食品店、小型超市等居民每天都要光顾的商店配套也是需要考虑的一个因素。此外，居住区的物业管理以及公共活动空间也是影响房地产价格的重要因素。

课间案例

学区房：代际跃迁的溢价

深圳人都知道"百花片区"。百花片区，可以说是深圳最为有名的名校片区。有一个说法是：深圳教育看福田，福田教育看百花。百花片区有着深圳最集中的优质教育资源和最成熟的教育环境。方圆一公里的范围内，有五所幼儿园、七所中小学校、不计其数的教育培训机构。一到周末，从罗湖、南山，甚至龙岗、宝安带小孩到百花培训的家长络绎不绝。

近年来，百花片区每年房价的涨幅都在20%左右。而且这个片区还有一个特点，就是小面积房屋单价远远高于大面积房屋单价。表9-1所示为2019年百花片区国城花园房价。

表 9-1　　　　　　　　　　　　2019 年百花片区国城花园房价

房型	面积（平方米）	总价（万元）	单价（万元/平方米）
1 居	43.5	1 000	23
3 居	103	1 500	14.6
4 居	128	1 750	13.7

天价学区房背后反映的是深圳教育资源的稀缺。学位稀缺并不是政府的扩充力度不够导致的，而是教育需求的增长速度太快导致的。一方面，深圳的出生人口每年以超过10%的速度增长，还有大规模的外来随迁子女不断涌入深圳。未来，随着城市化进程的深入及更多青年人口的流入，深圳的学位需求将会越来越大。另一方面，改革开放40多年的经济奇迹，让深圳积累了深厚的物质财富。人们对"代际跃迁"的愿望和对"文化资本"的向往，都会体现在对子女教育的投入上。

9.3.3　房地产估价

房地产估价的方法主要有市场比较法、成本估价法、收益法、假设开发法、长期趋势法及路线价法。

1．市场比较法

市场比较法又称比较法，指将待估房地产与同一供需圈内近期已经交易的类似房地产进行比较，并根据后者已知的成交价格，修正得到待估房地产在一定时点、一定产权状态下市场价值的一种估价方法。

这里所述的类似房地产又称比较案例，指在用途、所处地区等方面与被估房地产相同或相似的房地产，类似房地产在市场比较法中通常被称为交易实例房地产。因此，市场比较法适用于有较多可比案例且要求房地产市场比较发达、比较案例与待估房地产具有替代性的情况。

市场比较法直接依赖于现实的市场价格资料和房屋的品质资料，更符合当事人的现实经济行为，因而在房地产市场发达、交易活跃、存在大量的房地产实例的地区，其所得出的评估价格具有客观性、可信性。具体步骤如下。

（1）广泛搜集市场交易资料。搜集大量的房地产市场交易案例资料，是运用市场比较法评估房地产价格的前提和基础。如果资料缺失，则难以保证评估结果的客观性，甚至无法采用比较法进行估价。因此，在搜集案例时要做到：搜集的交易案例资料内容应该全面，不能缺项漏项；要注意平时的积累；要注意案例资料搜集的多种途径。

（2）选择最符合条件的交易实例作为比较实例。在运用市场比较法进行房地产估价时，必须在众多的案例资料中进行筛选，以选取与待估房地产具有相当替代性的交易案例作为比较案例。案例的比选有以下标准。

① 比较案例与待估房地产要具有相同的用途。

② 比较案例房地产的价格类型与待估房地产的估价目的要相同。

③ 比较案例应该是正常的交易，或者是可以修正为正常交易的交易。

④ 比较案例与待估房地产的建筑结构要相同。

⑤ 比较案例房地产的交易日期与待估房地产的估价时点要尽量接近。

⑥ 比较案例与待估房地产应处于同一供需圈。

⑦ 比较案例应不少于 3 宗，一般以 3～5 宗为宜。

（3）比较案例修正。比较案例选取以后，还应分别对比较案例进行修正。

① 交易情况修正。交易情况修正是指剔除交易过程中因为一些特殊因素而造成的房地产价格偏差。房地产市场是不完全市场，在交易过程中由于信息不对称、特殊交易情况等因素的存在，不可能做到完全竞争和绝对公平。所以，必须对具有一定偏差的比较案例进行交易情况修正，修正比率的计算公式为：

$$修正比率=正常交易情况（100）÷案例交易情况（x）$$

当比较案例价格低于正常交易价格时，x 小于 100，反之 x 大于 100。

② 时间差异修正。由于比较案例的交易时间不可能与待估房地产的估价时点完全一致，所以，在两者之间会有一定的时差，时间差异修正就是要排除这种时差，以使比较案例与待估房地产在交易时间上没有差异。在估价实务中，一般采用与待估房地产在用途、区位、类型等方面相同的房地产价格指数来表示，计算公式为：

$$修正估价时点的交易价格=交易实例价格×估价时点指数÷交易日期指数$$

③ 区域因素修正。区域因素修正就是指剔除比较案例与待估房地产在所处位置、繁华程度、交通条件、基础设施等方面的差异，由于这些因素又有许多次级因子，所以区域因素修正系数的计算比较复杂。区域因素修正的方法包括直接比较法和间接比较法。

直接比较法是指以待估房地产的状况为基准，将比较实例的区域因素逐项与基准作比较并打分，以此求得因素修正比率。间接比较法是指以一个设想的标准房地产的状况为基准，比较案例和待估房地产都逐项与这个基准作比较，然后依据对比分值求得因素修正比率。

【例9-1】有两个比较案例A与B，成交价分别为7 800元/平方米和8 000元/平方米。现分别以直接比较法（见表9-2）和间接比较法（见表9-3）对它们做区域因素修正。

表 9-2   区域因素修正（直接比较法）

区域因素	待估房地产	比较案例 A	比较案例 B
自然条件	25	28	22
交通条件	25	23	27
规划限制	25	21	26
社会环境	25	24	28
总分值	100	96	103

修正比率：

$$比较案例A=100÷96$$

$$比较案例B=100÷103$$

修正后的成交价：

$$比较案例A=7\,800×100÷96=8\,125（元/平方米）$$

$$比较案例B=8\,000×100÷103=7\,767（元/平方米）$$

表9-3   区域因素修正（间接比较法）

区域因素	比较案例A	比较案例B	待估房地产
自然条件	25	20	22
交通条件	21	24	23
规划限制	19	23	22
社会环境	23	28	25
总分值	88	95	92

修正比例：

$$比较案例A=92÷88$$

$$比较案例B=92÷95$$

修正后的成交价：

$$比较案例A=7\,800×92÷88=8\,154.5（元/平方米）$$

$$比较案例B=8\,000×92÷95=7\,747.4（元/平方米）$$

④ 微观因素修正。微观因素是指排除房地产本身使用功能、质量等方面的差异的因素，主要有建筑面积、位置、形状、临街状况、容积率、土地使用权年限、建筑质量、楼层、楼高、朝向、室内平面布局、装修标准、附属设施等。与区域因素相同，微观因素本身也包含多个次一级的因素，因此两者的因素修正方法相同。

（4）计算待估房地产价格。通过上述各种因素的修正，便可以得到各个比较案例的修正价格，在对这些比较案例进行一定的数学处理后，便可以得到待估房地产的最终价格。确定待估房地产的最终价格可以用算术平均法、加权平均法或取中位数等方法。

【例9-2】某一宗房地产经过筛选取出三个交易实例，根据三个实例修正得出对象房地产的价格分别为100万元、110万元和130万元，该房地产的价格估计结果可以采用以下方法。

第一，算术平均法。（100+110+130）÷3=113.3（万元）。

第二，加权平均法。如果上述三个交易实例的权数分别为0.3、0.5和0.2，则该房地产的价格为100×0.3+110×0.5+130×0.2=111（万元）。

第三，取中位数。在三个交易实例中取位于数据中间的数字：110（万元）。

2. 成本估价法

成本估价法是以重新建造待估房地产或同类房地产的建筑物部分所需花费的成本为基础，扣除与新建筑物相比价值损耗的部分，再加上房地产基地地价来确定待估房地产价格的一种估价方法。

（1）特征。成本估价法中的"成本"并非一般的会计成本，它具有非常独特的含义，即具有完全性、现实性和客观性。所谓完全性是指此处的成本对于房地产购买者而言所需支付的全部金额，而不是指对于开发商而言的开发成本，因此，它包括显性成本（会计成本）和隐性成本（机会成本）。

具体地说，房地产的成本不仅包括开发商的成本，还包括开发商的正常利润和应纳税金。所谓现实性是指待估房地产在估价时点的重新建造成本，而不是其当初建造时所发生的历史成本。所谓客观性是指在估价时点的经济、技术条件下，重新开发待估房地产所需花费的社会平均成本，而非实际花费的个别开发商的私人成本。在这种情况下计算出的房地产价格才是待估房地产在估价时的重置价格。

（2）适用范围和局限性。成本估价法主要适用于以下情况：第一，由于房地产市场狭小，可比实例不多，或由于新开发地区形成独立的地域环境而无法用其他方法估价时；第二，有的房地产特殊性较大，无法在市场上找到比较理想的房地产可比实例时，如学校、政府机关大楼等；第三，抵押贷款、房地产拍卖的"底价"和拆迁房地产补偿等特殊房地产的估价等。

成本估价法的局限性主要在于成本数据的可获得性和折旧估算的准确计量上。此外，对于设计式样以及施工人员素质等因素造成的房地产质量上的差异性也很难用成本估价法准确地进行评估。

3. 收益法

房地产估价收益法，又称房地产估价收益现值法、房地产估价收益资本化法、房地产估价收益还原法，是指通过预测房地产未来各年的正常纯收益，并利用适当的资本化率将这种预期收益折现求和，以求取待估房地产在一定时点、一定产权状态下的价格的一种估价方法。

（1）适用范围。

从广义上讲，绝大多数房地产都是可以产生收益的。但房地产所产生的收益有些可以用货币来度量，有些则无法用货币来度量，如住房给所有者带来的安全感、满足感等。收益法只能针对房地产所产生的可用货币度量的持续性收益进行价格评估。在经济生活中，一些主要用于自用以及公益性质的房地产，如独立式住宅、学校等，其收益往往是难以用货币来度量的。而那些主要用来投资，以获得持续性经济收益的房地产，如公寓住宅、商业房地产（包括商店、办公楼、宾馆等）、企业用房地产（如仓库、厂房等）通常被称为收益性房地产，其收益一般是可以用货币来度量的。因此，收益法主要用于收益性房地产的价格评估。

总的来说，适用收益法进行评估的房地产主要包括以下两个方面的要求。第一，房地产未来的收益可以用货币计量。由房地产提供的收益包括有形收益（如租金收入）和无形收益（如生活便捷性），收益法的收益主要是指有形收益。第二，资本化率是可以确定的。资本化率反映了房地产投资的风险程度、投资者预期的投资回报率水平以及投资的机会成本。资本化率数值的确定因投资者需求、市场回报率水平和风险状况的不同而不同，因此，在实际工作中的计算需要考虑多种因素的影响。

（2）局限性。

尽管收益法具有充分的理论依据和广泛的市场运用空间，但是其本身的预期性理论基础的存在使得该方法存在以下两个方面的局限。第一，收益及资本化率的准确预测比较困难。收益法是建立在对收益和资本化率的准确预测的基础之上的，但这二者是随着市场的发展变化而变化的。其数值的高低受诸多因素的影响，不仅宏观经济、政治、政策等因素的变化会影响收益法的计算结果，个体的判断差异、金融工具的回报率水平、市场供求状况的变化也会对该方法的运用产生影响。第二，该方法不能对非收益性房地产和无形收益进行评估。对于一些非收益性房地产，如学校、公园等，其收益具有无法计量性，而一些房地产给人带来的一些主观上的无形收益（如舒适性和便捷性等因素）也无法进行严格的计量，这种情况下就不适宜用收益法进行房地产的评估。

4. 假设开发法

假设开发法又被称为剩余法，是指在求取具有开发潜力的土地的价格时，估计将它开发形成房地产可以实现的预期价格，然后扣除为建造和销售该房地产所花费的必要成本费用（如建筑费、利息、税收、销售费用等）以及合理利润，所得的剩余金额作为土地价格的方法。在实际估价工作中，往往需要评估空地或因各种因素而需要开发土地的价格。但对于具有开发潜力的土地或在开发的房地产，尤其是商业用地，其土地条件本身差异很大，开发方案、开发成本及租赁潜力更是千差万别，这使得应用其他估价方法难以满足估价需要，而采用假设开发法可以对这些土地进行相对准确的估价。

5. 长期趋势法

长期趋势法又被称为外推法、趋势法等，是指依据某类房地产价格的历史资料和数据将其按时间顺序排列成时间序列，运用一定的数学方法，预测其价格的变化趋势，从而进行类推或延伸，对这类房地产价格在估价时间做出推测与判断，估算出这类房地产的价格的方法。它的具体计算方法有简易平均趋势法、移动平均趋势法和指数修正趋势法等。运用长期趋势法对房地产进行估价的前提是具有长期、足够和真实的房地产价格资料和数据。越是长期的数据，越能够消除短期变动和意外变动对房地产价格的影响。该方法适用于预测房地产的未来价格总体水平及其发展趋势和"走势"。

6. 路线价法

路线价法是指对面临特定街道而接近距离相等的市街土地设定标准度，求取在该深度上数宗土地的平均单价，并附设于特定街道上，得到某一街道的路线价，然后据此路线价，再配合深度指数表和其他修正率表，用数学方法算出临同一街道的其他宗地地价。

路线价法基本计算公式为

$$地价=路线价×深度指数×土地面积（或土地深度）±修正额$$

【例9-3】现有一块临街地，它的临街深度为17米，宽度为20米，路线价为1 500元/平方米，临街深度指数划分如表9-4所示，试用路线价法计算该地块的总地价。

表9-4 临街深度指数划分

深度（米）	0～4	5～8	9～12	13～16	17～20
临街深度指数（%）	130	125	120	110	100

根据表9-4，临街深度指数对应的临街深度，将该幅地块划分为深度分别为0～4米、5～8米、9～12米、13～16米和17～20米的5幅小地块，然后运用计算公式分别计算各地块的价格。

0～4米地块的地价=1 500×130%×20×4=156 000（元）

5～8米地块的地价=1 500×125%×20×4=150 000（元）

9～12米地块的地价=1 500×120%×20×4=144 000（元）

13～16米地块的地价=1 500×110%×20×4=132 000（元）

17～20米地块的地价=1 500×100%×20×4=120 000（元）

则该幅地块的总价=156 000+150 000+144 000+132 000+120 000=702 000（元）

课堂讨论

你认为购买具备哪种特点的房子可以"稳赚不赔"。

9.4 租房与购房决策

面对不断攀升的房价，越来越多的都市白领陷入买房还是租房的两难境地。买房，房价上涨令白领不堪承受巨额支出；租房，每月房租支出也近乎可以支付月供，心有不甘。到底该买房还是租房？这是一个选择的问题。影响选择的因素有很多，诸如即将成家，或者子女上学等，这些因素会促使人们做出购房选择。而如果经济能力有些欠缺，抑或有别的投资方向，租房其实也没什么不妥。

9.4.1 租房与购房决策分析

购房并非如子女教育与退休那样具有一定性。购房与租房的居住效用相近，差别在于购房者有产权，因而有使用期间的自主支配权。

1. 租房的优缺点

（1）租房的优点。

① 灵活机动。当决策者需要或应该更换居住地址时，租房能提供较好的灵活性。新的工作、租金上涨或希望住在不同的社区等都需要重新更换住址。这时，租房比购房更方便。

② 负担小。承租人通常不用担心房屋的维护与修缮，因此比住房产权所有人的负担小。承租人的经济负担较小，主要的住房成本是租金和公用事业费，而购买住房的开销除了房价支出外，还包括房屋维修费等。

③ 初始成本低。租房的成本比买房低，虽然承租人通常需要支付押金，但购房者支付的首付款和房地产买卖手续费一般都在几十万元，远高于租房支出。

（2）租房的缺点。

① 福利少。因缺乏对房屋的所有权，承租人不能享受住房产权所有人的诸多权益，不会因房价增值而受益，也无法控制房租的上涨。

② 生活方式受限制。承租人在住宅开展的活动往往受到限制，如承租人常常不可以任意对房子进行改造。

③ 稳定性差。出租人与承租人双方签订的租赁契约往往是短期合同，一旦合同到期，能否续约将成为问题。

2. 购房的优缺点

（1）购房的优点。

① 获得房屋的产权。购买住房就取得了对住房的产权及由此而来的收益、支配、处分、占有等种种权利，就可以运用这个产权为自己的生活开销、投资盈利乃至晚年的养老保障等发挥种种功用。购房居住时，一直居住的是自己的房屋，房屋的产权归属于自己，在心理、情感等方面都要好于租房。

② 经济利益。购买住房的经济利益主要来源于房屋出租的租金收入，或者将房屋出售的买卖差价收入。随着时间的推移，如果房价出现上涨，住房的售价或是房屋的租金也会随之升高。

③ 抵御通货膨胀。银行存款、债券资产的实际价值往往会受到通货膨胀的侵蚀。实物资产，如房地产等，往往能抵销通货膨胀造成的实际财富损失。

④ 自由的生活方式。虽然租房有一定的便利性，但住房所有权能使房主更好地享受个性化的生活。住房所有者可以随心所欲地装修自己的住宅。

（2）购房的缺点。

① 需要大笔首期投资，还贷压力沉重。在购房过程中，通常需要一笔首期投资额，如购买一幢价值 100 万元的住房，投资者一般需要支付 20%～30% 的首付款，就是 20 万～30 万元，对刚刚工作的年轻人而言，这是个大数字。同时受个人经济条件的限制，购房时可能很难申请到抵押贷款。另外，即使能负担首期投资，将来也会面临沉重的还贷压力。在还贷压力下，个人或家庭的生活将会处处受限，生活质量也必然会受到影响。

② 流动性差。拥有住房后，所有者就不可能像租房那样轻易地变动生活环境。当环境变化迫使所有者出售住房时，可能会找不到合适的买家，从而使住房难以变现或变现成本很高。

③ 高昂的生活成本。拥有自己住宅的成本可能非常高。住房产权所有人必须承担住房的维修、油漆、修理以及住房改建等各类成本。

租房和购房的优缺点比较如表 9-5 所示。

表 9-5　　　　　　　　　　　　　　　　租房和购房的优缺点比较

项目	租房	购房
优点	1. 有能力使用更多的居住空间	1. 保值，能够对抗通货膨胀
	2. 比较能够应付家庭收入的变化	2. 强迫储蓄积累财富
	3. 资金较自由，可随时变更投资渠道	3. 提高居住品质
	4. 迁徙自由度较大	4. 信用增强效果
	5. 房屋瑕疵和损毁风险由房东承担	5. 满足拥有房地产的心理效用
	6. 租房者的税负负担较轻	6. 自住兼投资，同时提供居住效用和资本增值机会
	7. 不需要考虑房价下跌风险	
缺点	1. 非自愿搬离的风险	1. 缺乏流动性
	2. 无法按照意愿装修	2. 资金压力大
	3. 被动应对房租上涨风险	3. 维持成本高
	4. 无法运用财务杠杆追求房价利益	4. 财务风险大

9.4.2　租房与购房的选择

分析了租房与购房的利弊，在实际情况中，左右我们最后决定的往往是两者的成本。年成本法和净现值法是较为常用的两种计算成本的方法，下面介绍其中一种计算方法——年成本法，来计算购房与租房的可变成本。

租房者的使用成本是房租，还要计算缴纳押金带来的利息损失（机会成本），所以租房的年成本的计算公式为：

租房年成本=年租金（月租金×12）+押金机会成本（月租金×12×当年存款利率）

购房者的使用成本主要是首付款与房屋贷款利息（不考虑诸如物业费等使用成本），所以购房的年成本的计算公式为：

购房年成本=利息支出（贷款额×房贷年利率）+首付款机会成本（首付款×当年存款利率）

我们不能简单地把以上计算结果当成租房或购房的决策依据，只能当作参考，因为它没有包含房价波动的预期因素。

一般来说，预计房价看涨时，购房比较合算；反之，则租房合算。银行贷款利率也会对购房成本产生直接影响，利率下调时，购房成本降低；反之，购房成本则升高。房租则相对稳定（体现房屋的真实使用价值），所以在利率下调时，购房比较合算；反之，则租房合算。

> **课堂讨论**
> 了解最近的房价信息，说一说你倾向于买房还是租房。

> **知识拓展**
> 2021年12月10日，中央经济工作会议提出"坚持房子是用来住的不是用来炒的"定位，探索新的发展模式，坚持租购并举，加快发展租房市场，推进保障性住房建设，支持商品房市场更好地满足购房者的合理住房需求，因城施策促进房地产业良性循环和健康发展。

9.5　房地产的购买和销售

个人（家庭）选择购房还是租房要考虑多种因素。如个人（家庭）的收入水平、工作和生活地点是否固定等。

9.5.1　购房规划

如果倾向于购房，首先应该准确衡量自己的负担能力，然后考虑购房所要支付的相关税费。

1. 衡量自己的负担能力

就理财的范畴而言，购房规划最重要的就是按照自己的经济能力确定购房目标和制定切实可行的付款计划。衡量自己的经济负担能力的方式包括以下两种。

（1）按每月的负担能力估算负担得起的房屋总价。

$$可负担首付款=目前年收入×负担比率上限×年金终值+目前净资产×复利终值$$

$$年金终值=年金金额×\frac{(1+r)^n-1}{r}\ (n=离买房年数；r=投资报酬率)$$

$$复利终值=本金（现值）×(1+r)^n（n=离买房年数；r=投资报酬率）$$

$$可负担房屋贷款=目前年收入×复利终值（n=离买房年数；r=预估收入成长率）×负担比率上限×$$

$$年金现值（n=贷款年限；r=房屋贷款利率）$$

$$可负担房屋总价=可负担首付款+可负担房屋贷款$$

$$可负担房屋单价=可负担房屋总价÷需求面积$$

（2）按欲购买的房屋价格来计算每月需要负担的费用。

$$欲购买房屋总价=房屋单价×需求面积$$

$$需要支付的首付款部分=欲购买房屋总价×（1-按揭贷款比例）$$

$$需要支付的贷款部分=欲购买房屋总价×按揭贷款比例$$

$$每月摊还的贷款本息费用=需要支付的贷款部分÷年金现值$$

$$年金现值=年金×\frac{1-(1+r)^n}{r}\ (n=离买房年数；r=投资报酬率)$$

2. 购房的各种税费

我国涉及购房交易的税费主要包括契税、印花税、个人所得税、房屋所有权登记费、房屋买卖手续费、公证费、律师费、中介费等，具体视房屋买卖的具体情况并根据合同的约定或有关的法律规定来确定。

很多购房网站都提供免费的购房税费计算器，只要输入购房总价，系统就会自动输出与购房相关的各种税费金额。某购房网站提供的购房税费计算器如图9-2所示。

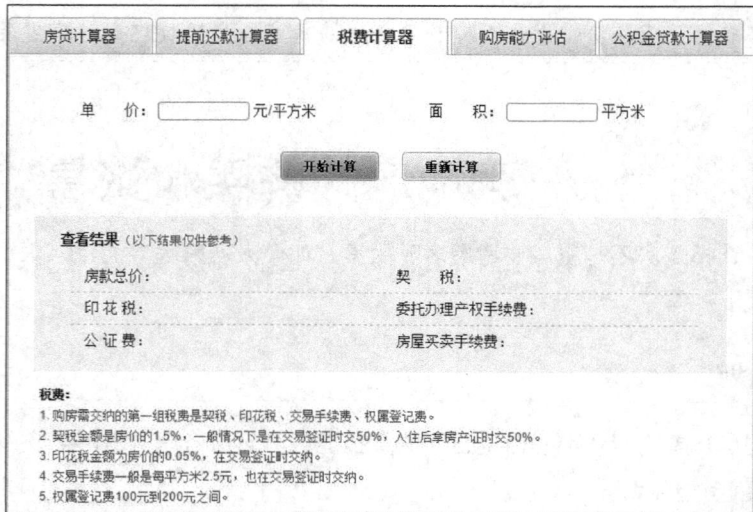

图9-2 某购房网站提供的购房税费计算器

3. 换房规划

对房屋的需求也会随着人的生涯阶段的改变而逐渐升级换代：单身或新婚时，受制于经济实力，以小户型住房为主；当小孩出生，尤其是到了受教育阶段，除了要考虑户型大小外，还要注意教育条件和周边环境等因素；人至中年，如果经济实力许可，可以结合居住环境、休闲娱乐等方面考虑再次换房；退休时，子女已经独立，可考虑医疗保健齐全、居住环境较好的小户型住宅颐养天年。如果需要换房，主要考虑以下两点：①有无能力支付换房所必须支付的首付款，换房需要支付的首付款=新房净值-旧房净值=（新房总价-新房贷款）-（旧房总价-旧房贷款）；②未来有无能力偿还换房后的贷款。

【例9-4】郭先生现年40岁，他看上了一套价值100万元的新房。郭先生的旧房当前市价为50万元，尚有20万元未偿贷款。如果购买新房，郭先生打算55岁之前还清贷款。银行要求最高贷款成数是七成，贷款利率为6%。

郭先生换房必须支付的首付款=（100-100×0.7）-（50-20）=0（万元）

郭先生换房后每年应偿还贷款额=100×0.7÷年金现值系数（n=15，r=6%）=7.21（万元）

然而郭先生不换房，每年应偿还贷款额=20÷年金现值系数（n=15，r=6%）=2.06（万元）

可见，换房后郭先生的房贷压力增加了不少（每年增加了5.15万元）。如果郭先生未来有充裕的储蓄缴纳贷款，则可以考虑换房计划。

9.5.2 个人销售住房

个人销售住房涉及以下几种税费。

1. 增值税

根据《财政部 国家税务总局关于全面推开营业税改征增值税试点的通知》（财税〔2016〕36 号）附件 3《营业税改征增值税试点过渡政策的规定》的规定："五、个人将购买不足 2 年的住房对外销售的，按照 5%的征收率全额缴纳增值税；个人将购买 2 年以上（含 2 年）的住房对外销售的，免征增值税。"

根据《财政部 国家税务总局关于全面推开营业税改征增值税试点的通知》（财税〔2016〕36 号）附件 3 《营业税改征增值税试点过渡政策的规定》第一条第十五款的规定："个人销售自建自用住房免征增值税。"

2. 个人所得税

个人出售自有住房取得的所得应按照"财产转让所得"项目征收个人所得税，税率为20%。对转让住房收入计算个人所得税应纳税所得额时，纳税人可凭原购房合同、发票等有效凭证，经税务机关审核后，允许从其转让收入中减除房屋原值、转让住房过程中缴纳的税金及有关合理费用。合理费用是指纳税人按照规定实际支付的住房装修费用、住房贷款利息、手续费、公证费等费用。

3. 土地增值税

土地增值税的计税依据是纳税人转让房地产所取得的增值额。增值额是纳税人转让房地产取得的收入减除税法规定的扣除项目金额后的余额。采用 30%~60%的四级累进税率计算征收。扣除项目包括房地产原价和与转让房地产有关的税费。

个人将购买的普通标准住宅再转让的，免征土地增值税。普通标准住宅是指除别墅、度假村、酒店式公寓以外的居住用住宅。个人转让别墅、度假村、酒店式公寓，凡居住超过五年的（含五年）免征土地增值税；居住满三年不满五年的，减半征收土地增值税。

4. 城市维护建设税和教育费附加

在中华人民共和国境内缴纳增值税、消费税的单位和个人，为城市维护建设税的纳税人。城市维护建设税以纳税人依法实际缴纳的增值税、消费税税额为计税依据。城市维护建设税和教育费附加分别按实际缴纳增值税、消费税税额的 1%和 3%计算缴纳。

5. 印花税

所签订的房地产买卖合同，属于"产权转移书据"征税项目，按合同所载金额的万分之五计税贴花。

9.6 住房贷款规划

目前，贷款购房主要有公积金贷款、商业贷款和组合贷款 3 种方式。

1. 公积金贷款

住房公积金，是指国家机关、国有企业、城镇集体企业、外商投资企业、城镇私营企业及其他城镇企业、事业单位、民办非企业单位、社会团体及其在职职工缴存的长期住房储金。

住房公积金贷款是缴存住房公积金的职工以其所拥有的产权住房为抵押申请的专项贷款。贷款期限最长为 30 年（不得超过法定退休年龄）。住房公积金贷款的利率是目前个人贷款中利率最低的品种，贷款额度根据所购房屋不同适用不同的比例。

相对于商业贷款，公积金贷款具有利率较低、还款方式灵活、首付比例低的优点，缺点在于手续烦琐，审批时间长。

2. 商业贷款

公积金贷款限于缴存了住房公积金的单位员工使用，限定条件多，所以，未缴存住房公积金的人无缘申贷，但可以申请商业银行个人住房抵押贷款，也就是银行按揭贷款。只要缴纳银行规定的购房首付款，且有贷款银行认可的资产作为抵押或质押，或有足够代偿能力的单位或个人作为偿还贷款本息并承担连带责任的保证人，那么就可以申请使用银行按揭贷款。商业贷款的发放对象较广泛，手续相对简单，但贷款时间较短，利率比公积金贷款高。

知识链接

公积金贷款与商业贷款

目前购房使用的房屋贷款方式主要包括公积金贷款、商业贷款和组合贷款。

公积金贷款与商业贷款相比较，具有不少优点。公积金贷款和商业贷款的区别见表9-6。

表 9-6 公积金贷款和商业贷款的区别

项目	公积金贷款	商业贷款	比较说明
贷款利率	1～5 年期限为 2.75%，6～30 年期限为 3.25%	1～5 年期限为 4.75%，5 年以上为 4.9%	相差约 2 个百分点
贷款成数	90%～95%	70%～80%	相差两成左右
最长年限	30 年	一般为 20 年	相差 10 年
支持项目	无限制	一般不支持房改、集资建房等	公积金贷款限制少
其他优惠	（北京）免除房产抵押登记前开发商的连带担保责任、免费提供保险等	减免保险费、律师费等	优惠相当

3. 组合贷款

组合贷款是指向缴存公积金的购房借款人同时发放公积金贷款和商业贷款的一种贷款方式。

住房公积金管理中心可以发放的公积金贷款，最高限额一般为 10 万～29 万元，如果购房款超过这个限额，不足部分要向银行申请商业贷款，这两种贷款合起来成为组合贷款。组合贷款利率较为适中，贷款金额较大，因而被较多购房者选用。

百度应用提供的贷款计算器及房贷计算器 App 如图 9-3、图 9-4 所示。

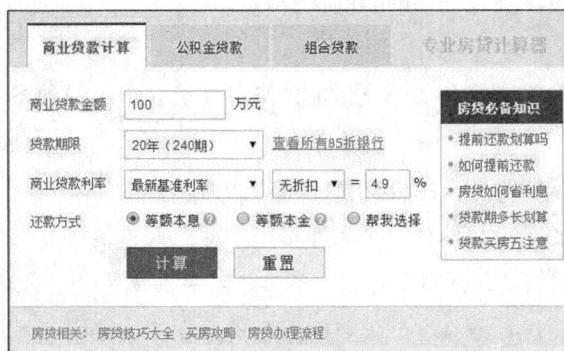

图 9-3　百度应用提供的贷款计算器

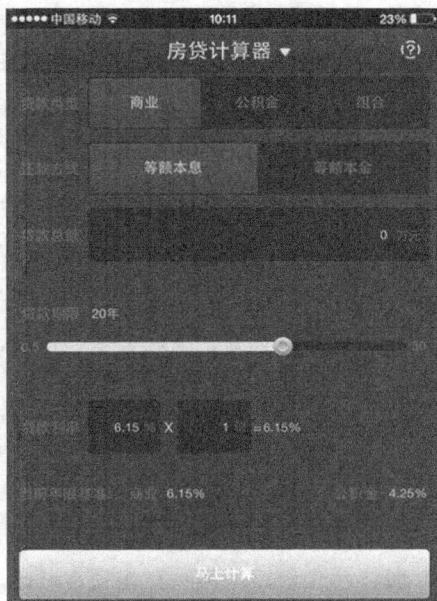

图 9-4　房贷计算器 App

9.7 个人支付能力评估

购房者在购买房屋时，应根据家庭的储蓄、可获得的各类贷款以及借款等因素，估算自己的实际购买能力，最终确定所要购买的房屋类型、面积和价位。购房者的个人支付能力评估主要从以下几个方面着手。

1. 目标和需求分析

房地产理财规划的第一步是确定期望的目标和需求，这要通过数据收集和分析来确定。一般而言，个人对于房地产购置的需求取决于年龄、收入水平、家庭成员数量、交通便利程度等因素。在确定目标和需求时，必须把握以下原则。

第一，要分清影响目标和需求的因素的重要性。要找到符合所有期望的房地产理财项目是不可能的，我们会面临对各种因素的权衡和取舍，因此应该分析哪些因素对自己是重要的，按重要性程度进行排列，以便在这些因素发生冲突的时候做出合理的选择。

第二，要具有前瞻性。随着个人的成长，收入、债务以及责任都会发生变化，因此在确定房地产投资目标和需求时应该将这些因素考虑进去，以便能够灵活地对待这些变化。

2. 动机分析

房地产理财具有投资大、周期长的特点，因此事前仔细地评估和计划必不可少，动机的差异将会对整个投资计划产生关键性的影响。个人房地产理财的动机有以下几个方面。

（1）用于自己居住。用于自己居住时首要考虑的是居住质量，可以选择具有成熟居住环境的社区，如拥有便捷的交通、宜人的环境、配套的生活设施等。

（2）用于出租获取收益。用于出租获取收益时首先要考虑的是方便出租，可以选择流动人口多的小型住宅进行投资，或者购买适宜出租给经营者的沿街店铺。

（3）用于投机获利。如果是为了获取差价收入，则适合投资现时房价相对便宜，但未来规划前景看好、有升值潜力的住宅或店铺。

（4）用于减免税收。如果国家鼓励居民置业，则会出台相应的鼓励政策，如规定购房者支出可以用来抵扣个人所得税等，这时进行房地产投资无疑是一举两得的投资方式。

3. 个人资产估量

投资房地产前必须正确估量个人资产，再根据需求和实际支付能力来具体选择采用何种房地产投资计划。

个人资产的估量主要是对个人净资产的估量和对个人综合支付能力的评估。

（1）个人净资产。估算个人支付能力的核心是审慎地计算个人净资产，即个人总资产减去个人总负债的余额。个人总资产及个人拥有的所有财富，包括自用住宅、家具、艺术收藏品、交通工具、现金、债券、股票等。其中有些固定资产，如住房、家具，应该以能够脱手变现的价格来计量。这类资产的取得，是为了让个人和家庭可以长期使用和享受。所以自住性房地产属于个人资产，不属于长期投资。就财务规划的观点而言，自住以外的房屋或土地只有在以赚取租金收入或将来的差价为购置目的时，才算是投资性房地产。对我国的工薪阶层来说，个人资产中还包含已缴存的住房公积金。住房公积金是职工在其工作年限内，由职工本人及所在单位分别按职工工资收入的一定比例逐月缴存至职工个人住房公积金账户的资金。该项资金全部归职工个人所有，由政府设立的公积金法定机构统一管理，用于以贷款形式支持职工买房。个人总负债是个人应偿还的债务，包括按揭贷款、汽车消费贷款和其他短期借款。普通工薪阶层实际总负债不宜超过 3 个月家庭日常支出总和。

（2）个人综合支付能力评估。确定个人投资房地产的综合支付能力时，不仅要看个人的净资产，还要分析个人的固定收入、临时收入、未来收入、个人支出和预计的未来支出。

如果个人净资产为正数，投资者首先要确定能用来投资房地产的资金数额。然后，根据自己家庭月收入及预期，最终确定用于购买房地产、偿还银行按揭贷款本息的数额。基本原则仍然是量力而行，既满足个人的房地产投资需求，又不给自己带来沉重的债务负担。

思考与练习

1．简述房地产的房屋类型和各自的投资条件。

2．简述房地产的价格构成和影响要素，并说明哪些影响因素比较稳定，哪些影响因素变化比较大。

3．简述投资性购房和消费性购房的差异。

4．简述房地产估价方法的种类并比较各自的优缺点。

5．如何进行购房和租房的决策？

6．试分析你所在城市的房地产价格水平现状及其走势。

7．简述住房贷款偿还的几种方式。

8．在当前的政策条件下，购买一手房需要缴纳哪些税费？

9．在当前的政策条件下，购买二手房需要缴纳哪些税费？

案例分析

长租房，让更多人安居乐业

"十四五"规划和2035远景目标纲要提出，"加快培育和发展住房租赁市场""完善长租房政策，逐步使租购住房在享受公共服务上具有同等权利"。作为解决大城市住房问题的重要途径，我国长租房的政策措施不断创新完善，各地也正在积极实践探索。

长期以来，我国住房市场存在"重购轻租"的现象，而在租赁市场发展的短板中，租赁周期较短的问题尤为凸出。发展长租房，不仅可以有效提升租客的租房体验，提高租房品质，也有利于增加租赁市场的有效供给、改善租赁供需的结构。同时，租购"两条腿走路"还能够缓解整体住房市场的供需矛盾，营造一个更加理性租购的市场环境。

近年来，我国长租房市场蓬勃发展。但总体来看，大城市租赁供需仍然存在着不小的缺口。据了解，保障性租赁住房已经逐步从城镇户籍家庭拓展至新市民、青年人及从事基本公共服务人员等群体。市场体系和保障体系"两条腿"发力，加速补齐了租赁短板，也为促进国内大循环增添了动力。

为了加快长租房发展，各项扶持政策正在加速布局完善。

第一，财政补贴。2019年，北京、长春、上海、南京、杭州、福州等16个城市纳入中央财政支持住房租赁市场发展试点，2020年又有天津、石家庄、太原等8个城市入选。

第二，金融扶持。2020年，住房和城乡建设部推动建设银行3年内提供3 000亿元贷款，引导企业参与发展保障性租赁住房。

第三，增加土地供给。北京、上海等地已经纷纷开展利用集体经营性用地、调整商业用地等措施扩大租赁住房土地供给。"十四五"规划和2035远景目标纲要明确"单列租赁住房用地计划"。

思考：

1．从人民日报文章可以看出长租房具有什么样的特征，主要满足哪些人群的需求？

2．大力发展长租房对于我国城市化发展有着什么样的意义？

3．大力发展长租房，你认为目前面临的最大难题是什么，你有何建议？

个人税收筹划 | 第10章

教学目标

（1）了解税收的基本概念。

（2）了解个人税收制度中的税种。

（3）掌握个人所得税的计算方法。

（4）理解税收筹划的基本方法。

（5）掌握税收筹划的步骤。

（6）掌握税收筹划的策略。

美国有一句谚语——人生有两件事没办法回避：一是交税，二是死亡。个人所得税是世界上现代化国家最大的财政收入税种。随着居民收入水平的提高，收入组成的多元化，大众需要缴纳的个人所得税日益增多。本章阐述了我国个人税收制度的相关知识，并介绍了几种个人税收筹划的方法，帮助读者合理规划收入与支出。

10.1 | 个人税收筹划概述

寻求公平税负、寻求税负最小化，是纳税人的普遍需求，也是纳税人的一项权利。因此，个人如何依法纳税并能动地利用税收政策，谋取尽可能多的经济利益，成为个人理财的行为规范和基本出发点。如何在税法许可下，实现税负合理也就成为个人税收筹划的重心所在。

10.1.1 税收筹划的概念

税收筹划是纳税人在法律许可的范围内，根据政府的税收政策导向，通过对收入的事先筹划或安排进行纳税方案的优化选择，以尽可能地减轻税收负担，获得税收利益的合法行为。

微课扫一扫

税收筹划的思想最早是由英国上议院议员汤姆林爵士于 20 世纪 30 年代在"税务局长诉温斯特大公"一案中提出的，他说："任何人都有权安排自己的事业，依据法律这样做可以少缴税。为了保证从这些安排中得到利益……不能强迫他多缴税。"这是法律第一次对税收筹划做出认可。

税收筹划于 20 世纪 50 年代呈现出专业化发展态势，1959 年成立的欧洲税务联合会明确提出税收筹划的概念。与此同时，税收筹划的研究也开始向纵深化发展。从 20 世纪 80 年代开始，税收筹划与偷税、漏税进入分离阶段；20 世纪 90 年代，税收筹划开始与避税、节税相分离，在此阶段我国的税收筹划思想基本形成并逐步发展。

10.1.2　税收筹划的特点

税收筹划不同于逃税、欠税等行为，其根本目的是通过减轻税负来实现个人利益的最大化，具有以下特点。

1. 合法性

税收筹划是根据现行法律、法规的规定进行的选择行为，是完全合法的。在合法的前提下进行的税收筹划，是对税法立法宗旨的有效贯彻，也体现了税收政策导向的合理有效性。

2. 超前性

在现实的经济活动中，纳税义务的发生具有滞后性，即由于特定经济事项的发生才使个人负有纳税义务。税收筹划就是将税收作为影响纳税人最终收益的重要因素，对投资、理财、经营活动做出事先的规划、设计、安排。

3. 目的性

税收筹划的目的是最大限度地减轻个人的税收负担。减轻税收负担一般有两种形式：一是选择低税负，在多种纳税方案中选择税负最低的方案；二是滞延纳税时间，即在纳税总额大致相同的各方案中，选择纳税时间滞后的方案。

4. 积极性

从宏观经济调控看，税收是调控经营者、消费者行为的一种有效经济杠杆，国家往往根据经营者和消费者节约税款、谋取最大利润的心态，有意通过税收优惠政策，引导和鼓励投资者和消费者采取政策导向的行为，借以实现某种特定的经济或社会目的。

5. 综合性

由于多种税基相互关联，某种税基缩减的同时，可能会引起其他税种税基的增大；某一纳税期限内少缴或不缴税款可能会在另外一个或几个纳税期内多缴。因此，税收筹划还要综合考虑，不能只注重个别税种税负的降低，或某一纳税期限内少缴或不缴税款，而要着眼于整体税负的轻重。

6. 普遍性

从世界各国的税收体制看，国家为达到某种目的或意图，总要牺牲一定的税收利益，对纳税者给予一定的税收优惠，引导和规范纳税人的经济行为，这就为个人提供了进行税收筹划、寻找低税负、降低税收成本的机会，这种机会是普遍存在的。

10.1.3　税收筹划的内容

个人税收筹划的内容主要有以下几个方面。

1. 节税筹划

节税筹划是指纳税人在不违背立法精神的前提下，充分利用税法中固有的起征点、减免税等一系列的优惠政策，通过对筹资、投资和经营等活动的巧妙安排，达到少缴税甚至不缴税目的的行为。

2. 转嫁筹划

转嫁筹划是指纳税人为了达到减轻税负的目的，通过价格调整将税负转嫁给他人承担的经济行为。具体而言，是指纳税人通过提高商品销售价格或压低商品供应价格等方法，将税负转移给他人。此时，纳税人与真正的负税人是分离的，纳税人只是在法律意义上的主体，而非经济意义上的主体。

3. 涉税零风险

涉税零风险是指纳税人账目清楚，纳税申报正确，税款缴纳及时、足额，不会出现任何关于税收方面的处罚，即在税收方面没有任何风险，或风险极小甚至可以忽略不计的一种状态。

> ✏️ **课堂讨论**
>
> 说一说税收筹划的作用。你的家庭是否做了税收筹划？

10.2 | 个人税收制度

税收制度是人为创设的，具有强制性、无偿性和固定性的特征，与我们的生活息息相关。

10.2.1 税收的种类

我们在日常生活中可能对这么多税种不太了解。这是因为，有些税是我们直接或亲自缴纳的，有些税则是在"不知不觉"中缴纳的。目前，我国居民个人需要缴纳的税种如下。

1. 直接缴纳的税种

（1）个人所得税。应缴纳的个人所得税一般由所在单位代扣代缴，纳税数额会反映在每月的工资条上。此外，稿费、彩票中奖等劳动或者偶然所得，应缴纳的个人所得税一般由支付报酬的公司或单位代扣代缴。而在其他许多情况下，个人都要直接向税务机关申报缴纳个人所得税。例如，出售二手房，有可能需要缴纳个人所得税后才能办理房屋的产权转让手续。

> ✏️ **课堂讨论**
>
> 查阅资料并讨论，个人所得税分为哪些项目。

（2）车船税。车船税是指对在我国境内应依法到公安、交通、农业、渔业、军事等管理部门办理登记的车辆、船舶，根据其种类，按照规定的计税依据和年税额标准计算征收的一种财产税。

（3）契税。契税是以所有权发生转移变动的不动产为征税对象，向产权承受人征收的一种财产税。应缴税范围包括土地使用权出售、赠予和交换，房屋买卖，房屋赠予，房屋交换等。契税本质上属于一种财产转移税，如房地产买卖时需要缴纳契税。

（4）印花税。印花税是对经济活动和经济交往中书立、领受具有法律效力的凭证的行为所征收的一种税。例如，在房地产过户时需要按规定缴纳合同金额的 0.5‰的印花税。

（5）增值税。增值税是以商品（含应税劳务）在流转过程中产生的增值额作为计税依据而征收的一种流转税。通常，个人开办企业、开餐馆、搞运输及从事各种生产经营活动都需要缴纳增值税。以卖房为例，根据"营改增"（营业税改增值税）细则，除北上广深以外的城市，个人将购买不足 2 年的住房对外销售的，按照 5% 的征收率全额缴纳增值税；个人将购买 2 年以上（含 2 年）的住房对外销售的，免征增值税。

（6）房产税。房产税是以房屋为征税对象，按房屋的计税余值或租金收入为计税依据，向产权所有人征收的一种财产税。房产税征收标准有从价和从租两种情况：从价计征，其计税依据为房产原值一次减去 10%～30% 后的余值；从租计征（适用于房产出租的情况），以房产租金收入为计税依据。

2. 间接缴纳的税种

除了上面提到的直接纳税的情况，更多时候我们是在"不知不觉"中履行了纳税义务。一般来说，我国的税收大部分是企业缴纳的，但企业缴纳的税收（特别是流转税）是可以转嫁的。由于我国实行的是含税价，即商品和服务的价格中包含着国家收取的税款。换句话说，商品价格主要是由生产该商品的成本费用或商家的进价、厂商的利润、国家收取的税金三部分组成，税金不仅是增值税、消费税，还要附征 10% 左右（北京地区）的城市维护建设税和教育费附加。超市里所有商品的标价都是含税价格，你购买任何一种商品的同时意味着你向国家缴了税，可能是增值税、消费税，也可能是城市维护建设税。

此外，个人可能需要缴纳的税种还有遗产税，但是由于遗产税还未在我国正式开征，所以不再进行赘述。

10.2.2　个人所得税

由于每个人所涉及的经济活动不同，本章将针对向大部分人所征收的税种——个人所得税，做详细阐述。个人所得税是以自然人取得的各类应税所得为征税对象而征收的一种所得税，是政府利用税收对个人收入进行调节的一种手段。

1. 纳税义务人

个人所得税的纳税义务人指中国公民、个体工商户以及在中国有所得的外籍人员和港澳台同胞。上述纳税义务人根据住所和居住时间两个标准，可以区分为居民和非居民，分别承担不同的纳税义务。

（1）居民纳税义务人。居民纳税义务人是指在我国境内有住所，或者无住所而在我国境内居住满一年的个人。居民纳税义务人负有无限纳税义务，其所得无论是从我国境内取得还是从境外取得，都要在我国缴纳个人所得税。

（2）非居民纳税义务人。非居民纳税义务人是在我国境内无住所且不居住或者无住所而在我国境内居住不满一年的个人，即在一个纳税年度中，没有在我国境内居住，或者在我国境内居住不满一年的外籍人员、华侨或港澳台同胞。非居民纳税义务人承担有限纳税义务，仅就其来源于我国境内的所得向我国缴纳个人所得税。

居民纳税人

一名外籍人员从2018年11月起到我国境内公司任职，在2019年，曾于3月8日至15日离境回国，12月25日至12月31日又离境回国一次。那么该外籍人员是否为我国的居民纳税人？

注意：我国税法规定的住所标准和居住时间标准，是判定该纳税人的两个并列性标准，个人只要符合或达到其中任何一个标准，就可以被认定是我国的居民纳税人。

2. 征税范围

微课扫一扫

个人所得税的征税范围主要有以下几个方面。

（1）工资、薪金所得。工资、薪金所得是指个人因任职或者受雇而取得的工资、薪金、奖金、年终加薪、劳动分红、津贴、补贴以及与任职或者受雇有关的其他所得。一般来说，工资、薪金所得属于非独立个人劳动所得。除工资、薪金以外，奖金、年终加薪、劳动分红、津贴、补贴也被确定为工资、薪金范畴。其中，年终加薪、劳动分红不分种类和取得情况，一律按工资、薪金所得课税。津贴、补贴等则有例外。根据我国目前个人收入的构成情况，规定对于一些不属于工资、薪金性的补贴、津贴或者不属于纳税人本人工资、薪金所得项目的收入，不予征税。这些项目包括：独生子女补贴、执行公务员工资制度未纳入基本工资总额的补贴、津贴差额和家属成员的副食品补贴、托儿补助费、差旅费津贴、误餐补助。

（2）个体工商户的生产、经营所得。个体工商户的生产、经营所得是指个体工商户从事工业、手工业、建筑业、交通运输业、商业、饮食业、服务业、修理业以及其他行业生产等，与生产、经营有关的各项应税所得。个体工商户或个人专营种植业、养殖业、饲养业、捕捞业（四业），暂不征收个人所得税。从事个体出租车运营的出租车驾驶员取得的收入，按个体工商户的生产、经营所得项目缴纳个人所得税。

（3）对企事业单位的承包经营、承租经营所得。对企事业单位的承包经营、承租经营所得，是指个人承包经营、承租经营以及转包、转租取得的所得，还包括个人按月或者按次取得的工资、薪金性质的所得。

（4）劳务报酬所得。劳务报酬所得是指个人从事设计、装潢、安装、制图、化验、测试、医疗、法律、会计、咨询、代办服务以及其他劳务报酬的所得。个人担任董事、监事职务，且不在公司任职、受雇的，所取得的董事费收入、监事费收入，属于劳务报酬性质，按劳务报酬所得项目征税。

（5）稿酬所得。稿酬所得是指个人因其作品以图书、报刊形式出版、发表而取得的所得。这里所说的作品，包括文学作品、书画作品、摄影作品，以及其他作品。作者去世后财产继承人取得的遗作稿酬，亦应征收个人所得税。任职、受雇于报纸、杂志等单位的记者、编辑等专业人员，因在本单位的报纸、杂志上发表作品取得的所得，属于因任职、受雇而取得的所得，应与其当月工资收入合并，按工资、薪金所得项目征收个人所得税。

（6）特许权使用费所得。特许权使用费所得是指个人提供专利权、商标权、著作权、非专利技术以及其他特许权的使用权取得的所得。其中提供著作权的使用权取得的所得，不包括稿酬所得；个人取得特许权的经济赔偿收入，应按特许权使用费所得应税项目缴纳个人所得税。从 2002 年 5 月 1 日起，编剧从电视剧的制作单位取得的剧本使用费，不再区分剧本的使用方是不是其任职单位，统一按特许权使用费所得项目计征个人所得税。

（7）利息、股息、红利所得。利息、股息、红利所得是指个人拥有债权、股权而取得的利息、股息、红利所得。

（8）财产租赁所得。财产租赁所得是指个人出租建筑物、土地使用权、机器设备、车船以及其他财产取得的所得。个人取得的财产转租收入，属于财产租赁所得的征税范围。

（9）财产转让所得。财产转让所得是指个人转让有价证券、股权、建筑物、土地使用权、机器设备、车船以及其他财产取得的所得。具体规定如下：①股票转让所得。对股票转让所得暂不征收个人所得税。②量化资产股份转让所得。集体所有制企业在改制为股份合作制企业时，对职工个人以股份形式取得的拥有所有权的企业量化资产，暂缓征收个人所得税；待个人将股份转让时，就其转让收入额，减除个人取得该股份时实际支付的费用支出和合理转让费用后的余额，按财产转让所得项目计征个人所得税。③个人出售自有住房。个人出售已购公有住房，其应纳税所得额为个人出售已购公有住房的销售价，减除住房面积标准的经济适用房价款、原支付超过住房面积标准的房价款、向财政或原产权单位缴纳的所得收益，以及税法规定的合理费用后的余额。④个人因各种因素终止投资、联营、经营合作等行为，从被投资企业或合作项目、被投资企业的其他投资者以及合作项目的经营合作人处取得股权转让收入、违约金、补偿金、赔偿金及以其他名目收回的款项等，均属于个人所得税应税收入，应按照财产转让所得项目适用的规定计算缴纳个人所得税。

（10）偶然所得。偶然所得指个人得奖、中奖、中彩以及其他偶然性质的所得。

（11）其他所得。上述 10 项个人应税所得是根据所得的不同性质划分的。除此以外，今后可能出现的需要征税的新项目，以及个人取得的难以界定应税项目的个人所得，由国务院财政部门确定征收个人所得税。

3. 税基

个人所得税的税基就是应纳税所得额，计算如下。

① 工资、薪金所得，以每月收入额减除费用 5 000 元后的余额，为应纳税所得额。

② 个体工商户的生产、经营所得，以每一纳税年度的收入总额减除成本、费用以及损失后的余额，为应纳税所得额。

③ 对企事业单位的承包经营、承租经营所得，以每一纳税年度的收入总额，减除必要费用后的余额，为应纳税所得额。

④ 劳务报酬所得、稿酬所得、特许权使用费所得、财产租赁所得，每次收入不超过 4 000 元的，减除费用 800 元；4 000 元以上的，减除 20%的费用，其余额为应纳税所得额。

⑤ 财产转让所得，以转让财产的收入额减除财产原值和合理费用后的余额，为应纳税所得额。

⑥ 利息、股息、红利所得，偶然所得和其他所得，以每次收入额为应纳税所得额。

个人将其所得对教育事业和其他公益事业捐赠的部分，按照国务院有关规定从应纳税所得额中扣除。对在我国境内无住所而在我国境内取得工资、薪金所得的纳税义务人和在我国境内有住所而在我国境外取得工资、薪金所得的纳税义务人，可以根据其平均收入水平、生活水平以及汇率变化情况确定附加减除费用，附加减除费用适用的范围和标准由国务院规定。

4. 税率

（1）工资、薪金所得适用税率。工资、薪金所得适用七级超额累进税率，税率为3%～45%，工资、薪金所得个人所得税税率如表 10-1 所示。

表 10-1 　　　　　　　　　　　工资、薪金所得个人所得税税率

级数	月度应纳税所得额	税率（%）	速算扣除数
1	不超过 3 000 元的	3	0
2	超过 3 000 元至 12 000 元的部分	10	210
3	超过 12 000 元至 25 000 元的部分	20	1 410
4	超过 25 000 元至 35 000 元的部分	25	2 660
5	超过 35 000 元至 55 000 元的部分	30	4 410
6	超过 55 000 元至 80 000 元的部分	35	7 160
7	超过 80 000 元的部分	45	15 160

（2）个体工商户的生产、经营所得和对企事业单位的承包经营、承租经营所得适用税率。

① 个体工商户的生产、经营所得和对企事业单位的承包经营、承租经营所得适用 5%～35%的五级超额累进税率（见表 10-2）。

表 10-2 　　　　　　个体工商户的生产、经营所得和对企事业单位的承包经营、承租经营所得适用

5%～35%的五级超额累进税率

级数	全年应纳税所得额		税率（%）	速算扣除数
	含税级距	不含税级距		
1	不超过 15 000 元的	不超过 14 250 元的	5	0
2	超过 15 000 元至 30 000 元的部分	超过 14 250 元至 27 750 元的部分	10	750
3	超过 30 000 元至 60 000 元的部分	超过 27 750 元至 51 750 元的部分	20	3 750
4	超过 60 000 元至 100 000 元的部分	超过 51 750 元至 79 750 元的部分	30	9 750
5	超过 100 000 元的部分	超过 79 750 元的部分	35	14 750

注：本表所称全年含税应纳税所得额和全年不含税应纳税所得额，在对个体工商户的生产、经营所得方面，是指以每一纳税年度的收入总额，减除成本、费用以及相关税费以及损失后的余额；在对企事业单位的承包经营、承租经营所得方面，是指以每一纳税年度的收入总额，减除必要费用后的余额。

这里值得注意的是，由于目前实行承包（租）经营的形式较多，分配方式也不尽相同，承包、承租人按照承包、承租经营合同（协议）规定取得所得的适用税率也不一致。

承包、承租人对企业经营成果不拥有所有权，仅是按合同（协议）规定取得一定所得的，其所得按工资、薪金所得项目征税，适用3%～45%的七级超额累进税率。

承包、承租人按合同（协议）的规定只向发包、出租方缴纳一定费用后，企业经营成果归其所有的，承包、承租人取得的所得，按对企事业单位的承包经营、承租经营所得项目，适用5%～35%

的五级超额累进税率征税。

② 个人独资企业和合伙企业的个人投资者取得的生产经营所得也适用 5%～35% 的五级超额累进税率。

（3）稿酬所得适用税率。稿酬所得适用比例税率，税率为 20%，并按应纳税额减征 30%。

（4）劳务报酬所得适用税率。劳务报酬所得适用比例税率，税率为 20%。对劳务报酬所得一次收入畸高的，可以实行加成征收，具体办法由国务院规定。

据《中华人民共和国个人所得税法实施条例》规定，"劳务报酬所得一次收入畸高"，是指个人一次取得劳务报酬，其应纳税所得额超过 20 000 元。对应纳税所得额超过 20 000 至 50 000 元的部分，依照税法规定计算应纳税额后再按照应纳税额加征五成；超过 50 000 元的部分，加征十成。因此，劳务报酬所得实际上适用 20%、30%、40% 的三级超额累进税率（见表 10-3）。

表 10-3　　　　　　　　　　　　劳务报酬所得个人所得税税率

级数	含税级距	税率（%）	速算扣除数
1	不超过 20 000 元的	20	0
2	超过 20 000 元至 50 000 元的部分	30	2 000
3	超过 50 000 元的部分	40	7 000

（5）特许权使用费所得，利息、股息、红利所得，财产租赁所得，财产转让所得，偶然所得和其他所得适用税率。

特许权使用费所得，利息、股息、红利所得，财产租赁所得，财产转让所得，偶然所得和其他所得，适用比例税率，税率为 20%。

5. 税收优惠

（1）个人所得税免税项目。

个人所得税免税项目包括：①省级人民政府、国务院部委和中国人民解放军军以上单位，以及外国组织、国际组织颁发的科学、教育、技术、文化、卫生、体育、环境保护等方面的奖金；②国债和国家发行的金融债券利息；③按照国家统一规定发给的补贴、津贴，这是指按照国务院规定发给的政府特殊津贴、院士津贴、资深院士津贴，以及国务院规定免纳个人所得税的其他补贴、津贴；④福利费、抚恤金、救济金；⑤保险赔款；⑥军人的转业费、复员费；⑦按照国家统一规定发给干部、职工的安家费、退职费、退休工资、离休工资、离休生活补助费；⑧依照我国有关法律规定应予免税的各国驻华使馆、领事馆的外交代表、领事官员和其他人员的所得；⑨其他项目，如我国政府参加的国际公约、签订的协议中规定免税的所得等。

（2）个人所得税暂免征税项目。

个人所得税暂免征税项目包括：①外籍个人以非现金形式或实报实销形式取得的住房补贴、伙食补贴、搬迁费、洗衣费；②外籍个人按合理标准取得的境内、境外出差补贴；③外籍个人取得的语言训练费、子女教育费等，经当地税务机关审核批准为合理的部分；④外籍个人从外商投资企业取得的股息、红利所得；⑤根据世界银行专项借款协议，由世界银行直接派往我国工作的外国专家等取得的工资、薪金所得，暂免征个人所得税；⑥个人举报、协查各种违法、犯罪行为而获得的奖金；⑦个人办理代扣代缴手续，按规定取得的扣缴手续费；⑧个人转让自用达 5 年以上，并且是唯一的家庭生活用房取得的所得，暂免征收个人所得税；⑨对个人购买福利彩票、赈灾彩票、体育彩票，一次中奖收入在 1 万元以下的（含 1 万元）暂免征收个人所得税，超过 1 万元的，全额征收个人所得税。

自 2009 年 5 月 25 日起，对以下情形的房屋产权无偿赠予，对当事双方不征收个人所得税：房屋产权所有人将房屋产权无偿赠予配偶、父母、子女、祖父母、外祖父母、孙子女、外孙子女、兄弟姐妹，房屋产权所有人将房屋产权无偿赠予对其承担直接抚养或者赡养义务的抚养人或赡养人，房屋产权所有人死亡，依法取得房屋产权的法定继承人、遗嘱继承人或受遗赠人。

（3）个人所得税减税项目。

个人所得税减税项目包括：①残疾、孤老人员和烈属的所得；②因严重自然灾害造成重大损失的；③其他经国务院财政部门批准减免的。

同时，个人所得税的征收方式可分为按月计征和按年计征。个体工商户的生产、经营所得，对企事业单位的承包经营、承租经营所得，特定行业的工资、薪金所得，从我国境外取得的所得，实行按年计征应纳税额，其他所得应纳税额实行按月计征。

6．年所得超过 12 万元自行申报

根据《国家税务总局关于印发〈个人所得税自行纳税申报办法（试行）〉的通知》（国税发〔2006〕162 号）第六条的规定，年所得 12 万元以上，是指纳税人在一个纳税年度取得以下各项所得的合计数额达到 12 万元：①工资、薪金所得；②个体工商户的生产、经营所得；③对企事业单位的承包经营、承租经营所得；④劳务报酬所得；⑤稿酬所得；⑥特许权使用费所得；⑦利息、股息、红利所得；⑧财产租赁所得；⑨财产转让所得；⑩偶然所得；⑪经国务院财政部门确定征税的其他所得。

年所得 12 万元以上的纳税人，在纳税年度终了后 3 个月内向主管税务机关办理纳税申报。如果是在我国境内有任职、受雇单位的纳税人，向任职、受雇单位所在地主管税务机关申报。如果是在我国境内有两处或者两处以上任职、受雇单位的，选择并固定向其中一处单位所在地主管税务机关申报。如果在我国境内无任职、受雇单位，年所得项目中有个体工商户的生产、经营所得或者对企事业单位的承包经营、承租经营所得的，向其中一处实际经营所在地主管税务机关申报。如果在我国境内无任职、受雇单位，年所得项目中无生产、经营所得的，向户籍所在地主管税务机关申报。

10.3 个人税收筹划步骤

个人税收筹划主要分为以下几个步骤。

1．理解相关法律规定

税收筹划的一项重要前期工作，就是熟练掌握有关法律法规，理解法律精神，掌握政策尺度，了解税务机关对"合法和合理"纳税的法律解释和执法实践。不同的国家对于"合法和合理"的法律解释是不同的。就我国的税法执法环境而言，因为欠缺可行的税法总原则，法律规定在操作性上也有某些欠缺，税务机关存在相当大的"自由裁量权"。所以，在我国，熟悉税法的执法环境非常重要。

要了解税务机关对合法尺度的界定，可以从 3 个方面着手：①从宪法和现行法律了解"合法和合理"的尺度；②从行政和司法机关对"合法和合理"的法律解释中把握尺度；③从税务机关组织和管理税收活动和裁决税法纠纷中来把握尺度。

2. 了解纳税人的情况和要求

税收筹划真正开始的第一步，是了解纳税人的情况和纳税人的要求。了解纳税人的情况，有助于了解其适用的税种，并且了解其是否有税收优惠的情况。对个人纳税人进行税收筹划，需要了解的情况主要包括以下内容。

① 出生年月。在我国现行的法律中，虽然对于纳税人的年龄没有特殊的要求，但是对于处于不同年龄阶段的人进行的税收筹划可能会存在差异。

② 婚姻状况。由于在进行个人理财规划时可能会将婚姻状况纳入家庭的理财规划中，所以了解纳税人的婚姻状况有利于进行家庭理财的安排。

③ 子女及其他赡养人员。虽然是否要扶养子女和赡养老人不会影响到个人所得税税率，但是其会影响到个人的财务状况和个人的理财目标。一般而言，有子女或者其他需要赡养的人，其财务压力可能较大，且偏向于风险较低的理财。

④ 财务情况。个人税收筹划，包括多达 11 项内容，其中也包括财产租赁、财产转让等项目。只有在全面和详细地了解纳税人财务情况，及其是否存在承包、经营等经济活动后，才能构思针对纳税人的税务筹划安排。纳税人的财务情况，包括纳税人的收入情况、支出情况及财产情况（财产包括纳税人的动产和不动产），以及纳税人是不是个体工商业者等。应比较个人收入所得税的 11 个项目，详细了解相关情况。

⑤ 投资意向。纳税人的投资意向，包括个人的投资方向和投资金额。个人的投资方向和投资金额，与税务筹划的投资方向、投资形式、投资优惠筹划、适用税率设计、风险分析等都直接相关。

⑥ 对风险的态度。税收筹划存在一定的风险，如果违反税收方面的法律法规，就会受到处罚。因此，在为纳税人提供税收筹划的时候，必须充分了解纳税人个人的风险偏好，提供纳税人希望的税收筹划安排。

⑦ 纳税历史情况。了解纳税人的纳税历史，包括以前所纳税的税种、纳税金额以及减免税的情况，会对目前的税收筹划有帮助。

此外，还需要了解纳税人的要求，如是要求增加短期所得还是要求长期资本增值，或者既要求增加短期所得，又要求长期资本增值。

3. 计算应纳税额

在前面分析的基础上，确定纳税人所需缴纳的税种，并且确认是否存在税收优惠的情况。出具几套纳税方案，分别对不同的纳税方案计算出相应的应纳税额。根据利益最大化原则，选择最优的纳税方案。

4. 选定纳税方案

在选定纳税方案时，要综合考虑纳税人所面临的环境，因为最优的纳税方案是在特定的环境下才会发生作用的。此外，还需要考虑特定环境的存续期，尽量降低税收风险等。

5. 实时跟踪调整

在确定纳税方案后，要经常关注税收筹划的具体运行情况，并且关注相关的税收政策是否有变化。若运行情况与原先估计不符，或者税收政策有变动，则需要及时调整，不断完善税收筹划方案。

10.4 个人税收筹划方法

在现实社会生活中，个人所得税税收筹划具有比较重要的意义，可以帮助纳税人减轻纳税负担，提高其实际收入水平。通常，个人进行所得税税收筹划，专业税收筹划公司都会出具多个筹划方案，以便纳税人能够根据自身需求进行具体选择。但不论纳税人出于何种目的，选取哪种方案，税收筹划都能够在一定程度上减轻纳税人的税负，进而保证纳税人的实际收益。

10.4.1 税收筹划的基本方法

税收筹划的方法有很多，而且实践中也是将多种方法结合起来使用，具体有以下几种方法。

1. 优惠政策法

优惠政策法，是指纳税人凭借国家税法规定的优惠政策进行税收筹划的方法。税收优惠政策是指税法对某些纳税人和征税对象给予鼓励和照顾的一种特殊规定。国家为了扶持某些特定产业、行业、地区、企业和产品的发展，或者对某些有实际困难的纳税人给予照顾，在税法中做出某些特殊规定，如免除其应缴纳的全部或部分税款，或者按照其缴纳税款的一定比例给予返还等，从而减轻其税收负担。

从不同的角度，税收筹划可以利用不同的方法。

（1）总体角度。从总体角度来看，利用优惠政策筹划的方法主要包括以下几点。

① 直接利用筹划法。国家为了实现总体经济目标，从宏观上调控经济，引导资源流向，制定了许多的税收优惠政策。对于纳税人利用税收优惠政策进行筹划，是国家支持与鼓励的，因为纳税人对税收优惠政策利用得越多，越有利于国家特定政策目标的实现。所以，纳税人可以光明正大地利用税收优惠政策为自己企业的生产经营活动服务。

② 地点流动筹划法。从国际大环境来看，各国的税收政策各不相同，其差异主要有税率差异、税基差异、征税对象差异、纳税人差异、税收征管差异和税收优惠差异等，跨国纳税人可以巧妙地利用这些差异进行国际间的税务筹划；从国内税收环境来看，国家为了兼顾社会进步和区域经济的协调发展，税收优惠适当向西部地区倾斜，纳税人可以根据需要选择在优惠地区开展经济活动，以

享受税收优惠政策，减轻个人的税收负担。

（2）税制构成要素角度。从税制构成要素的角度探讨，利用税收优惠进行税收筹划主要利用以下几个优惠要素。

① 利用免税筹划。利用免税筹划是指在合法、合理的情况下，使纳税人成为免税人，或使纳税人从事免税活动，或使征税对象成为免税对象而免纳税收的税收筹划方法。免税人包括免税自然人、免税公司、免税机构等。利用免税的税收筹划方法能直接免除纳税人的应纳税额，操作简单，但适用范围狭窄，且具有一定的风险性。免税是对特定纳税人、征税对象及情况的减免，如必须从事特定的行业，在特定的地区经营，要满足特定的条件等，而这些不是每个纳税人都能或都愿意做到的。因此，免税方法往往不能普遍运用，适用范围狭窄。

② 利用减税筹划。利用减税筹划是指在合法、合理的情况下，使纳税人减少应纳税收而直接节税的税收筹划方法。在同等收入的情况下，各项扣除额、宽免额、冲抵额等越大，计税基数就会越小，应纳税额就越小，所节减的税款就越多。扣除技术可用于绝对节税，通过扣除技术使计税基数绝对额减少，从而使绝对纳税额减少；也可用于相对节税，通过合法和合理地分配各个计税期的费用扣除和亏损冲抵，增加纳税人的现金流量，起到延期纳税的作用，从而相对节税，与延期纳税技术原理有类似之处。扣除技术是适用于所有纳税人的规定，几乎每个纳税人都能采用此法节税，是一种能普遍运用、适用范围较大的税收筹划技术。扣除技术在规定时期是相对稳定的，采用扣除技术进行税收筹划具有相对确定性。

③ 利用税率差异筹划。利用税率差异筹划是指在合法、合理的情况下，利用税率的差异而直接节税的税收筹划方法，是尽量利用税率的差异使节税最大化。例如，A 地区的所得税税率是 30%，B 地区的所得税税率为 35%，C 地区的所得税税率为 40%。那么，在其他条件基本相似或利弊基本相抵的条件下，投资者到 A 地区开展经营活动可使节税最大化。利用税率差异进行税收筹划适用范围较广，具有复杂性、相对确定性的特点。采用税率差异节税不但受不同税率差异的影响，有时还受不同计税基数差异的影响。计税基数计算的复杂性，使税率差异筹划变得复杂。例如，计算出结果，要进行比较才能得出税负大小的结论。税率差异的普遍存在性，又给了每个纳税人一定的选择空间，因此，税率差异筹划方法是一种能普遍运用，适用范围较广的税收筹划方法。税率差异的客观存在性及在一定时期的相对稳定性，又使税率差异筹划方法具有相对确定性。

④ 利用分劈技术筹划。利用分劈技术筹划是指在合法、合理的情况下，使所得、财产在两个或更多个纳税人之间进行分劈而直接节税的税收筹划技术。出于调节收入等社会政策的考虑，许多国家的所得税和一般财产税通常都会采用累进税率，计税基数越大，适用的最高边际税率也越高。所得、财产在两个或更多个纳税人之间进行分劈，可以使计税基数降至低税率级次，从而降低最高边际适用税率，节减税收。例如，应税所得额在 30 万元以下的适用税率是 20%，应税所得额超过 30 万元的适用税率为 25%。某企业应税所得额为 50 万元，则要按 25% 的税率纳税，应纳所得税为 12.5（50×25%）万元。但是，如果个人在不影响生产经营的情况下，一分为二，分摊给两个人，则应纳所得税为 10（25×20%×2）万元，节减所得税 2.5（12.5-10）万元。采用分劈技术节税的要点在于使

分劈合理化、节税最大化。利用国家的相关政策对企业的所得或财产进行分劈，分劈技术较为复杂，因此，除了要合法，还应特别注意其合理性。在合法和合理的情况下，尽量寻求通过分劈技术使节税效果最大化。

⑤ 利用税收扣除筹划。利用税收扣除筹划是指在合法、合理的情况下，使扣除额增加而实现直接节税，或调整各个计税期的扣除额而实现相对节税的税收筹划方法。在收入相同的情况下，各项扣除额、宽免额、冲抵额等越大，计税基数就会越小，应纳税额也就越小，从而节税就会越多。利用税收扣除进行税收筹划，技术较为复杂、适用范围较大、具有相对确定性。各国税法中的各种扣除、宽免、冲抵规定是最为烦琐复杂的，同时变化也最多、最大，因而要节减更多的税收就要精通所有有关的最新税法，计算出结果并加以比较，所以说扣除技术较为复杂。税收扣除适用于所有纳税人的规定，说明扣除技术具有普遍性与适用范围广泛性的特点。税收扣除在规定时期的相对稳定性，又决定了采用扣除技术进行税收筹划具有相对稳定性。

⑥ 利用税收抵免筹划。利用税收抵免筹划是指在合法、合理的情况下，使税收抵免额增加而节税的税收筹划方法。税收抵免额越大，冲抵应纳税额的数额就越大，应纳税额就越小，从而节减的税额就越大。利用税收抵免筹划的要点在于使抵免项目最多化、抵免金额最大化。在合法、合理的情况下，尽量争取更多的抵免项目，并且使各抵免项目的抵免金额最大化。在其他条件相同的情况下，抵免的项目越多、金额越大，冲抵的应纳税金额就越大，应纳税额就越小，因而节税就越多。

⑦ 利用退税筹划。利用退税筹划是指在合法、合理的情况下，使税务机关退还纳税人已纳税款而直接节税的税收筹划方法。在已缴纳税款的情况下，退税无疑是偿还了缴纳的税款，节减了税收，所退税额越大，节减的税收就越多。税收优惠政策是国家的一项经济政策，纳税人对税收优惠政策的有效利用正是响应国家特定时期的经济政策，因此会得到国家的支持与鼓励。但是不同的纳税人利用优惠政策的方式和层次不相同。有的纳税人只是被动接受并有限地利用国家的优惠政策，而有的纳税人则积极创造条件，想尽办法充分地利用国家的优惠政策；有的纳税人合法利用国家的优惠政策，而有的纳税人则采取非法的手段。成功的关键在于得到税务当局的承认。

（3）注意事项。利用税收优惠政策进行税收筹划时应注意以下几点。

① 尽量挖掘信息源，多渠道获取税收优惠政策。如果信息不充分，就可能失去本可以享受的税收优惠政策。一般来说，信息来源有税务机关、税务报纸杂志、税务网站、税务中介机构和税务专家等几个渠道。

② 充分利用税收优惠政策。有条件的应尽量利用税收优惠政策，没有条件或某些条件不符合的，要创造条件利用税收优惠政策。利用税收优惠政策筹划应在税收法律、法规允许的范围之内，采用各种合法的手段进行。

③ 尽量与税务机关保持良好的沟通。在税收筹划过程中，最核心的一环便是获得税务机关的承认。再好的方案，没有获得税务机关的承认，都是没有任何意义的，不会给企业带来任何经济利益。

2. 纳税期的递延法

利用延期纳税筹划，是指在合法、合理的情况下，使纳税人延期缴纳税收而节税的税收筹划方法。《国际税收辞汇》中对延期纳税（Deferment of Tax）做了精辟的阐述："延期纳税的好处有：利于资金周转，节省利息支出，以及由于通货膨胀的影响，延期以后缴纳的税款必定下降，从而降低了实际纳税额。"纳税人延期缴纳本期税收并不能减少纳税人纳税的绝对总额，但相当于得到一笔无息贷款，可以增加纳税人本期的现金流量，使纳税人在本期有更多的资金扩大流动资本，用于资本投资；由于货币的时间价值，即今天多投入的资金可以产生收益，使将来可以获得更多的税后所得，相对节减税收。

延期纳税如果能够使递延项目最多化、递延期最长化，则可以达到节税的最大化。

① 递延项目最多化。在合理和合法的情况下，尽量争取更多的项目延期纳税。在其他条件（包括一定时期的纳税总额）相同的情况下，延期纳税的项目越多，本期缴纳的税收就越少，现金流量也越大，可用于扩大流动资本和进行投资的资金也越多，因而相对节减的税收就越多。

② 递延期最长化。在合理和合法的情况下，尽量争取纳税递延期的最长化。在其他条件（包括一定时期的纳税总额）相同的情况下，纳税递延期越长，由延期纳税增加的现金流量所产生的收益也就越多，因而相对节减的税收也越多。

3. 收入转移筹划法

与投资相关的收入可在家庭成员之间进行转移来获得税收利益，其中与投资相关的收入包括利息、股利、租金收入和其他业务收入。通常情况下，为了转移与资产相关的收入，需要先将该资产的所有权转移出去。一般来说，可通过赠予和销售两种常用方法转移。

① 合伙。家庭合伙是用于减税目的的一种有效税务筹划工具，大致做法是家庭成员共同进行贸易或投资合伙经营，然后将主要收入获得者的所得在家庭成员之间进行分解，这就使得收入在较低的边际税率上征税，从而达到减少税负支出的目的。

② 家庭信托。收入的分解转移还可以通过家庭信托进行。具体来说，可采用单位信托和全权信托等形式。单位信托是将信托财产的收益权分成一定数量的信托单位，且信托财产完全由信托单位持有者所有。单位信托形式中，信托管理人没有任何自由处置信托资本和决定收入分配的权利。在全权信托形式中，信托管理人可每年决定一次哪些信托受益人应获得收入分配权。全权家庭信托可以使家庭成员间的收入和资产分配具有更大的灵活性。正是由于家庭信托可以进行收入的分解转移，所以才能减少税负支出。

③ 赠予。赠予是常用的收入分解转移法，尤其是在一些不征收赠予税的国家（如澳大利亚），赠予在税收筹划中被广泛应用。赠予并不仅仅是将资产赠送给他人这么简单。成功地运用赠予进行收入分解转移，需要满足一定的条件。受赠者必须在与所赠资产相关的收入实现之前取得资产的所有权或者取得与资产相关的收益权。要使赠予有效地用于减税目的，赠予还必须是不可撤回的。如赠予双方达成一致，在未来的某个时间，受赠者要将赠予物归还给赠予者，那么从赠予物上所获得的收入仍然要计入赠予者的收入中进行纳税。此外，潜在的资本利得税也是在运用赠予时必须充分

考虑的因素。

④ 销售。销售和赠予同样是常用的收入分解转移手段，通过销售盈利性的资产，可以将收入从高边际税率的个人转移到低边际税率的家庭成员（或家庭信托）手中，从而达到减少税负支出的目的。这种销售既可以用现金支付，也可以采用负债的形式。后者的债务应当是免息的，即使有利息支出也必须低于从资产上获得的利润。在很多国家销售资产，都要征收资本利得税和印花税。

10.4.2　房产税税收筹划策略

房产税是以房屋为征税对象，按照房屋的计税余值或租金收入，向产权所有人征收的一种财产税。虽然房产税是小税种，在纳税人的税负构成中所占比例很小，但仍然有筹划的空间。例如，《中华人民共和国房产税暂行条例》中规定了一些减免税条款，符合条件的纳税人应该最大限度地加以利用，从而降低个人纳税负担，使纳税额达到最低。

1. 降低房产原值的纳税筹划

房产是以房屋形态表现的财产。独立于房屋之外的建筑物，如酒窖、菜窖、室外游泳池、玻璃暖房、各种油气罐等，则不属于房产。与房屋不可分离的附属设施，属于房产。如果将除厂房、办公用房以外的建筑物建成露天的，并且把这些独立建筑物的造价同厂房、办公用房的造价分开，在会计账簿中单独核算，则这部分建筑物的造价不计入房产原值，不缴纳房产税。

2. 降低租金收入的纳税筹划

房产出租的，房产税采用从租计征方式，以租金收入作为计税依据，按 12%的税率计征。对于出租方的代收项目收入，应当与实际租金收入分开核算，分开签订合同，从而降低从租计征的计税依据。

【例】张先生拥有一间商品房，配套设施齐全，对外出租。全年租金共60 000元，其中含代收的物业管理费800元，水电费10 000元。

方案一：张先生与租户签订租赁合同，租金为60 000元。

应纳房产税=60 000×12%=7 200（元）

方案二：将各项收入分别由各相关方签订合同，如物业管理费由承租方与物业公司签订合同，水电费按照承租人实际耗用的数量和规定的价格标准结算、代收代缴。

应纳房产税=（60 000−800−10 000）×12%=5 904（元）

由此可见，方案二比方案一少缴房产税1 296元。

3. 利用税收优惠政策进行纳税筹划

房产税在城市、县城、建制镇和工矿区征收，不包括农村。在不影响生活、工作的情况下，可在农村购置房产，免缴房产税。

4. 计征方式选择的纳税筹划

房产税的计征方式有两种：一是从价计征；二是从租计征。从价计征的房产税，是以房产余值为计税依据，即按房产原值一次减除 10%～30%后的余值的 1.2%计征。从租计征的房产税，是以房屋出租取得的租金收入为计税依据，税率为 12%。企业可以根据实际情况选择计征方式，通过比较两种方式税负的大小，选择税负低的计征方式，以达到节税的目的。

思考与练习

1．简述税收筹划的步骤。

2．试分析税收筹划的风险。

3．简述税收筹划的效应有哪些。

4．试分析我国个人税收的基本框架。

5．简述个人所得税的避税方法。

6．试比较个人税收筹划基本方法的差异性。

7．我国个人所得税包括哪些税种？

案例分析

明星偷漏税

关于个税缴纳问题争议比较大的恐怕就是明星的个税缴纳问题了，明星偷漏税一直是一个世界性的社会问题。我国一直采取的是"源泉扣缴"原则，明星偷漏税的案件层出不穷。

我国的个税设计针对劳务费的高收入部分采取了超额累进税率征收办法，在制度设计上还是很合理的，但是在实际执行过程中那些拿着天文数字劳务费的明星却通过各种手段规避个税的缴纳。

方法一：阴阳合同。

明星与商家签订的"阳合同"主要是给税务等部门准备的，作为缴税依据之一；私下里再签一份合同，其中明星所得比"阳合同"中规定的多得多，这才是他们之间真正的合同。这种现象不仅仅在娱乐圈存在，在体育圈也广泛存在。

方法二：分期付款。

演员一次取得的片酬越高，征税越多，针对超额累进税率实际上也有漏洞可钻，很多商家和明星私下达成协议，通过分散支付的方法逃避加成征收的税额。

思考：

作为一名普通人，平时你会接触到哪些需要缴纳的税种？请分别说明。

退休养老规划 | 第11章

教学目标

（1）了解退休养老规划的原则。

（2）了解退休养老规划需要考虑的因素。

（3）熟悉退休养老规划的步骤。

（4）熟悉退休养老规划的工具。

（5）掌握退休养老规划的供需分析。

我国正处于人口快速老龄化、人口抚养比持续上升、社会养老保险运行压力不断加大的时期。在这样的背景下，我国居民需要对自身的退休准备承担更多责任，以应对未来可能发生的养老准备不足的风险。退休养老计划是个人理财规划的重要组成部分，是为自己在将来拥有一个自立、有尊严、高品质的退休生活提前做的财务规划和安排。

本章介绍了退休养老规划的概念、意义及其与投资理财的关系，为读者理解养老退休规划的主要内容、利用养老规划合理进行个人理财提供参考。

11.1 退休养老规划的基础知识

孟子见梁惠王时，说了这样一段话："五亩之宅，树之以桑，五十者可以衣帛矣。鸡豚狗彘之畜，无失其时，七十者可以食肉矣。百亩之田，勿夺其时，数口之家可以无饥矣。谨庠序之教，申之以孝悌之义，颁白者不负戴于道路矣。"五十岁能够穿丝织的衣服，七十岁还能够吃到肉。这就是孟子希望梁惠王能够做到的。如何做到老有所养是每个人需要考虑的问题。

微课扫一扫

11.1.1 退休养老规划的概念

退休养老规划（Retirement Planning）是通过分析和评估自身财务状况，明确退休生活目标，制订合理的、可操作的退休财务计划。退休养老规划主要包括退休后的消费、其他需求以及如何在不工作的情况下满足这些需求。目前，人口老龄化、社会保险的不完善，都使得个人筹措养老资金成为必然。合理而有效的退休规划可以满足退休后漫长生活的支出需要，保证自己的生活品质。从广义上讲，家庭积累的财富包括货币、住房与子女三大方面，养老也就有相应的子女养老、货币养老和房子养老三种方式。

11.1.2 退休养老规划的必要性

在大多数国家，人们一般在 55～65 岁退休，就目前的人均寿命而言，一般人在退休之后还有

10～20 年的退休生活。退休生活通常占了人们 1/4 的生存时间，是充分享受人生的最好时期。安排好退休生活将是你达到财务自由的最终目标。从某种意义上讲，所有的个人理财规划，最终都是为富足养老服务的。忽略退休养老规划的重要性和紧迫性，将来就可能会陷入严重的困境。如果想晚年都有一个自尊、自立、有水准的生活，那么及早设计自己的人生理财规划，主动地面对问题而非被动地等待是非常必要的。

1. 老龄化趋势不可逆转

据《中国老龄产业发展报告（2014）》，2050 年全世界老年人口将达到 20.2 亿人，其中我国老年人口将达到 4.8 亿人，占全球老年人口近 1/4，是世界上老年人口最多的国家。2014—2050 年，我国老年人口的消费潜力将从 4 万亿元左右增长到 106 万亿元左右，占 GDP 的比例将从 8%左右增长到 33%左右。2015 年我国 60 岁以上和 80 岁年以上的人口数量分别为 2.12 亿人和 2 339 万人。如果采用中位生育率进行预测，2050 年这两项指标的人口规模将分别达到 4.92 亿人和 1.2 亿人，这分别相当于 2015 年数量的 2.32 倍和 5.13 倍。

2. 观念的转变

俗话说"养儿防老"，无数人把他们晚年的幸福寄托在"子女是否孝顺"这个偶然因素上。然而，随着社会的发展，这种养老模式逐渐显露出它的弊端。我国"空巢老人"比例明显偏高，占老年人口比例接近 50%，目前已突破 1 亿人。"失独"老人将超 2 000 万人，根据正常死亡率测算，1975—2010 年出生的 2.18 亿独生子女中，超过 1 000 万人会在 25 岁之前死亡。这意味着未来将有 2 000 万老人成为孤立无助的"失独老人"。

除了老年人口快速增长之外，在人口政策等综合作用下，我国人口出生率不断下降，家庭规模不断缩小，目前"4-2-1"的家庭结构已经成为城镇家庭结构的主要模式，即 4 个老人、2 个孩子、1 个孙子（女）。这种家庭结构未来需要面对的是独生子女照顾 6 位老人，这显然是很难办到的。与之相对应的是，由于老年人口的增速快于新增人口，抚养比将在未来 20 年中大幅提高，截至 2012 年，我国老年抚养比已经达到 11.8%，老年逆抚养比为 8（相当于 8 个年轻人抚养 1 个老年人）。到 2050 年我国老年抚养比将达到 44.8%，老年逆抚养比为 2（相当于 2 个年轻人抚养 1 个老年人），这远低于 2012 年发达国家 4.5 的水平，预示着我国后续将面临巨大的养老压力。未来抚养责任大幅度加大就意味着将有大量老人摆脱传统的居家养老方式，转而寻求第三方提供的养老设施和服务，因此，在未来退休生活的安排上，"养钱防老"观念已取代"养儿防老"观念，成为新趋势。

3. 通货膨胀的严峻形势

退休计划是个长期的过程，不是简单地通过在退休之前存一笔钱就能解决的，因为通货膨胀会不断地侵蚀个人的积蓄。如果不能很好地保持增值水平，辛苦攒下的退休金也许就会被通货膨胀吞噬。此外，在通货膨胀的社会环境中，人们在退休后仅仅依靠统筹的社会保障系统来度过漫长的晚年生涯是非常危险的。

4. 退休后的医疗护理费用增加

我国的养老模式将从单一的家庭养老发展为多元化、市场化的养老模式。随着老龄化日益严重，"家庭养老"将逐渐向"社会养老"过渡，居家、机构、候鸟式等养老模式并存。此外，无论年轻时多么强壮，随着年龄的增加，身体的机能也会衰退，体质减弱，各种疾病接踵而至。高龄化与失去自理能力现象快速增加，在老龄人口中 80 岁以上的老年人和失去自理能力的老年人被认为是社会赡养的"刚需"。随着医疗体制的改革和医疗技术的发展，医疗费用的上涨速度惊人。此外，老龄人口颐养年头加长，需要服侍照料的时间也大大增加。因此，退休后的医疗护理费用支出将成为退休养老规划的重要组成部分。

我国养老机构针对不同群体进行划分，分为高端、中高端和中低端客户三类。高端项目以"会员费+月费"为收费方式，会员费 50 万元，会员有效年限为 20 年，床位费为 10 000～20 000 元/月，护理费为 5 000 元/月。中高端项目的特点是收费标准偏高，自理床位费为 5 200～15 000 元/月，护理床位费为 5 000～5 500 元/月，护理费根据入住老人的身体情况由 1 500～3 500 元/月不等。中低端项目的特点是门槛低，自助型床位费为 2 000～3 000 元/月，护理型床位费为 1 300～3 000 元/月，护理费用为 500～1 700 元/月。

5. 退休保障制度的不完善

各国都有自己的退休保障制度，其制度体系各不相同，但都不能保证所有人的退休生活都能够获得完善的保障。一般来说，社会保障体系提供的退休金只能维持生存，按目前的养老金提取比例，在未来社会平均工资稳定提升的前提下，不论现在工资多少，最后拿到的退休金数额差别并不大，因为社会统筹的养老保险保障的是老年人的基本生活。但是，并非每个人都希望在"温饱"状态下度过余生，尤其现在薪水较高的人，更担忧自己能否适应"由奢入俭"的生活。要想仅仅通过某项独立的退休保障制度获得足够的退休费用是不现实的，因此建立多渠道、多层次的个人退休保障计划是非常必要的。

11.1.3　退休养老规划的原则

退休养老规划的总原则是：本金安全，适度收益，抵御生活费增长和通货膨胀。具体而言包括以下几个方面。

1. 尽早开始计划

许多人发现很难为退休打算。房贷、生活开销、孩子的教育占据了极大比重的支出。结果，直到 40 岁左右或更晚，才意识到养老安排需要提上议程。越早开始为退休养老规划，实现退休生活目标的可能性就越大。

2. 投资讲究安全

相对于年轻时候而言，退休之后已经没有时间接受失败重新开始了，所以针对退休所做的投资应该倾向于安全性，在此基础上尽量追求收益性。如果规划时间长，可选收益和风险相对较高的产品，时间会摊平风险；如果规划时间短，则可选储蓄和短期债券，确保本金安全。

3. 满足不同的养老需求，有一定弹性

受通货膨胀以及其他不确定因素的影响，在进行退休养老规划时，不要对未来收入和支出的估计太过乐观。很多人往往高估了退休之后的收入而低估了退休之后的开支，在退休养老规划上过于吝啬，不愿意动用太多的财务资源。应该制定一个比期望略高的退休理财目标，多做财务上的准备，以应付意料之外的退休费用增长，投资者宁多毋少。

11.1.4　退休养老规划的考虑因素

进行退休养老规划需要考虑的因素具体有以下几个方面。

1. 预期寿命

预期寿命意味着个人退休后要生活的时间。总的来说，越长的预期寿命将会花费越多的养老费用，这会直接影响到退休养老规划的目标与策略。

2. 性别差异

一般而言，女性的寿命比男性长，而在很多国家，女性的退休年龄却比男性提前，再加上一些其他原因，这就造成了很多情况下女性的退休状况要差于男性。

3. 退休年龄

退休年龄对退休养老规划会产生两个方面的影响：一方面会影响个人工作赚取收入的时间（积累时间），另一方面会影响个人退休后生活的时间长短。有些人会因为种种因素而提前退休，如工作太过劳累、对工作的热情不继、健康状况不佳、家庭问题或是提前享受等。此外，在某些情况（诸如经济不景气等）下，雇主可能出于降低成本考虑而推出提前退休计划，鼓励员工提前退休。当然，延迟退休也会影响退休养老规划。在工业化国家，应对人口老龄化的主要方法是延长退休年龄和使劳动力队伍老龄化。然而延长退休年龄，可能会导致一批年轻人得不到工作岗位。因而，各国对延迟退休都采取渐进的做法。

4. 经济运行周期

在经济处于繁荣期时，积累退休储备是有利的；反之，则是不利的。对于已经开始退休生活的人而言，经济周期的更替将改变其相对经济地位，进而影响其社会地位。从我国经济增长的长期趋势来看，我国经济转轨所实现的静态增长过程将逐渐结束，显然这种情形对正处于积累退休储蓄的个人而言是有利的。因此，这也可能正是当前我国居民进行个人退休养老规划时最有利的外部条件。

5. 利率及通货膨胀的长期走势

根据简单的复利（或贴现）公式，利率对投资品价值的影响不言而喻，有时甚至是最主要的决定因素。此外，由于利率常常与通货膨胀联动，因此利率的长期走势还将与物价因素一起影响个人退休的生活品质。

6. 其他不确定因素

其他不确定因素包括通货膨胀、个人和家庭成员的健康因素、医疗保险制度的变化等。

> **课堂讨论**
> 为什么要做退休养老规划？影响退休养老规划的因素有哪些？

11.1.5　退休养老规划的步骤

进行退休养老规划主要有以下几个步骤，如图 11-1 所示。

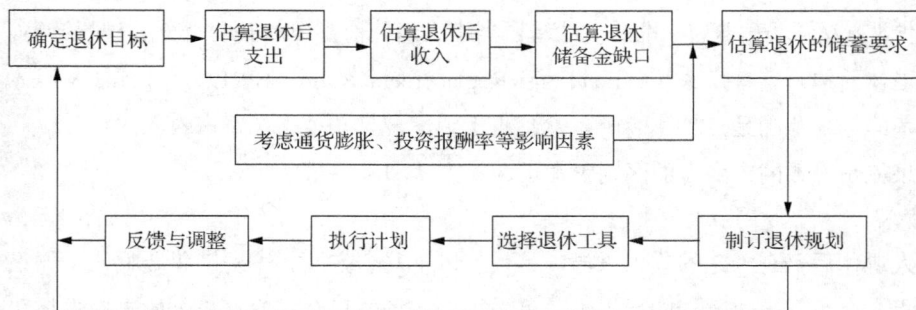

图 11-1　退休养老规划步骤

1.　确定退休目标

为了保证退休养老规划的准确性和有效性，退休养老规划的制定必须遵循一定的程序。在制定退休养老规划时，必须先考虑与财务目标有关的事项，包括经过合理设定的投资报酬率与通货膨胀率以及与退休有关的法律规定。一般来说，合理可行的退休养老规划离不开对以下几个环节的考察。

（1）希望退休的年龄。希望退休的时间越早，需要积累的退休储备金就越多，也就意味着需要每年为退休预留更多的钱，或者要在投资中冒更高的风险来达到退休目标。近几十年来，在许多国家普遍出现一种延长退休年龄的趋势，某些行业的员工可能工作到 70 岁甚至更久。此外，不同的人群对退休时间的选择也不相同，例如，一些个体从业人员对退休时间的选择就有更大的自主权，但是对于大多数人来说，退休年龄一般都在 55～60 岁。

（2）退休生活年数。退休生活年数一般根据社会平均余命适当增加 5～10 年。

（3）退休后的生活水平（预计退休后的每年消费）。退休后的生活水平设定要考虑两个方面的开支：经常性开支和非经常性开支。经常性开支包括基本生活用品开支、医药费开支等；非经常性开支的确定比较困难，需要根据自己的情况进行评估，如计划在哪里度过退休生活，是否打算搬到一个社区较小、生活标准较低的地区生活，是否有周游世界的计划，计划为孩子留多少遗产等。退休后的生活水平既取决于其制订的退休计划，也受到自身职业特点和生活方式的约束。

2.　估算退休后支出

退休后支出的预测方法有两种：以收入为标准的方法和以开支为标准的方法。

（1）以收入为标准的方法。以收入为标准的方法基于退休前收入的某一百分数进行计算。养老金替代率（Wage Replacement Ratio，WRR）是指劳动者退休时的养老金领取水平与退休前工资收入水平之间的比率，它是衡量劳动者退休前后生活保障水平差异的基本指标之一。养老金替代率的具体数值，通常以"某年度新退休人员的平均养老金"除以"同一年度在职职工的平均工资收入"来衡量。该方法基于生活费用在退休后将有一定程度降低的假设，包括职业服装费用、差旅费、交际费用的降低，房屋抵押贷款还款额的降低，以及孩子抚养费用的降低等。但如果养老金替代率过低，这些人退休后的生活质量将受到极大的影响。以国际经验来说，如果个人养老金替代率能保持在60%～80%，个人的退休生活能保持和工作时差不多的水平，但当养老金替代率低于 50%的时候，退休后的生活将会比较困难。

（2）以开支为标准的方法。以开支为标准的方法基于当事人退休前支出的某一百分数进行计算，利用劳动者在当前或退休前的开支替换率（Expenditure Replacement Ratio，ERR）指标评估其退休消费支出，开支替换率的标准范围是 70%～80%。从理论上说，一旦知道了消费占收入的百分比，这两种方法的计算结果就是一致的，两者的区别仅在于计算方法和考虑角度。

3.　估算退休后收入

一般来说，一个人退休后仍有一定的收入来源，具体有以下几个方面。①房产租金收入。如果有多余的房产进行出租，在没有出售预期的前提下，可以根据市场的租金状况、租金的未来走势和房屋折旧等因素来评估未来的租金收入水平。②投资收入。能带来固定现金流的投资工具包括债券、优先股以及采用固定股利支付政策的公司的普通股等。但是如果投资波动较大的资产，需要在考虑当事人的投资偏好、风险承受能力和市场回报率状况等因素的基础上来进行预测。③养老年金。这部分收入主要根据购买的养老年金数量进行评估，计算其退休后能够从保险公司领取的年金数额。④社会保障收入。这部分收入主要是国家和政府社会保障体系提供的退休人员的收入保障，这部分金额与工作年限和工资水平密切相关。⑤公司提供的养老金。这是雇主为员工提供的养老金。

4.　估算退休储备金缺口

根据退休期间的收入和支出状况，结合退休时间、预期的通货膨胀率等指标，计算所需要的退休储备金。退休储备金的计算如表 11-1 所示。

表 11-1　　　　　　　　　　　　　　退休储备金的计算

金额单位：元

项目	数额
一、支出预测	
1.　本年度开支	120 000
开支替换率	0.7
2.　退休开支=项目 1×0.7	84 000
3.　旅游	1 000
4.　健康护理	4 000
5.　按当前物价折算的年退休开支=项目 2+项目 3+项目 4	89 000
税率	15%
二、收入预测	
6.　支付退休消费所需的税前收入	104 706
7.　社会保障和退休金收入	44 706
8.　每年缺额=项目 6-项目 7	60 000
三、储备金预测	
9.　年均通货膨胀率	3%
10.　按未来现金价值折算的每年缺额=60 000×（1.03）^{35}	168 832
11.　退休后的生存年数	25

（续表）

项目	数额
退休后的投资回报	5%
退休后的通货膨胀率	3%
12. 退休储备金①	3 383 919
13. 现有投资到退休时的价值	1 428 978
14. 必须由新投资承担的退休储备金=项目12-项目13	1 954 941

注：①该储备金为退休前的储备金价值=168 832+168 832×（1+0.03）÷（1+0.05）+168 832×（1+0.03）²÷（1+0.05）²+…+168 832×（1+0.03）²⁴÷（1+0.05）²⁴。

5. 制定退休规划

在对退休后的收入、支出和储备金进行预测之后，就要对差额部分进行详细的计划了。储备金差额的弥补可以通过提高储蓄比例、降低退休后的开销、延长工作年限、提高投资收益水平、参加额外的退休金计划等方式来实现。

11.2 退休养老规划的资金供需分析

首先结合相关政策措施分析当前个人养老需求以及可供退休之用的既得养老金，包括国家基本养老保险和企业补充养老保险。然后根据养老金需求与供给之间的差额进行缺口分析，为进一步弥补养老金缺口，设计投资方案奠定基础。

11.2.1 退休养老资金需求

1. 退休生活设计

养老金总需求即个人（包括被供养家庭成员）的终身养老金需求总额。养老金总需求可以概括为基本生活需求和娱乐休闲需求两部分。具体而言，基本生活需求一般包括饮食支出、自用住宅相关支出（含物业管理费、水电气费用等，尚未归还的房贷，租住住房的含房屋租金）、一般性交通费用（有自用车的含自用车相关支出）、医药支出、衣着及健康支出，特别是医药支出和饮食支出具有一定的刚性。娱乐休闲需求一般包括旅游费用、娱乐休闲等费用，具有一定的弹性。退休生活设计如表 11-2 所示。

表 11-2　　　　　　　　　　　　　　　　退休生活设计

生活项目	选择范围	生活项目	选择范围
家庭生活	是否与子女同住	旅游活动	旅游的目的与地区
	鳏寡者是否再婚		要求旅游的品质水平
	是否愿意提升或维持自己的生活品质		计划旅游的次数
居住环境	是否愿意搬离城市回归自然	运动保健	愿意从事什么健身活动
	是否愿意住养老院		估计自身身体状况及医疗投入
	是否愿意换购小一些的住宅		愿意在保健方面的投入
	是否愿意换个城市生活或移民国外	社交生活	是否愿意积极与亲朋好友联络
兴趣爱好	是否愿意发掘新的兴趣爱好		是否希望参加社团
	是否愿意在娱乐方面投入		与配偶共同或各自活动

2. 退休生活成本估算

由于每个人退休后的资金来源、供款能力和生活水平等各方面的情况不同，所以个人退休储蓄的目标也将非常不同，从而其养老金需求总额也不同。根据人们对于退休生活不同方面的不同要求，人们的退休生活期望值大体可以划分为三种类型：基本保障型、小康型和享乐型，退休生活期望值的不同类型如表 11-3 所示。

表 11-3　　　　　　　　　　　　　　　退休生活期望值的不同类型

生活类型	特征	家庭年费用支出（2人）
基本保障型	衣食以温饱为标准； 有住房或与子女同住，或住廉价养老院等； 基本无任何旅游计划； 依赖基本医疗保险	15 000 元左右
小康型	维持中等的衣食水平； 有较舒适的住房或住较舒适的养老公寓； 聘请家庭服务小时工； 偶尔国内旅游； 经常从事一般健身休闲运动，如爬山、郊游等； 具有基本医疗费用储备； 有较丰富的文化活动安排	日常开支 20 000 元 休闲娱乐 5 000 元 旅游 5 000 元 医疗保健 5 000 元 其他 10 000 元 合计 45 000 元左右
享乐型	维持较高档的衣食水平； 国内外旅游或者移居国外； 有舒适的住房和私家车； 聘请全职家庭服务工人； 经常进行较高档的休闲活动； 上老年大学或进修一些感兴趣的科目； 较高的医疗保健支出； 频繁的社交活动等	日常开支 30 000 元 娱乐 10 000 元 旅游 10 000 元 医疗保健 10 000 元 其他 20 000 元 合计 80 000 元左右

按我国人口平均寿命 80 岁、平均退休年龄 55 岁，一对夫妇退休后中等水平地生活 25 年需要费用 100 万元以上。

11.2.2　退休养老资金来源

个人退休收入的来源可以概括为三个方面：一是社会保障，主要包括社会养老保险和医疗保险；二是商业保险，主要是商业年金保险；三是个人为退休准备的资金，包括储蓄、房产和基金等。

1. 社会保障中的养老保险和医疗保险

社会保障是指当劳动者因年老、患病、生育、伤残、死亡等暂时、永久丧失劳动能力或者失业时从国家或社会获得物质帮助的社会制度。

社会保障体系包括社会保险、社会救助、社会福利和社会优抚四大部分。社会保障体系中最重要的是社会保险，对于个人退休养老规划而言，要关注的是其中的养老保险和医疗保险。

社会保障关系、基本养老保险关系分别如图 11-2、图 11-3 所示。

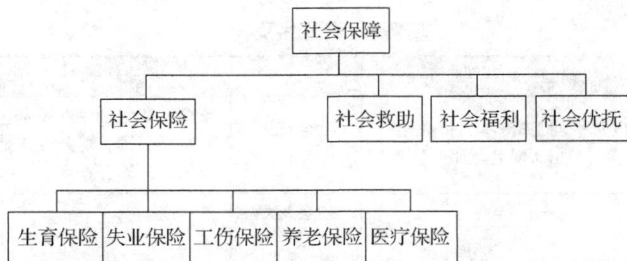

图 11-2　社会保障关系

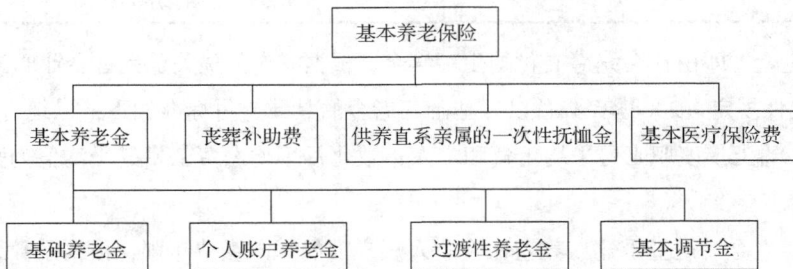

图 11-3　基本养老保险关系

（1）养老保险。

养老保险是国家通过立法对劳动者因达到规定的年龄界限而解除劳动义务，由国家提供一定物质帮助以维持其基本生活的一种社会保险。

我国的养老保险制度包括三部分内容：①享受条件，包括年龄条件、工龄条件，以及是否完全丧失劳动能力、身体健康条件等；②离休、退休、退职待遇标准，不同的离退休条件下享有不同的保障水平；③退休养老金的筹措、基金管理办法以及监督检查等制度。

我国的基本养老保险制度就是通常所说的社会统筹与个人账户相结合的制度。该制度在养老保险基金的筹集上采用国家、企业和个人共同负担的形式，社会统筹部分由国家和企业共同筹集，个人账户部分则由企业和个人按一定比例共同缴纳。

①　基本养老保险。基本养老保险是由国家强制实施的，其目的是保障离退休人员的基本生活需要。基本养老保险是为满足离退休人员基本生活的需要而设定的保险，它属于多层次养老保险制度中的第一层次。它由国家政策统一指导，强制实施，覆盖面广，适用于各类企业。基本养老保险基金由国家、企业、职工个人三方共同负担，其统筹办法是由政府根据支付费用的实际需要和企业、职工的承受能力，按照以支定收、各有结余、留有部分积累的原则统一筹集。基本养老金的主要目的在于保障广大退休人员的晚年基本生活。

国家基本养老金由基础养老金、过渡性养老金和个人账户养老金组成，是既定退休收入的重要来源，如表 11-4 所示。如果已经参加了国家基本养老保险计划，达到法定退休年龄并办理了退休手续，且缴费年限（含视同缴费年限）累计满 15 年，即可享受国家基本养老金。个人缴费年限累计不满 15 年的，退休后不支付基础养老金，其个人账户储存额一次性支付给本人。个人账户储存额只能用于本人养老，不得提前支取。参保人员死亡的，其个人账户中的储存余额可以继承。

表 11-4 国家基本养老金支付

项目	支付标准	支付账户	账户特征
基础养老金	（当地上年度月平均工资+本人指数化月平均缴费工资）÷2×（缴费年限×1%）	社会统筹账户	资金来源包括企业缴费、财政补贴等；由社保经办机构统一管理；财务方式是以支定收，现收现付；社会互济、风险分担
过渡性养老金	系数法等	社会统筹账户	（同上）
个人账户养老金	个人账户储蓄额÷计发月数个人账户	个人账户	资金来源于个人缴费及投资收益；个人所有，可以携带和继承；财务方式是完全积累制；个人账户资金需要专业化、市场化运营

a. 基础养老金，即由社会统筹支付的生存年金。根据《国务院关于完善企业职工基本养老保险制度的决定》文件规定，2006 年 1 月以后基础养老金的具体支付标准如下：以地方[省、自治区、直辖市或地（市）]上年度职工月平均工资和本人指数化月平均缴费工资的平均值为基数，缴费每满 12 个月发给 1%。

b. 过渡性养老金，是基于建立养老保险个人账户前的视同缴费年限，根据系数、年数，或者地方政府规定考虑的其他因素进行测算。按照规定，个人缴费年限含视同缴费年限（对过去工龄的承认）累计满 15 年的，按照新老办法平稳衔接、待遇水平基本平衡等原则，在发给基础养老金和个人账户养老金的基础上再确定"视同缴费年限"和"过渡性养老金"，此两项均为政策工具，使养老金政策向困难群体倾斜。

c. 个人账户养老金，来自国家基本养老保险个人账户。月支付标准为个人账户储存额除以规定的计发月数。计发月数根据职工退休时城镇人口平均预期寿命、本人退休年龄、利息等因素确定，个人账户养老金计发月数如表 11-5 所示。

表 11-5 个人账户养老金计发月数

退休年龄	计发月数	退休年龄	计发月数	退休年龄	计发月数
40	233	51	190	62	125
41	230	52	185	63	117
42	226	53	180	64	109
43	223	54	175	65	101
44	220	55	170	66	93
45	216	56	164	67	84
46	212	57	158	68	75
47	208	58	152	69	65
48	204	59	145	70	56
49	199	60	139		
50	195	61	132		

资料来源：《国务院关于完善企业职工基本养老保险制度的决定》（国发〔2005〕38 号）。

② 企业年金。企业年金原称"企业补充养老保险"，是企业在国家有关政策和法规指导下，根据自身经营状况和发展需要而建立的，旨在为本企业职工提供一定程度退休收入保障的补充性养老金制度。企业年金是一种辅助性的养老保险，并作为第二层级与基本养老保险、个人储蓄性养老保

险一起构成我国多支柱养老保险体系。企业年金一般由有能力的企业自愿建立，由企业和个人按照一定的比例缴纳费用，存入职工个人年金账户，职工在退休后领取。企业年金由国家宏观指导，企业内部决策执行。

我国"十五"规划纲要使用"企业年金"一词替代"企业补充养老保险"，并做出了具体的规定，规定如下。

a．在依法履行了基本养老保险义务的企业建立企业年金。

b．双方缴费，即企业和职工双方共同缴费。企业缴费在工资总额的一定比例内，可以从成本中列支。

c．完全积累制，即由企业和职工缴费建立企业年金保险基金。

d．个人账户制。为受益人（职工）建立企业年金保险个人账户，个人账户积累由企业和个人缴费及投资运营利息构成。

e．市场化运作和管理。企业年金的经办机构、投资经理和支付机构均非政府管理，其管理主体和运作规则均依照市场规律进行。

f．根据对受益人预期寿命的测算，在规定年度内定期支付，以保证退休人员老年生活需要。

企业年金的替代率是指退休职工从企业年金计划领取的养老金与退休前的工资之比。我国企业年金的替代率约为 5%，在长时期内难以承担起退休收入多元性的任务。而在经济合作与发展组织国家企业年金的目标替代率一般达到 20%～30%。企业年金替代率越低的国家，基本养老保险的压力越大。虽然各国养老保险 3 个支柱的结构不尽相同（我国第一支柱是基本养老保险，"第二支柱"是企业年金和职业年金，第三支柱是个人储蓄性养老保险和商业养老保险），但多数经济学家认为，替代率为 40%、30%、10%的构成较合理。随着我国养老保险体系的不断完善和经济发展的需要，企业年金的替代率需要进一步提高。

（2）医疗保险。

医疗保险是社会保险制度的重要组成部分。医疗保险是指由国家立法，通过强制性社会保险原则和方法筹集建立医疗保险基金，当参加医疗保险的人员因疾病需要必需的医疗服务时，由经办医疗保险的社会保险机构按规定提供医疗费用补偿的一种社会保险制度。

我国的医疗保险体系是由基本医疗保险（包括个人账户和统筹基金）、大额医疗费用互助制度和补充医疗保险等部分组成的。

① 基本医疗保险。基本医疗保险是社会保障体系中重要的组成部分，是由政府制定、用人单位和职工共同参加的一种社会保险。它按照用人单位和职工的承受能力来确定基本医疗保障水平，具有广泛性、共济性、强制性的特点。基本医疗保险是医疗保障体系的基础，实行个人账户与统筹基金相结合，能够保障广大参保人员的基本医疗需求，主要用于支付一般的门诊、急诊、住院费用。

② 大额医疗费用互助制度。大额医疗费用互助制度是指参保人员因病住院发生的医疗费用超过基本医疗保险统筹基金最高支付限额而建立的一种补充医疗保险制度。

③ 补充医疗保险。补充医疗保险是相对于基本医疗保险而言的一个概念。国家的基本医疗

保险只能满足参保人的基本医疗需求，超过基本医疗保险范围的医疗需求要以其他形式的医疗保险予以补充。显然，补充医疗保险是基本医疗保险的一种补充形式，也是我国建立多层次医疗保障的重要组成部分。与基本医疗保险不同，补充医疗保险不是通过国家立法强制实施的，而是用人单位和个人自愿参加的。补充医疗保险一般有两种方式：一种是由某一行业组织按照保险的原则筹集补充医疗保险基金，自行管理的自保形式；另一种是由商业保险公司来操作管理的商保形式。

2. 商业年金保险

商业年金保险是以获得养老金为主要目的的长期人身险，它是年金保险的一种特殊形式，又称为退休金保险。商业年金保险的被保险人，在缴纳了一定的保险费以后，就可以从一定的年龄开始领取养老金。这样，尽管被保险人在退休之后收入下降，但由于有养老金的帮助，他仍然能保持退休前的生活水平。

知识拓展

企业年金与职业年金

2011年2月，为维护企业年金各方当事人的合法权益，规范企业年金基金管理，人力资源和社会保障部出台了《企业年金基金管理办法》，2015年又对部分章节做出了修订。2015年4月，国务院发布《关于机关事业单位工作人员养老保险制度改革的决定》，明确提出："机关事业单位在参加基本养老保险的基础上，应当为其工作人员建立职业年金。"

（1）概念。年金保险是指保险公司每隔一定时期向被保险人给付一次保险金的保险。退休年金保险是在年金受领者达到退休年龄时开始给付年金的一种年金保险。如果年金受领者在退休年龄之前死亡，保险公司会退还积累的保险费（计息或不计息）或现金价值，以二者金额较大者而定。在积累期内，年金受领者可以终止保险合同，领取退保金。在到期开始给付年金时，年金受领者有权选择年金给付方式，即可选择一次性给付或选择分期给付。因为年金的领取是分期的，而且每次领取的只是部分，避免了一次领取全部之后造成的管理不善的结果，所以特别适合退休费用的支付。

（2）分类。商业年金保险根据不同的分类方式可分为不同的类型。

① 按被保险人的人数分类。单人年金是只向一个人支付年金，向两个人或更多的人支付年金则称为联合年金。联合年金的两种重要形式是联合生存年金、联合和最后生存者年金。

② 按保费缴付方式分类。年金保险可以用一次缴清保险费（趸缴保费）方式购买，也可以用分期缴费方式购买。个人可以动用储蓄使用趸缴保费方式购买年金保险。分期缴费方式可以是定期缴费，如在一个规定时间内按年缴费，也可以是灵活缴费。

③ 按年金开始给付的日期分类。按照年金开始给付的日期分类，年金保险可以分为即期年金和延期年金。即期年金是从购买日期后的一个给付间隔期（月、季、半年或年）后开始给付第一次年

金，它必须用趸缴保费方式购买。个人年金保险的一个基本原则是：在缴清全部年金保险的保险费之后才会给付年金。延期年金是在隔了一定时期后开始给付年金，这个一定时期必须比一个给付间隔期长。

④ 按偿还特征分类。按照偿还特征，年金保险可以分为纯粹终身年金和偿还式年金。纯粹终身年金就是典型年金保险，只要年金受领者生存，就持续给付年金。偿还式年金是保证给付一定次数或金额的年金，在年金受领者死亡后要继续向其受益人给付剩余年金。它可以分为以下几种：保证分期给付次数的终身年金；分期偿还年金；一次性给付剩余年金。

⑤ 按年金给付金额是否变动分类。按年金给付金额是否变动，年金保险可以分为定额年金和变额年金，前者年金给付金额是固定的，后者年金给付金额是按照投资收益调整的，以保持年金的实际购买力，对付通货膨胀。

（3）商业年金保险规划的要点。

① 要注意年金的购买渠道。除了作为主要渠道的保险公司，现在基金管理公司、银行、储蓄贷款机构和财务公司等都开始经营由保险公司签发的年金产品。

② 要对比选择。购买年金的费用因年龄、给付手段、性别等因素而定，各公司不尽相同，有必要进行比较后再做决定。

③ 要考虑交易成本。年费、管理费、合同费等费用因素会影响到年金的回报率。

④ 要长远考虑。年金是分期支付的，每次只能支取一笔较少的金额，必须精打细算，将其作为一项长期投资来看待。

⑤ 要对年金经营企业进行了解，如年金保险公司的财务状况、理念、投资收益率等。

✎ **课堂讨论**

　　说一说企业养老保险与基本养老保险之间的差异。

---

3. 其他来源

（1）个人储蓄。

退休金的来源：一是运用过去的积蓄投资；二是运用现在到退休前的剩余工作生涯中的储蓄来累积。

个人储蓄计划即利用投资工具进行资产组合，以达到资产保值增值的目的。个人储蓄计划一般分为退休前、接近退休、退休后三个阶段，不同阶段的规划方式不同。一般而言，退休前立足于保值与增值，可以选择偏激进的投资工具；接近退休及退休后以保值为主，应选择较为保守的投资工具。

（2）以房养老。

以房养老是利用住房与住户生命周期的差异，借助住房价值自然增值的特性，通过一定的金融保险机制的安排，将住房的所有权或使用权的价值出让并实现空间转移，以筹措养老费用的一种养老方式。

① 将自有住房出售给银行或者特设机构，用售房款养老。这一类型包括反向抵押贷款模式、售房入住养老院模式等。反向抵押贷款（倒按揭贷款），是指借款人以其自有住房做抵押向银行贷款，银行则定期向借款人放贷，在规定时期，借款人以出售自有住房的收入或其他资产还贷。其放贷对象主要是有住房的老年人，最大的特点是分期放贷，一次偿还，贷款本金随着分期放贷而上升，负债也相应增加，自有资产则逐步减少。在该模式下，借款老人既能在有生之年将住房转换成现金用于养老，又能保证自己继续在原有房屋中居住，避免搬迁对生活造成的种种弊端。售房入住养老院模式可以节约社会整体资源，使养老成本得以大幅度降低。居住老年公寓的费用比居住在家中的生活成本要低很多。

② 将住房出售给家庭内部成员，用所得价款养老。这一类型包括遗赠扶养、住宅出售于子女用所得资金养老、家庭内售后回租、招租房客用房租养老等模式。有房产无子女的老人可借助于遗赠扶养，使房产价值得以较好运用，同时享受到类似于传统子女养老模式的优点，使自己的晚年生活有个较为妥当的安排。住宅出售于子女用所得资金养老及家庭内售后回租模式，与传统的"子女养老、房产继承"的方式不同，这两种模式以契约的形式约定了父母与子女的权利与义务关系，可以有效地解决潜在的家庭纠纷，同时又不与子女赡养父母的传统伦理道德相违背。招租房客用房租养老模式，适用于老人独居于大房子的情形，招租合适的年轻人共同生活居住，可增添家中的气氛，对医治老年孤独症、抑郁症等也有很好的作用。

③ 出租房屋后入住养老院或基地养老。这一类型包括房屋出租入住养老院、异地养老、基地养老等模式。房屋出租，自己入住养老院养老模式，不仅可以获得房价上涨的收益，而且可以将房屋作为遗产遗留给后代。它与售房入院养老模式不同，售房入院养老虽然受到众多老年人的青睐，但住房产权的提早完全出售，与老年人想将房产传承给后代的目标相违背。老年人将自有住房对外出租而非出售，然后拿租金收入居住到养老院、老年公寓里租房居住，此做法的最大好处是，既享受到养老院居住的好处，又将住房在自己身故后完好无缺地留给了儿女，符合我国的国情和传统观念。异地养老模式，鼓励退休老人选择到养老环境好、房价和生活费标准又较为低廉的地域养老，以期利用地区间的环境差异和物价差异，节约养老成本，使老人拥有的有限资源能发挥更大的效用，用同等的钱财获得更高的养老质量。在基地养老模式下，优越的生态地理环境也被视为一种养老资源，老年人养老的品位质量将因此得到大幅度上升，养老成本也将大幅度降低。

④ 以房子为中心，创新不同的投资方式，以投资收益来养老。这一类型包括房产置换模式、合资购房养老模式、住宅出典模式、父子接力贷款模式等。房产置换模式即出售大房购入小房，出租大房租入小房，或将新房换为旧房，以大换小、以优换劣，其差价款用来养老，降低养老成本。这是对房产资源的合理优化配置，消除房产资源拥有过当而货币资源明显不足的资产结构失衡，降低养老生活的耗费和成本，是非常有益的。合资购房养老模式下，与银行等机构合资相当于传统的住房抵押贷款，与他人合资购房（特别是与子女合资），合资买到的住房由老年人先住，一直住到寿终正寝后，再将该住宅的产权和使用权完全交付给其他合资者。由于老年人的余命有限，所购买的住房即使是二手房，可以使用的年限也往往超出老人的余命，"合资购房，顺序居住"的养老模式可以

避免老人身故后遗留房产价值的浪费，节省的钱就可以用来改善老年人晚年生活的质量。住宅出典模式是老人将住宅出典，取得整笔款项用于投资，取得投资收益后再将房屋重新赎回，投资收益用作养老支出。老年人选择将住房出典，不仅可获得一笔差不多等于卖价的资金，重要的是仍然保留对该住房的所有权，待将来需要原住房时，只需返还原典价，即可收回住房。将住房出典的另一个好处就是，在较长的出典期间，由典权人承担对房屋的保管和维修义务。父子接力贷款模式类似于"合资购房、顺序居住"养老模式。该模式的推出不仅为银行提供了一个新的贷款品种，可以促进房地产市场的发展，而且可以降低购房和还款过程中的交易成本。

📖 知识链接

日本的"以房养老"

　　日本从1981年开始引进以房养老的概念，2002年正式设立这一制度，主要包括由各地方政府参与的直接融资方式和通过银行等金融机构参与的间接融资方式。目前，一些金融机构还将这种制度作为金融产品来推销，最近房地产公司也利用"倒按揭"的形式来推销商品房。

　　日本以房养老制度主要针对一些退休后想继续住在自己的老房子里的低收入老人。他们可以用自己的住房作为抵押来预支贷款。不过，这项制度对申请人的条件要求比较苛刻。以东京为例，申请人的年龄必须在65岁以上，要居住在自己持有产权的住宅中，且不能有子女同住。申请人家庭的人均收入要在当地的低收入标准之下，已经申请低保等福利政策的家庭不能享受这项政策。此外，申请人持有产权的房屋必须是土地价值在1 500万日元以上的独门独户建筑，集体住宅是不可以申请的。

　　审核通过后，申请人每月可以领到30万日元以下的生活费，但总额度不能超过抵押房屋土地价值的70%，借贷期限和贷款额度达到总额度上限为止。生活费每三个月发放一次，贷款的利率比较低，每年3%左右。贷款的偿还期限是申请人去世后三个月内，由担保人负责一次性偿还。

（3）护理保险。

　　世界卫生组织将长期护理（Long Term Care，LTC）定义为"由非正规照料者（家庭、朋友或邻居）和专业人员（卫生服务和社会服务）进行的照料活动体系，以保证不具备完全自我照料能力的人能继续得到其个人喜欢的以及较高的生活质量，获得最大可能的独立程度、自主、个人满足及人格尊严"。

　　护理保险是将护理的费用由社会保险系统来支付的一种保险制度，是保证公民获得必要护理服务的保障制度。护理保险主要包括商业护理保险与社会护理保险。概而言之，护理保险是指当被保险人生理或心理状况符合保险合同上有关护理需要规定的情形时，由保险人对被保险人所需的必要护理给予现金或者实物补偿的一种保险制度。

　　我国长期护理保险的发展才刚刚开始。国泰人寿于 2005 年在上海率先推出"康宁长期护理健康保险"，我国的长期护理保险才算萌芽。该险种主要针对的是 18～55 周岁的客户。中国人民健康保险股份有限公司（简称"人保健康"）作为国内第一家专业的健康保险公司，于 2006 年在全国范围内推出"全无忧长期护理个人健康保险"，该险种覆盖全国，具有全面保障的功能。它更侧重对老年人的全面保障，接受 18～59 周岁的客户投保。这一险种的推出，标志着我国商业长期护理保险迈出了重要的一步。而后，人保健康又根据市场需求陆续推出 19 款长期护理保险产品。2006 年 12 月，瑞福德健康保险公司推出"瑞福德长期护理保险"。该险种具有长期护理、老年护理的双重保障。它主要针对 18～59 周岁的客户投保。太平人寿也于 2008 年推出了"享乐人生"团体长期护理保险，它作为员工的一个重要的福利，可以解决企业员工 85 岁之前的医疗、保健、护理等全方位的健康需求。目前，越来越多的保险公司都在进行长期护理保险的开发。

11.2.3 退休养老金缺口分析与应对

养老金总需求与其供给总额（既得养老金）之间的差额，即养老金缺口，如图 11-4 所示。弥补这一缺口是人们建立个人退休养老规划的主要动机。

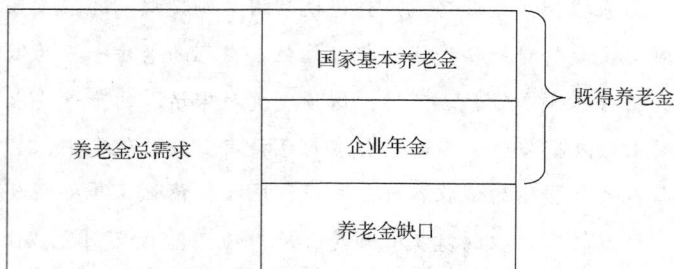

图 11-4 养老金缺口

如果老人的供给总额不能满足其退休后生活费用的目标，即出现了养老金缺口。要想应对养老金缺口，必须从需求与供给两个角度出发，即开源节流。

从需求的角度，可以降低退休养老规划的目标，适当控制退休生活费用与支出等刚性需求，同时减少一些娱乐性的活动，譬如减少旅游次数，或者将欧洲游改为国内游等方法来调整弹性消费。从供给的角度，可以增加配置在退休养老规划上的资产比重，提高供款水平，或是延迟退休，甚至在退休后适当兼职，增加退休后收入来源等。

总而言之，如果我们在进行退休养老规划时出现了养老金缺口，则需要重新进行规划，反复地修改，这可以帮助我们认识到一些以前可能没有注意到的细节，不断地完善规划，以保证我们可以过上一个满意的退休生活。

课间案例

老年人如何避免非法集资

涉嫌非法集资的养老机构派专人上街给老人发传单、进社区送礼物、专车接送老人去现场参观，而且都是以私下签合同的形式进行，形式越来越隐蔽。刚办理会员的老人都能顺利拿到返利，但一旦资金链断裂，问题爆发出来，受害者规模就已经很庞大了。

当前频频"暴雷"的养老领域涉嫌非法集资有何种"套路"？

（1）以提供"养老服务"名义吸收资金，明显超过床位供给能力招揽会员，或者承诺还本付息，以办理贵宾卡、会员卡、预付卡等名义，向会员收取高额会员费、保证金等。

（2）以投资"养老项目"名义吸收资金，打着投资、加盟、入股养生养老基地、老年公寓等项目名义，承诺高额回报，非法吸收公众资金。

（3）以销售养老公寓名义吸收资金。

（4）以销售老年产品等名义吸收资金。

如何选择养老机构？

第一，要对公司经营运作情况等进行深入了解。未获得许可和依法登记前的养老机构，是不得以任何名义开业的。养老机构应有民政局颁发的养老机构设立许可证，民办非企业单位应有登记证书或工商营业执照。第二，要签订养老协议与押金协议，保障老人的合法权益。养老服务协议应当载明下列事项：养老机构的名称、住所、法定代表人或者主要负责人、联系方式；服务内容和服务方式；收费标准以及费用支付方式；服务期限和地点；当事人的权利和义务；协议变更、解除与终止的条件；违约责任；意外伤害责任的认定和争议解决的方式；当事人协商一致的其他内容等。

思考与练习

1. 简述退休养老规划的工具有哪些。
2. 简述退休养老费用估算包括哪些内容，其中哪些项目的费用最重要。
3. 试分析退休养老具有哪些风险，其风险的影响程度如何。
4. 简述企业养老保险与基本养老保险之间的差异。
5. 如何制定一份合理的退休规划？

案例分析

唐提式养老金法

5位健康的95岁女性恰好在同一天庆祝她们的95岁生日。为了给聚会增添气氛，她们决定玩一个概率游戏。每个人拿出100美元放到一起，并将这笔基金冻结一年。游戏规则是，活过一年的人可以平分这500美元，做不到这一点的人将丧失这笔钱。这种安排就是唐提式养老金法，是以意大利银行家洛伦·唐提的名字命名的。1650年，他首次将这个概念提议给法国的国王路易十四。

这5个人决定将这笔钱放在当地银行，每年可获得5%的利息。存款一年后到期，在她们96岁生日时，价值为525美元。

下一年到底发生了什么？谁还活着？她们将得到多少钱？根据美国社会保障机构的精算师编制的统计年鉴，任何95岁的女性在下一年去世的可能性大概为20%。这表明，她们中任何一个人都有80%的概率活下来。预期5个人中有4个人会活下来，在她们96岁生日时平分525美元。

每一位幸存者都将得到131.25美元，这是其100美元初始投资的总回报。31.25的收益包括5美元的银行存款收益以及26.25美元的"死亡率信用"，这一信用代表死者"损失"的资本和利息由活着的人"获得"了。

虽然非幸存者的受益人对这个结果很沮丧，但幸存者获得了超高的投资回报。绝大部分其他的金融产品都没有如此高的回报率，条件是人还活着。

更加重要的是，她们都开始提前管理自己的终身收入风险，不必担心未来会发生什么。实际上，这个故事可以进一步深入。如果这群人决定下一年将500美元投资股市，或者纳斯达克的高科技基金，又会发生什么呢？如果这笔基金或子账户的价值在下一年暴跌20%，价值只有400美元，又会怎么样？活着的成员损失了多少？如果你认为没有损失，这完全是正确答案。活着的4个人平分400美元，每个人拿回自己最初的100美元。

这就是死亡率信用的魔力。它补贴下行的损失，提高上行的收益，实际上，若你用真正的长寿保险"武装"多元化投资组合之后，年金受益者可以承担和容忍更多的金融风险。当然，现实生活中的年金合同并不是按照前述的方式运作的。这个群体的"唐提式养老金"合同每年更新，幸存下来的96岁的成员可以选择拿着她们的死亡率信用回家。现实中，年金合同是终身的，这些信用被分布在很多年的退休生涯中，并进行分期偿还。

思考：

1. 唐提式养老金法的实质是什么？

2. 我国现阶段的个人退休养老资金的来源渠道有哪些？

3. 退休养老规划要面临哪些风险？如何化解这些风险？

遗产规划 | **第12章**

教学目标

（1）了解遗产转移的方式。

（2）了解遗产税制度。

（3）熟悉遗产规划的工具。

（4）掌握遗产规划的策略。

（5）熟悉遗产规划的主要步骤。

死亡一直是中华文明根深蒂固的忌讳词，更是晚辈绝不能在长辈面前提及的词汇；死亡也是每个人都无法逃避的宿命，即使身居高位，财富万千，也终将会面对死亡。遗产规划是一个家庭的财产得以世代相传的切实保障。遗产规划不仅可以将个人财产从一代人转移给另一代人，保证你的遗产按照你所期望的方式进行分配，还可以保证在自己去世时或丧失行为能力时尽可能实现个人为其家庭所确定的目标而进行的合理财产安排。很多人认为仅仅通过遗嘱或遗产委托书就可以合理分配自己的财产，其实不然，法律程序上的安排只是遗产策划具体行为的落实，而从财务角度进行的合理规划才是遗产策划的核心内容。本章具体介绍了遗产规划的工具、策略及步骤，帮助读者深入了解遗产规划的内涵及落实方法。

12.1 遗产规划的基础知识

遗产（Inheritance）是指已故人士清偿了所有债务之后的资产。在人死之后，遗产会按照个人的意愿进行分配。遗产规划（Inheritance Planning）就是对死后或生前财产的分配进行规划。

12.1.1 遗产的概念

遗产是被继承人死亡时遗留的个人所有财产和法律规定可以继承的其他财产权益，包括积极遗产和消极遗产。积极遗产指死者生前个人享有的财物和可以继承的其他合法权益，包括所有的现金、证券、公司股权、不动产和收藏品等。消极遗产指死者生前所欠的个人债务，包括贷款、应付医疗费用和税收支出等。

遗产具有以下法律特征：①遗产是公民死亡时遗留的财产，公民活着时，其财产不是遗产；②遗产是公民个人的财产，公民个人财产包括公民个人单独所有的财产，也包括公民与他人共有财产中应属该公民所有的份额；③遗产是公民的合法财产，非法侵占的、国家的、集体的或者其他公民的财产，以及依照法律规定不允许公民所有的财产，不能成为遗产；④某些被继承人不可转让的人身性权利，如受抚养、赡养的权利，领取养老金、退休金、病残人员补助金等权利是不能被继承的。此外，还要明确公民死亡后所遗留的财产在其生前是否已发生了所有权的转移。另外，还要弄清抚恤金、生活补助费及保险金是否已明确了受益人，如已明确了受益人，则这些抚恤金、生活补助费及保险金等即属于该受益人所有，而不属于遗产的范围。

遗产转移的具体方式有以下四种。①法定继承。公民死亡后，由法律规定的他的一定范围的亲属，依法承受死者的财产权利和财产义务。②遗嘱继承。被继承人在遗嘱中指定具体应由哪些人继承遗产，不必受继承顺序的限制，可由法定继承人继承，也可指定其他人员继承。③通过遗赠抚养协议转移。指定法定继承人以外的公民或集体所有制组织作为协议中的抚养人，即受馈赠人。④无人继承又无人受馈赠的遗产的处理。该类遗产归国家或死者生前所在组织所有。遗产转移方式的先后顺序为：首先按遗赠抚养协议，其次按遗嘱，再次按法定继承，最后是收归国家或者生前所在组织所有。

知识拓展

遗产分配原则

（1）遗嘱优先于法律规定的原则。从效力上说，法定继承的效力低于遗嘱继承，遗嘱的效力优先于法定继承。《中华人民共和国民法典》第一千一百二十三条规定："继承开始后，按照法定继承办理；有遗嘱的，按照遗嘱继承或者遗赠办理；有遗赠扶养协议的，按照协议办理。"

（2）法定继承中实行优先顺位继承的原则。

《中华人民共和国民法典》第一千一百二十七条规定，遗产按照下列顺序继承。

第一顺序：配偶、子女、父母。第二顺序：兄弟姐妹、祖父母、外祖父母。

继承开始后，由第一顺序继承人继承，第二顺序继承人不继承；没有第一顺序继承人继承的，由第二顺序继承人继承。

（3）同一顺序继承人原则上实行平均分配的原则。

《中华人民共和国民法典》第一千一百三十条第一款规定："同一顺序继承人继承遗产的份额，一般应当均等。"

12.1.2 遗产规划的内涵

遗产规划是指当事人在其健在时通过选择遗产管理工具和制定遗产规划等方式，将拥有或控制的各种资产或负债进行安排，确保在自己去世或丧失行为能力时能够实现一定的目标，从而实现个人为其家庭所确定的目标而进行的一种合理财产安排。其主要目标是帮助投资者高效率地管理遗产，并将遗产顺利地转移到受益人手中。

12.1.3 遗产规划的意义

概括而言，遗产规划至少有两个意义。第一，通过遗产规划尽可能顺利地将遗产传承给希望的继承人，避免纠纷。如果事先有周密的遗产规划和善后安排，就能尽可能多地将财产遗留给自己愿意分配的对象。第二，通过遗产规划以尽可能少的成本将遗产传承下去，避免耗损。合理的遗产规划可以减少遗产转移过程中的费用。

12.1.4　遗产税

遗产税（Inheritance Tax），也叫"死亡税"，其作为一个古老的税种，在世界上已经有四百多年的历史，目前有一百多个国家和地区开征此税。近年来，关于遗产税的"存"与"废"引起了不小的争议，一些国家取消了遗产税，但更多的国家和地区仍然选择保留遗产税。目前，全世界大约有 2/3 的国家和地区征收这种税。

微课扫一扫

2017 年 8 月 21 日财政部官网公布的《财政部关于政协十二届全国委员会第五次会议第 0107 号（财税金融类 018 号）提案答复的函》中指出：我国目前并未形成遗产税，也从未发布相关条例或条例草案。虽然我国还未正式开征遗产税，但在不久的将来也有可能提上议事日程。

1. 遗产税制度

遗产税制度按照课税主体不同，可以分为总遗产税制（对遗产总数征税）、分遗产税制（在遗产分割后按继承人继承财产分别征税）和混合遗产税制（在遗产分割前征税并对分割后继承财产征收继承税）。

（1）总遗产税制。总遗产税制以美国实施的遗产税为代表。总遗产税制是指对被继承人所遗留的全部遗产进行课税的制度。它一般不考虑继承人和被继承人之间的亲疏关系以及继承人的具体情况，以遗产继承人或遗产管理人为纳税义务人。它设有起征点，一般采取累进税率形式，具体方式有四种：一是按遗产转移次数的先后，课以不同的累进税；二是按遗产总额减去负债后的净额课征；三是规定免征额，对小额遗产免征遗产税；四是准许分期纳税或以实物缴纳。

（2）分遗产税制。分遗产税制以日本实施的遗产税制为代表。分遗产税制是在被继承人死亡后，先将其遗产分给各个继承人，然后就各个继承人所分得的遗产分别征收遗产税的制度。纳税义务人是继承人，因而分遗产税制可以直接称为"继承税"。分遗产税制的税负大小往往取决于继承人之间的亲疏关系，一般采用累进税率。具体有三种情形：一是直系亲属继承遗产课税较轻，其他人继承遗产则课税较重；二是根据继承人所继承财产的多少，采用不同的税率；三是按被继承人的子女多少，采用不同的税率。

（3）混合遗产税制。混合遗产税制以意大利实施的遗产税制为代表。混合遗产税制是对遗产人的遗产先征收总遗产税，再对继承人所继承的遗产征收分遗产税或继承税。纳税义务人既有遗嘱执行人，也有遗产继承人。它由总遗产税制和分遗产税制演变而来。

2. 遗产税的基本要素

遗产税的基本要素包括纳税人、征税范围、税率、税收减免等。

（1）纳税人。遗产税纳税人既可以是遗产继承人，也可以是受遗赠人，纳税时可以由遗嘱执行人或者遗产管理人代扣代缴。

（2）征税范围。多数国家对课税对象采用宽税基，包括本国居民境内、境外取得的遗产和非本国居民从本国境内取得的遗产，如不动产、动产和其他具有财产价值的权利等。

（3）税率。遗产税一般采用累进税率，即按遗产或继承、受遗赠财产的多少划分若干等级，设置由低到高的累进税率。

（4）税收减免。在计算遗产税应纳税额时，可以允许有一定的税收减免，主要包括扣除项目、免征项目和免税额。

3. 遗产税计算方法

遗产税的计算方法很复杂，其中除减免扣除额的计算按照继承人的条件有所不同之外，一个重要的法律适用原则就是有价证券和固定资产（动产和不动产）的时价计算原则。时价计算原则足以把遗产继承人"征穷"或"征垮"：经过官方或注册资产评估师按评估时的市场价格计算有价证券或不动产资产总值，缴纳遗产税要用现金交付，而个人继承遗产之后无论自用还是出售，都不可以转变成同额现金。一般情况下，继承不动产时往往会出现交不起遗产税的情况。

12.2 遗产规划工具

合理的遗产规划工具可以尽可能多地帮助个人将财产遗留给自己愿意分配的对象，减少纠纷。目前，遗产规划的工具主要包括以下几种。

微课扫一扫

12.2.1 遗嘱

如果无遗嘱死亡，财产会按既定的顺序被分配给配偶和近亲。遗产会由法庭指定的管理人管理。立遗嘱可以保证遗产按所期望的方式进行分配。接受遗产的人被称为受益人（或者继承人）。一般来说，需要在遗嘱中指明各项遗产的受益人。

1. 组成部分

遗嘱的组成部分包括遗产的分配、遗嘱执行人、监护人、签名、遗书。

（1）遗产的分配。遗嘱会详细地说明遗产应该在受益人之间如何分配。例如，两个人每人得到遗产的50%，或者可以说明一个人得到特定的金额，而另一个人得到遗产的剩余部分。

（2）遗嘱执行人。遗嘱执行人执行关于遗产如何分配的命令。遗嘱执行人可能会被要求收回欠遗产的任何资金，清偿遗产所欠的任何债务，将遗产的部分特定资产（如房屋）卖出，然后按照遗嘱的说明将资金进行分配。遗嘱执行人必须通知与遗产有利益关系或潜在利益关系的所有人。大部分人会选择家庭成员、朋友、生意合伙人、银行信托公司员工，或者律师作为遗嘱执行人。

（3）监护人。监护人要承担照顾孩子、管理分配给孩子遗产的责任。

（4）签名。

（5）遗书。遗书描述对丧事的意愿，说明一些重要的财务文件，如房贷和保险合同等放在何处。

2. 遗嘱的特征

（1）遗嘱是单方法律行为，即遗嘱是基于立遗嘱人单方面的意思表示即可发生预期法律后果的法律行为。

（2）立遗嘱人必须具备完全民事行为能力，限制行为能力人和无民事行为能力人不具有遗嘱能力，不能设立遗嘱。

（3）设立遗嘱不能进行代理。遗嘱的内容必须是立遗嘱人的真实意思表示，应由立遗嘱人本人做出，不能由他人代理。如果是代书遗嘱，也必须由本人在遗嘱上签名，并要有两个以上见证人在场见证。

（4）遗嘱是要式法律行为。一般情况下，遗嘱必须是书面的，只有在立遗嘱人生命垂危或者在其他紧急情况下，才能采用口头形式，而且要求有两个以上的见证人在场见证，危急情况解除后，立遗嘱人能够以书面形式或录音形式立遗嘱的，所立口头遗嘱因此失效。

（5）遗嘱是立遗嘱人死亡时才发生法律效力的行为。因为遗嘱是立遗嘱人生前以遗嘱方式对其死亡后的财产归属问题所做的处理，死亡前还可以加以变更、撤销，所以，遗嘱必须以立遗嘱人的死亡作为生效的条件。

3. 遗嘱的类型

遗嘱主要有公证遗嘱、自书遗嘱、代书遗嘱、录音遗嘱及口头遗嘱。

（1）公证遗嘱。公证遗嘱即立遗嘱人经公证机关办理的遗嘱。公证遗嘱的方式是最严格的遗嘱方式，能确实保障立遗嘱人意思表示的真实性。公证遗嘱也是处理遗嘱继承纠纷最可靠的证据。

（2）自书遗嘱。立遗嘱人自己书写的遗嘱，称为自书遗嘱，是指立遗嘱人亲笔将自己的意思用文字表达出来。

（3）代书遗嘱。代书遗嘱是由他人代笔书写的遗嘱。代书遗嘱通常是在立遗嘱人不会写字或因病不能写字的情况下不得已而为之的。但为了保证代笔人书写的遗嘱确实是立遗嘱人的真实意思，减少纠纷，应由两个以上的见证人在场见证，由其中一人代书，注明年、月、日，并由代书人、其他在场见证人和立遗嘱人在代书遗嘱上签名。

（4）录音遗嘱。录音遗嘱是由录音机录制下来的立遗嘱人口授的遗嘱。法律上对于录音遗嘱特别强调，录音遗嘱的制作应当由立遗嘱人自己来主持，或者由无利害关系人作为见证人，由他们来协助立遗嘱人制作录音遗嘱。

（5）口头遗嘱。口头遗嘱是由立遗嘱人口头表达并不以任何方式记载的遗嘱。口头遗嘱完全靠见证人表述证明，极容易发生纠纷。因此，法律规定立遗嘱人只能在危急的情况下才可以立口头遗嘱，并且必须有两个以上的无利害关系人作为见证人在场见证。危急情况解除后，立遗嘱人能够用书面或录音形式立遗嘱的，应当用书面形式或录音形式立遗嘱，其所立口头遗嘱无效。

4. 遗嘱的执行

遗嘱自立遗嘱人死亡之日起生效。遗嘱的执行，是指立遗嘱人死亡后，由特定人按照立遗嘱人在有效遗嘱中表达的愿望而最终实现遗产的转移。遗嘱一般由遗嘱继承人执行。立遗嘱人可以在遗嘱中指定继承人中的一人或数人执行遗嘱。如果立遗嘱人没有指定遗嘱执行人，则全体继承人以平等的地位参加遗嘱的执行。遗嘱执行人必须是有完全民事行为能力的公民。遗嘱执行人的职责是：

掌握遗嘱内容；清理遗产，编制遗产清册；管理遗产，其管理费用，可在遗产中扣除，或由继承人支付；分割遗产，在清偿被继承人所欠税款和债务后或明确继承人分担被继承人的债务后，按遗嘱所指定的份额或数额，将遗产交付继承人和受遗赠人。

知识链接

房产继承 2021 年新规定

新规一：继承权男女平等，如果没有遗嘱，父母房产子女平分。

新规二：取消公证遗嘱的优先级，以最后立的遗嘱为准。2021年房产继承新政策，遗嘱人可以撤回、变更自己所立的遗嘱。如果立下了几份遗嘱，以最后一份遗嘱为准。同样更加人性化，因为后期父母可以随时更改自己的遗嘱，谁孝顺父母谁就可以分配到更多的房产。

新规三：增加了有效继承人范围，外甥、外甥女、侄子、侄女都可以依法继承房产。2021年房产继承新政策，当第一顺位、第二顺位继承人都去世的情况下，作为侄子、侄女、外甥、外甥女都是享有法定继承权的，避免出现更多的无主遗产。

12.2.2　遗产委任书

遗产委任书是遗产规划的另一种工具，它授权当事人指定的一方在一定条件下代表当事人指定其遗嘱的订立人，或直接对当事人遗产进行分配。通过遗产委任书，可以授权他人代表自己安排和分配其财产，从而不必亲自办理有关的遗产手续。被授予权利代表当事人处理其遗产的一方被称为代理人。在遗产委任书中，当事人一般要明确代理人的权利范围，后者只能在此范围内行使其权利。

遗产规划涉及的遗产委任书有两种：普通遗产委任书和永久遗产委任书。如果当事人本身去世或丧失了行为能力，普通遗产委任书就不再有效。所以，必要时，当事人可以拟订永久遗产委任书，以防范突发意外事件对遗产委任书有效性的影响。永久遗产委任书的代理人，在当事人去世或丧失行为能力后，仍有权处理当事人的有关遗产事宜。所以，永久遗产委任书的法律效力要高于普通遗产委任书。在许多国家，对永久遗产委任书有着严格的法律规定。

课堂讨论

遗产委任书的优点是什么？

12.2.3　遗产信托

遗产信托根据其指定方式，可以分为生前信托和遗嘱信托。

生前信托（Living Trust）是指当事人仍健在时设立的遗产信托。例如，当事人可以在生前为其儿女建立遗产信托，并指定自己或他人为该信托的托管人，儿女为受益人。这样，当事人的儿女并不拥有该信托基金的所有权，但是，他们可以根据信托条款获得该基金产生的收益。

遗嘱信托（Probate Trust/Testamentary Trust），也叫死后信托，是指通过遗嘱这种法律行为而设立的信托。委托人预先以立遗嘱的方式，将财产的规划内容，包括交付信托后遗产的管理、分配、运用及给付等详细地列于遗嘱中，等到遗嘱生效时，再将信托财产转移给受托人，由受托人依据信托的内容，管理处分信托财产。遗嘱信托是在委托人死亡后契约才生效。

新修订的《中华人民共和国民法典》中第一千一百三十三条有这样的描述："自然人可以依法设立遗嘱信托。"《中华人民共和国信托法》中第八条规定："设立信托，应当采取书面形式。书面形式包括信托合同、遗嘱或者法律、行政法规规定的其他书面文件等。"这是目前国内关于通过遗嘱设立信托的法律基础。2020 年 1 月，万向信托成功地为一位高净值家庭落地一单遗嘱家族信托。

遗嘱信托除应符合信托法的基本要求外，还应当符合民法典的规定。遗嘱信托文件应包括三个方面的当事人：委托人（被继承人）、受托人（遗嘱执行人）和受益人（继承人）。遗嘱信托必须指定受托人（遗嘱执行人），一般由具有理财能力的律师、会计师、信托投资机构等专业人员或专业机构担任。遗嘱信托的受益人可以是法定继承人的一人或者数人，也可以是法定继承人以外的人。遗嘱信托在被继承人订立遗嘱后成立，并应于遗嘱委托人（被继承人）去世后生效。遗嘱信托的构架如图 12-1 所示。

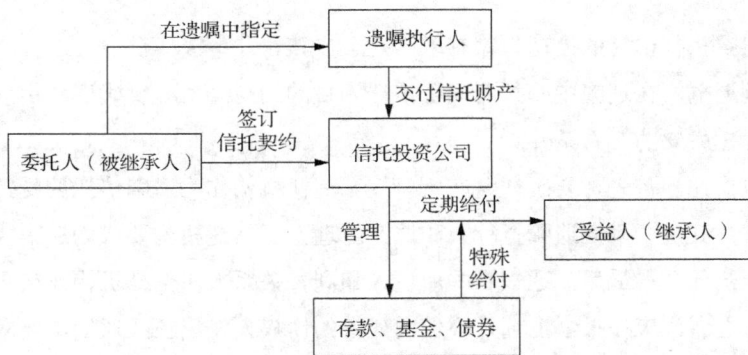

图 12-1　遗嘱信托的构架

遗嘱信托大致有以下三个方面的特点。第一，遗嘱信托可以更好地保护继承环节上的弱者。虽然新修订的《中华人民共和国民法典》中第一千一百四十一条规定："遗嘱应当为缺乏劳动能力又没有生活来源的继承人保留必要的遗产份额。"即所谓的"特留份制度"，但在现实中往往会出现执行不到位，或变相不执行的情况。但如果设立了遗嘱信托，受托人不同于遗嘱执行人，遗嘱执行人是为全体继承人、债权人、受遗赠人等主体服务的主体，受托人则是专门为遗嘱信托受益人服务的法律主体。且受托人具有较遗嘱信托执行人更加严格的忠实义务和尽职义务，并存在完善、严格的选任机制、解任机制、追责机制，由其来执行遗嘱信托，一旦弱者被设立为遗嘱信托的受益人，对这些弱者的保护将较为有利。第二，遗嘱信托可以支持"后位继承"制度。后位继承也称次位继承或替代继承，是指因遗嘱中所规定的某种条件的成就或期限的到来，由某遗嘱继承人所继承的财产又移转给其他继承人承受的继承制度。在后位继承法律关系中，被指定首先承受立遗嘱人遗产的继承人叫前位继承人。其后从前位继承人那里取得遗产的继承人叫后位继承人或叫次位继承人。在我国，通过遗嘱设立后位继承并不具有可行性。遗嘱信托因其设计的灵活性可以实现后位继承的目的，这使得被继承人的财富意志得到了充分的尊重。第三，遗嘱信托无法隔离立遗嘱人生前的债务。《中华人民共和国民法典》规定："继承人以所得遗产实际价值为限清偿被继承人依法应当缴纳的税款和债务""执行遗赠不得妨碍清偿遗赠人依法应当缴纳的税款和债务"。可见，与生前设立的家族信托不同，遗嘱信托中的信托关系在生效之前，作为信托财产进行交付的遗产必须先用来清偿立遗嘱人生前的债务。但遗嘱信托可避免继承人因自身的债务问题而被执行所继承的遗产，这与生前设立的家族信托具有相同的效果。

📝 **课堂讨论**

遗嘱信托与其他信托最大的区别是什么？

遗嘱信托分为遗嘱执行信托和遗产管理信托两种。遗嘱执行信托是为了实现立遗嘱人的意志而进行的信托业务，其主要内容有清理遗产、收取债权、清偿债务和税款及其他支付、遗赠物的分配、遗产分割等。遗产管理信托是主要以遗产管理为目的而进行的信托业务。遗产管理信托的内容与遗嘱执行信托的内容虽有交叉，但其侧重在管理遗产方面。遗产管理人可由法院指派，也可由立遗嘱人和其亲属会议指派。

一般来说，遗嘱执行信托的处理程序有以下几个步骤。

（1）鉴定个人遗嘱。在遗嘱中必须明确以信托为目的的财产，并明确表示用该财产建立信托的意愿，这是遗嘱信托成立的必备条件。

（2）确立遗嘱信托。首先，要确认财产所有权。信托机构作为遗嘱信托的受托人，先要确认死者对财产的所有权。其次，确立遗嘱执行人和遗产管理人。信托机构要成为遗嘱执行人或遗产管理人，必须由法院正式任命。最后，通知有关债权人和利害关系人。信托机构在被正式任命为遗嘱执行人或遗产管理人之后，应在报纸上刊登公告向死者的债权人发出正式通知，要求债权人在指定的期限（一般为通知发出后的4～6个月）之内出示其对死者的债权凭证，据以掌握和清偿债务。同时，信托机构还要向死者的继承人和被遗赠人两种利害关系人发出正式通知。

（3）编制财产目录。受托人应在被正式任命后的较短时间内（通常为60天左右）与遗嘱法庭一起完成对遗产的清理、核定。信托机构准备好一个登记簿，仔细地将委托人的财产集中起来，并记录在登记簿上。

（4）安排预算计划。信托机构在受托管理遗产和执行遗嘱的过程中，会发生一系列的支付。为此，信托机构需拟订一个正式而详细的预算计划，将现金来源与运用逐项列示出来，若遗产的流动性差，现有的和可能的现金来源不足以支付债务、税款、丧葬费、受托人初期的管理费用等，则信托机构应制订一个出售部分财产的预算政策和计划。

（5）结清有关税款。信托机构应付清与遗产有关的税款，这些税款主要有所得税、财产税和继承税。

（6）确定投资政策。如果遗嘱中涉及为了受益人的利益而必须对财产进行再投资的条款，受托人在准备税收申报单的同时，应该制订适当的投资政策和计划，选择既安全灵活又盈利的投资工具进行投资。信托机构受托进行投资，要像对待自己的财产或投资一样进行决策，投资决策应合理、及时、谨慎，需经得起主管部门的定期检查。

（7）编制会计账目。信托机构编制的会计账目必须上交法院，经其核定后，寄发给受益人副本，允许受益人在一定时期内向法院提出异议。若无异议，法院则批准信托机构的会计账目。

（8）进行财产的分配。上交法院的会计账目获准后，由法院签发一份指示信托机构进行财产分配的证书。信托机构在收到该证书后，视遗嘱信托办理的进度决定行使分配权。若遗嘱信托已经办完，则着手对财产进行分配；若仍有部分投资或其他业务未结束，则等其办完之后再行分配。

🕊 课间案例

梅艳芳家族信托

梅艳芳在临终之前设立家族信托以保障母亲的晚年生活，家族信托的主要受益人和资金用途有三：一是其晚辈侄子、侄女的教育支出；二是其母亲的晚年生活保障，每月向母亲支付7万港元的生活费，直至母亲百年；三是在母亲百年之后，将余下的所有资金捐给妙境佛学会。梅艳芳去世后的第二年，其母亲就将受托方告上法庭，理由有二：其一，受托方是在委托方意识模糊的情况下签订家族信托合约的，应宣判该家族信托合约无效；其二，物价水平的上涨和个人身体不好需要医治等原因，原先约定的每月7万港元生活费不足以支撑当下的生活。历经十余年的诉讼历程，最后依然以梅艳芳母亲个人破产和露宿街头为结局。

在此，如果我们忽略家族信托中的法律和道德因素，仅从技术层面探讨上述家族信托失败的原因，可以发现，忽视梅艳芳母亲的长寿风险以及由此引致的疾病风险和通货膨胀风险等是梅艳芳家族信托失败的主要原因。

如果在梅艳芳家族信托设立之初增加两条：一是自家族信托生效日起，以第一个月的7万港元生活为基数，下月的生活费由上月生活费和当月通货膨胀系数计算所得；二是在母亲有生之年，如果出现重大疾病或意外等，在相关医疗手续证明齐全的情况下将全额报销医药费用。如此修正的条款至少在一定程度上可以规避因长寿而带来的通胀风险和疾病风险。

12.2.4 遗嘱保险

保险产品是遗产规划中的一个重要工具，除了较为人熟知的人寿保险之外，还有一种死亡保险，又称遗嘱保险，是以被保险人在保险期间内死亡为给付保险金条件的保险。

【例12-1】王先生，40岁，男性。现有的资产在进行遗产税可扣除项目计算之后，进行缴税的资产刚好1 000万元。如果适用的税率是40%，也就是说，如果其本人身故，家人要缴纳高达400万元的遗产税，税后资产为600万元。

如果王先生购买了死亡保险，保费每年是7.76万元。假设在第10个年头，王先生意外身故。如果资产总值没有变化，仍然是1 000万元，那么交费基数变为922.4（1 000-7.76×10）万元。此时税率仍然为40%，可以计算出应缴纳的遗产税为922.4×40%=368.96（万元）。同时，可获得保险公司500万元的赔付。此时，家庭总资产计算公式为：

1 000+500−77.6−368.96=1 053.44（万元）

家庭总资产不但没有缩水，反而增加了53.44万元。

1. 税法对保险费的优惠措施

在个人所得税方面，我国规定社会统筹个人缴纳养老保险等社会保险费部分，在规定比例支出范围内不计个人所得税。商业保险目前尚无保险费优惠的措施。

2. 税法对保险金给付的优惠措施

保险金免税是国际通行的惯例，因而投保寿险对保户来说就能达到合法、合理避税的目的。目前，我国税法在客户保险金的所得方面规定了以下优惠。

（1）个人所得税方面的优惠。根据《中华人民共和国个人所得税法》第四条第五款规定：个人所获保险赔款准予在计算应纳税所得额前扣除，即"保险赔款"免缴个人所得税。目前我国关于人身保险的各种给付均属于"保险赔款"范畴。因此，只要是人身保险的保险金给付，不论给付的项目为何，均可免缴个人所得税。

（2）遗产税方面的优惠。我国目前还未开征遗产税，国外《遗产税法》的立法本意主要是用以调节国民收入的再分配，缩小贫富差距，同时完善税制。《遗产税法》的实施将会使人们为减少纳税而减少可能成为遗产的个人财产，除了通过分散个人财产的方法外，购买人寿保险，既可保证财富的延续性，也可以合理有效地规避税制调节，使财产损失降至最低，因而这种税收筹划极具现实意义。

【例12-2】假设杨先生现年40岁，如果他在75岁身故时留有200万元资产，并遗有一妻一子，杨先生在40岁时投保了50万元保额的终身保险，20年交清，年保费额为1.8万元。遗产免税额为60万元，遗产税税率为40%。

（1）未投人寿保险时的情况。应纳税遗产额为200−20（丧葬费及直系亲属生活费）−60（免税额）=120（万元），则应纳遗产税为120×40%=48（万元），实际所得财产为200−48−20=132（万元）。

（2）投保人寿保险时的情况。20年保费支出额为20×1.8=36（万元），应纳税遗产额为（200−36）−20−60=84（万元），应纳税额为84×40%=33.6（万元），实际所得资产为200−36−20+50−33.6=160.4（万元）。

杨先生人寿保险节税比较如表12-1所示。

表 12-1 　　　　　　　　　　　　　杨先生人寿保险节税比较

单位：万元

项目	遗产税负	实际所得资产
没有投保人寿保险	48	132
投保人寿保险	33.6	160.4
差异	−14.4	28.4

由此可见，将部分财产投保可合法地规避一笔不小的税款，并可以利用保险赔偿金缴纳遗产税，避免了由于现金不足变卖资产所造成的财产损失，最大限度地保全了资产。

12.2.5　赠予和捐赠

赠予是指当事人为了实现某种目标将某项财产作为礼物赠送给他人，而使该项财产不再出现在遗嘱条款中。采取这种方式一般是为了减少税收支出，因为很多国家对于赠予财产的征税要远低于对遗产的征税。

12.3 | 遗产规划策略

通过各种遗产规划工具可以帮助我们减少遗产传承过程中的成本，在进行遗产规划的过程中我们还需要制定一些有效的策略。

12.3.1　遗产规划的基本思想

税收最小化通常是遗产规划的一个重要动机，但节税并不是遗产规划的唯一目标，还包括：确定遗产继承人和继承份额；为遗产所有者的供养人提供足够的财务支持；在与遗产所有者的其他目标保持一致的情况下，将遗产转移成本降到最低水平；确定遗产所有者的继承人接受这些转移资产的方式；为遗产提供足够的流动性资产以偿还其债务；最大限度地为所有者的继承人（受益人）保存遗产；确定遗产的清算人。在进行遗产规划时，还要考虑以下要素。

1. 已婚且子女已成年

这类财产通常是与其配偶共有的，遗产计划一般将遗产留给其配偶，如果其配偶将来也去世了，遗产则留给其子女或其他受益人。采用这一计划时，需要考虑两个因素：一是财产数额大小，二是其是否愿意将遗产交给配偶。

2. 已婚但子女尚未成年，在此计划中要加入遗嘱信托工具

如果其配偶在子女成年前去世，遗嘱信托可以保证有托管人来管理遗产，并根据其子女的需要分配遗产。

3. 未婚/离异

若遗产数额不大，而其受益人也已成年，则可直接将遗产留给受益人。若遗产数额较大，并且不打算将来更换遗产受益人，则可以采用不可撤销性信托或捐赠的方式，以减少纳税金额。若遗产的受益人尚未成年，则应该使用遗产信托工具来进行管理。

12.3.2　遗产规划的步骤

遗产规划的步骤包括计算和评估个人的遗产价值、确定遗产规划目标、制定遗产规划、定期检查和修改以及保存遗产文件等方面。

1. 计算和评估个人的遗产价值

进行遗产规划的首要工作是计算和评估自己的遗产价值。通过计算和评估遗产价值，可以帮助个人了解自己拥有资产的种类和价值，了解与遗产有关的税收规定，为制定遗产规划奠定基础。

在对遗产进行汇总时应注意两个方面：第一，资产价值以其市场价值而不是购买成本进行核算；第二，不要遗漏某些容易被忽略的资产和负债项目，如资产项目中的个人无形资产（专利、著作权等），以及负债项目中的临终医疗费用等。

2. 确定遗产规划目标

在了解了个人的遗产价值之后，就要根据个人的目标期望、价值取向、投资偏好等确定遗产目标。以下因素会影响遗产规划目标的确定：①年龄；②家庭成员和其他受益人的年龄；③受益人的需要；④遗产的现值；⑤受益人的其他资产；⑥受益人自己处理财务的能力。

具体的遗产目标包括以下几点：①确定谁是遗产继承人，以及各自的遗产份额；②确定遗产转移的方式；③在与遗产的其他目标不冲突的情况下，尽量降低遗产转移的成本；④为遗产提供足够的流动性资产以偿还其债务；⑤保持遗产规划的可变性；⑥确定遗产清算人员的构成以及遗嘱执行人等；⑦计划慈善赠予。

遗产规划目标的特别之处在于，这一目标只有在当事人去世之后才能实现，而且必须通过相应的遗产清算人员和遗嘱继承人的辅助。

3. 制定遗产规划

制定遗产规划是遗产规划的关键步骤，一个合适的遗产规划既能确保未来的意愿得以实现，也能继续满足目前的需要，让人高枕无忧。遗产规划的作用主要有以下几点：①确保妥善分配资产；②尽量减少遗产税与其他开支；③避免遗嘱认证以及监护权聆讯所导致的费用、资料公开及延误。

在制定遗产规划时，应该针对不同个人的不同类型，制定不同的遗产规划工具组合。一般来说，应该遵循以下几个原则：首先，要保证遗产规划的可变性；其次，要确保遗产规划的现金流动性；最后，要尽量减少遗产纳税金额。

4. 定期检查和修改

个人的财务状况和遗产规划目标不会一成不变，遗产规划必须能够满足其不同时期的需求，所以对遗产规划的定期检查是必须的，这样才能保证遗产规划的可变性。一般而言，应该每年或每半年对遗产规划进行重新修订。下面列出了一些常见的事件，当这些事件发生时，遗产规划常常需要进行调整：①子女的出生或死亡；②配偶或其他继承者的死亡；③结婚或离异；④本人或亲友身患重病；⑤家庭成员成年；⑥继承遗产；⑦房地产的出售；⑧财富的变化；⑨有关税制和遗产法变化。

5. 保存遗产文件

遗嘱、生前遗嘱、授权书等关键文件应该被存放于安全、可得的地方。你应该告诉指定的执行人和授权人你将这些文件放在哪里，从而使他们在需要时可以得到文件。下面是应该保存在一起的重要文件清单：①遗产规划信息，如遗嘱、生前遗嘱和授权书；②人寿保险保单和其他保险单；③退休账户信息；④房屋所有权和房贷信息；⑤其他房地产的所有权；⑥个人财产，如所拥有的汽车或珠宝；⑦房贷信息；⑧个人贷款；⑨信用卡欠款信息；⑩业务所有权；⑪个人法律文件；⑫最近的报税单；⑬银行账户信息；⑭投资信息。

思考与练习

1．为什么要进行遗产规划？

2．遗产规划的工具有哪些？

3．简述遗产的分配原则。

4．自然人死亡后，生前的债务是否应该从遗产总额中扣除？

5．进行遗产规划的步骤有哪些？

6．遗嘱保险与其他遗产规划工具相比有什么优势？

案例分析

天价遗产税的背后，谁能分一杯羹

2018年，韩国LG集团前任会长具本茂过世，其持有的11.3%LG股权中，将有8.8%被养子具光谟继承。为继承一大笔财产，具光谟需先支付6.2亿美元（近45亿元人民币）的遗产税。

具光谟此时已经坐上LG会长的位子。他如果成功拿到遗产，将成为LG第一大股东，持股将达到15%。LG是韩国的第一代企业，而且它的财富传承从未断档。因此具本茂过世后，遗产税问题就引起了韩国舆论高度关注。

1945年，具仁会创办了乐喜化学生产化妆品，成为LG化学的前身。1958年，他又创立了金星社，即后来的LG电子。它被认为是韩国整个半导体产业的开端，制造出韩国第一台真空管收音机、电风扇、冰箱、电视、空调、洗衣机……1973年，韩国倾举国之力发展半导体产业，LG再次抓住机遇，成为韩国前二的显示屏生产商。

具本茂是LG创始人具仁会的长孙，也是第二任会长的长子，在1995年接任会长一职。在任的20年间，他制定了"正道经营"和"超一流LG"的理念，还大力建设企业伦理规范。LG是韩国至今唯一没有因会长非法挪用资金被罚的顶级财团。具本茂只有一个儿子，却因车祸去世，他便将胞弟具本绫的长子具光谟收为养子，以便接班。

具光谟于2006年加入LG电子开始学习企业经营，2007年考入美国斯坦福大学商学院，中途中断学业进入硅谷初创企业工作一年，被认为是LG进入第四次工业革命的领导者。据推算，为了继承具本茂的LG股权，具光谟需要在5年内分期付清高达7 000亿韩元（约6.2亿美元）的遗产税。

韩国遗产税实行累进税率，从10%到50%递增，超过30亿韩元部分的税率为50%。因此很多公司都会研究合理避税。

以三星集团为例，早在李在镕24岁时，三星就秘密启动了"经营权继承计划"，研究如何用最少的资金、缴最少的税，完成从李健熙到李在镕的股权交接。然而直到2014年李健熙病倒，三星还是没准备好。为了少缴税，他们决定将旗下74家公司的重组提前进行。有银行表示，光是咨询费，三星就要交1亿美元之多。

至于合理避税，国际通行做法主要有两种。一是用遗产成立专项基金，委托给专人管理，基金收益则归受益人。这既能保证财富传承，也避免了财富挥霍。二是买人寿保险。被继承人用遗产购买终身寿险，子女为受益人，在父母过世后能获得巨额保险金。在许多国家，这部分保险金都是免税的。至于赠予，在很多国家是要缴税的，虽然有一定的免税额，但超出免税额部分的要缴税。

思考：

1. 请分析国际上大多数发达国家和地区征收较高的遗产税的利与弊。

2. 你认为我国会征收遗产税吗？我国遗产税的推出面临着什么样的问题与挑战？

参考文献

1. 班纳吉，迪弗洛，等. 贫穷的本质：我们为什么摆脱不了贫穷[M]. 景若，译. 北京：中信出版社，2013.

2. 埃斯特拉达. 果壳里的金融学[M]. 张桦，译. 杭州：浙江人民出版社，2009.

3. 保险史话编委会. 保险史话[M]. 北京：社会科学文献出版社，2015.

4. 马尔基尔. 漫步华尔街[M]. 9版. 张伟，译. 北京：机械工业出版社，2008.

5. 伯南克. 大萧条[M]. 宋秀芳，译. 大连：东北财经大学出版社，2009.

6. 曾志尧. 我收到最好的投资建议[M]. 长沙：湖南科学技术出版社，2013.

7. 柴效武. 个人理财[M]. 2版. 北京：清华大学出版社，2015.

8. 陈工孟. 个人财务策划[M]. 北京：北京大学出版社，2003.

9. 陈玉罡. 个人理财：理论、实务与案例[M]. 北京：北京大学出版社，2012.

10. 程亿. 80后的理财快车[M]. 北京：北京邮电大学出版社，2008.

11. 穆利斯，奥洛夫. 世界上最简单的会计书[M]. 黄屹，译. 北京：机械工业出版社，2013.

12. 董广宇. 被忽视的货币真相[M]. 上海：上海交通大学出版社，2014.

13. 法拉奇，雷兹. 别独自用餐[M]. 施宇光，译. 北京：世界知识出版社，2010.

14. 方先明，余丁洋，杨波. 商业银行理财产品：规模、结构及其收益的不确定性[J]. 经济问题，2015（6）：69-74.

15. 劳特，凯特，寇姆斯. 钱是你的朋友[M]. 宋庆万，夏炜，译. 北京：中国经济出版社，2010.

16. 高勇，王东. 商业银行理财产品收益率变动特征研究[J]. 金融理论与实践，2015（5）：50-53.

17. 贡特尔. 苏黎世投机定律[M]. 高颖，译. 北京：中国经济出版社，2007.

18. 顾宝昌，李建新. 21世纪中国生育政策论争[M]. 北京：社会科学文献出版社，2010.

19. 海天理财. 一本书读懂互联网金融[M]. 北京：清华大学出版社，2015.

20. 胡金盛. 30岁之前登上财富快车[M]. 北京：中国工人出版社，2008.

21. 黄昊明. 学习巴菲特[M]. 北京：新世界出版社，2008.

22. 黄祝华，韦耀莹. 个人理财[M]. 3版. 大连：东北财经大学出版社，2013.

23. 基翁. 个人理财[M]. 4版. 汪涛，郭宁，译. 北京：中国人民大学出版社，2010.

24. 季凯帆，康峰. 解读基金：我的投资观与实践[M]. 北京：中国经济出版社，2007.

25. 江元. 微信平台在银行个人理财产品销售中的应用探讨[J]. 中国金融电脑，2015（5）：53-57.

26. 伯曼，奈特，凯斯，等. 财务智慧：如何理解数字的真正含义[M]. 刘璐，译. 北京：商务印书馆，2010.

27．拉鲁．不平等的童年[M]．张旭，译．北京：北京大学出版社，2010．

28．李驰．白话投资[M]．北京：经济日报出版社，2008．

29．李海．如何养成良好的个人理财习惯[M]．广州：广东经济出版社，2013．

30．李善民，毛丹平．高净值财富个人理财行为研究[J]．经济研究，2010（S1）：83-96．

31．刘伟．个人理财[M]．3版．上海：上海财经大学出版社，2014．

32．刘晓斌．这样理财最有效——中国居民投资指南[M]．北京：京华出版社，2008．

33．刘颖，陈彦旭．个人住房征税制度改革的推进与完善：基于税制设计视角[J]．企业经济，2015（1）：173-176．

34．清崎，莱希特．富爸爸投资指南[M]．萧明，译．成都：四川文艺出版社，2014．

35．罗瑞琼．个人理财[M]．北京：中国金融出版社，2014．

36．罗显良．理财产品全攻略[M]．北京：中国宇航出版社，2013．

37．罗新宇，明黎．幸福一生的理财规划[M]．北京：海潮出版社，2007．

38．马杜拉．个人理财[M]．5版．郭宁，江涛，韩瑾，译．北京：中国人民大学出版社，2015．

39．马拉比．富可敌国[M]．徐熙，译．北京：中国人民大学出版社，2011．

40．克拉森．成为首富的九堂理财课[M]．刘蔼仪，译．北京：中国人民大学出版社，2011．

41．唐涯．钱从哪里来：中国家庭的财富方案[M]．北京：中信出版社，2020．

42．王白石，姜英来．50部必读的投资经典[M]．北京：北京工业大学出版社，2008．

43．王蕴琛，张玉明．金融认知与理财行为线性结构关系研究[J]．统计与决策，2015（12）：155-158．

44．王在全．一生的理财计划[M]．北京：北京大学出版社，2007．

45．肖玉红．聪明投资者的第一本金融学常识书[M]．北京：中国华侨出版社，2014．

46．忻海．钱到底是啥[M]．北京：机械工业出版社，2013．

47．邢丘丹，解建丽，张宁．互联网金融模式下的余额理财用户投资行为分析[J]．财经理论与实践，2015（5）：15-22．

48．道恩斯，古德曼．巴伦金融投资词典[M]．聂庆平，李必龙，蔡笑，译．北京：机械工业出版社，2013．

49．张晓东，黄祝华．个人理财[M]．大连：东北财经大学出版社，2016．

50．宗学哲．银行行长不轻易说的理财经[M]．北京：当代世界出版社，2012．